REIKI
Johnny De' Carli Responde

Volume I

"Comece desde já a escrever, se quiser ser escritor."
Johnny De' Carli

Reiki, Johnny De' Carli responde
Copyright © Petit Editora Ltda. 2021
Direitos autorais reservados.
É proibida a reprodução total ou parcial, de qualquer forma ou por qualquer meio, salvo com autorização da Editora.
(Lei nº 9.610, de 19 de fevereiro de 1998.)
1ª edição - Fevereiro de 2021

Coordenação editorial: **Ronaldo A. Sperdutti**
Ilustrações internas e da capa: **Décio Lopes**
Preparação: **Décio Lopes**
Revisão: **Carla Cristiane Mello**
Impressão: **Gráfica Rettec**

Dados Internacionais de Catalogação na Publicação (CIP)
(Câmara Brasileira do Livro, SP, Brasil)

De'Carli, Johnny
  Reiki : Johnny De'Carli responde : volume I / Johnny De'Carli. -- Catanduva, SP : Butterfly Editora, 2021.

  ISBN 978-65-89238-00-3

  1. Perguntas e respostas 2. Reiki (Sistema de cura) I. Título.

21-55106   CDD-615.852

Índices para catálogo sistemático:

1. Reiki : Sistema de cura : Terapias alternativas
   615.852

Cibele Maria Dias - Bibliotecária - CRB-8/9427

Butterfly Editora Ltda.
Av. Porto Ferreira, 1031 – Parque Iracema
CEP 15809-020 | Catanduva-SP
17 3531.4444
www.editorabutterfly.com.br | atendimento@editorabutterfly.com.br
www.boanova.net | boanova@boanova.net

Impresso no Brasil.

01-02-21-2.000

Johnny De' Carli

REIKI
JOHNNY DE' CARLI RESPONDE

Volume I

"Reserve tempo para ler. Esta é a fonte do saber."
JOHNNY DE' CARLI

Nota do Autor

Para tornar-se um Reikiano praticante é imprescindível procurar antes um mestre do Método Reiki, pois é necessário receber a Iniciação (Sintonização) de um profissional devidamente habilitado para tal atividade. Após isso, este livro pode tornar-se um guia, entretanto, em nenhuma hipótese pode ser considerado um manual de autoaprendizagem. O Método Reiki não pode ser aprendido por meio de livros, apostilas e vídeos. Aquele que se dispuser a praticá-lo sem a devida Sintonização não estará utilizando a energia Reiki, e sim comprometendo a sua própria energia pessoal (*ki*) com resultados prejudiciais à saúde.

O Autor

"Não se pode transferir algo que a pessoa não possua em si própria."
Johnny De' Carli

Dedicatória

Aos meus pais Alicia Requena e Carlos De' Carli Neto, pela dádiva da vida e pela proteção, preocupação, atenção e amor com que nutriram minha infância. Desconfio que Deus, como não podia estar em toda parte, criou as mães. Depois de Deus, nossa mãe!

Ao *Sensei* Mikao Usui, por sua honrada obra nos trazendo o Método Reiki, e por tanto trabalhar para o bem do próximo.

À minha querida esposa Rita de Cássia Lima De' Carli, que na prática da boa magia mineira me ensina a importância do silêncio. Para os mineiros, o silêncio não comete erros.

Aos meus irmãos Carlos, Hélio e Ricardo, por tudo que passamos juntos em nossa infância e pela grande amizade que nos une. Como é bom ter irmãos!

Aos meus filhos Juliana, Diana e Daniel, pela grande experiência da paternidade e pelo amor que me dá forças para avançar. A família é uma das obras-primas da natureza!

Aos meus cinco primeiros netinhos Daniel, Lorenzo, Maria Lídia, Maria Clara e Maitê, por mais esta grande experiência nesta vida.

À minha nora Geani e aos genros Clayton e Lorenzo, por me presentearem com lindos netos e fazerem meus filhos e netos tão felizes.

Também a você, que vive e trabalha para o bem.

"Flores diferentes coexistem num mesmo jardim."
Johnny De' Carli

Agradecimento

Agradeço primeiramente a Deus e a meus pais, pela experiência desta vida.

Agradeço aos meus mentores espirituais, que me assistem em todas as etapas do "Caminho" irradiando a chama da Verdade.

Agradeço a minha combatente esposa Rita de Cássia Lima De' Carli, cujo apoio foi fundamental para a realização desta obra.

Agradeço ao velho amigo Décio Lopes, da Editora Nova Senda, por toda a criação artística presente nesta obra.

Agradeço à Ivone Ferreira, à Claudiane André de Sousa, à Maria do Socorro Portela Oliveira (Andreza), à Adélia Aparecida Silva Teófilo, à Carla Cristiane Mello e à Maria Helena Ramalho (*in memoriam*) pelo suporte operacional.

Agradeço aos meus alunos, que me procuraram para aprender e acabaram sendo meus grandes e maiores mestres. Não encontro palavras para expressar o quanto lhes sou grato, por me mostrarem que sempre tenho muito a aprender.

"Lembre-se de que ninguém vence sozinho. Tenha gratidão no coração e reconheça prontamente aqueles que o ajudaram."
Johnny De' Carli

Sumário

. . . .

Prefácio 13

Apresentação 17

Sobre Johnny De' Carli 19

O encontro de Johnny De' Carli com o Reiki 24

Johnny De' Carli e seus livros sobre o Reiki.....................................28

Antecedentes à descoberta do Reiki 34

O Método Reiki 35

Os documentos oficiais sobre o Método Reiki 42

Mikao Usui – O descobridor do Reiki..44

Monte Kurama: O local da descoberta do Reiki 53

A meditação de Mikao Usui..55

Início da divulgação do Reiki pelo *Sensei* Usui 57

A história do Método Reiki...59

A sepultura e o memorial do *Sensei* Mikao Usui 66

A *'Usui Reiki Ryoho Gakkai'* 70

O manual oficial *'Reiki Ryoho no Shiori'*..80

O Imperador Meiji 82

O Imperador Meiji e o Reiki 86

Os 125 poemas do Reiki 91

O *Sensei* Chujiro Hayashi..94

"O desejo de aprender é uma característica valiosa que deve ser estimulada."
Johnny De' Carli

A *Sensei* Hawayo Takata 101
A chegada do Reiki no Brasil..110
O Método Reiki como filosofia de vida...113
Os Cinco Princípios do Reiki..115
Reiki, o Método que convida à felicidade 120
Kyo dake wa – "Só por hoje" 124
Okoru-na – "Não se zangue" 129
Shinpai suna – "Não se preocupe"...135
Kansha shite – "Seja grato" 140
Gyo wo hage me – "Seja dedicado ao trabalho"......................146
Hito ni shinsetsu ni – "Seja gentil com as pessoas"...............151
O Método Reiki na saúde mental...164
Meditação...166
Meditação *Gassho*..168
O futuro Reikiano..175
O Reiki e as crianças 177
A energia Reiki 179
O Reiki e o equilíbrio energético..185
A ação da energia Reiki 186
A escolha do mestre de Reiki adequado......................................189
O mestre de Reiki..191
O ensino do Método Reiki...198
O processo de Sintonização no Reiki..205
Sintonizações de Reiki à distância...218
Os 21 dias de limpeza energética..226

*"Quanto mais aprendemos,
mais útil nos tornamos para nós e para a sociedade."*
Johnny De' Carli

A Linhagem do Reiki 228

O Reikiano 230

Aprendizado do Reiki 235

A divisão do Método Reiki 237

Nível 1 do Reiki (O Despertar ou *Shoden*) 242

O uso da energia Reiki 245

O autotratamento com o Reiki 247

O receptor da energia Reiki 249

O tratamento com o Reiki 253

A energia Reiki e os efeitos colaterais 256

O Método Reiki, os animais e as plantas 258

O Reiki e a ciência 260

O Reiki e a expansão da Consciência 263

Os chacras 266

O uso das parábolas no ensino do Método Reiki 284

'Curso Oficial de Extensão Universitária em Terapia Reiki' 288

Como se tornar um professor credenciado do 'Curso Oficial
de Extensão Universitária em Terapia Reiki' na FACHA 296

Carteira de profissional credenciado 301

Instituto Brasileiro de Pesquisas e Difusão do Reiki 303

Bibliografia 304

"Houve e ainda há muito que aprender."
JOHNNY DE' CARLI

PREFÁCIO

O *Sensei* Johnny De' Carli veio do Brasil ao Japão pela quarta vez em outubro de 2018, acompanhado por 44 mestres de Reiki. O propósito desta viagem foi seguir os passos do *Sensei* Mikao Usui propiciando a vivência, através dos 5 sentidos, em locais específicos e sagrados percorridos pelo fundador do Método Reiki e oferecendo uma vivência na terra onde tudo se originou. Ele solicitou a nós - do "Reido Reiki" -, que há 27 anos trilhamos esse Caminho do Reiki, para que fizéssemos o ritual de Sintonização desta energia nos mestres de Reiki do Brasil durante essa vivência, a qual denominamos "*Japan Tour* 2018".

> "A verdadeira relação entre um mestre
> e seu discípulo deve ser perpétua e inabalável."
> JOHNNY DE' CARLI

Tivemos a alegria em recebê-los nesta tênue onda de energia Reiki do Japão e pudemos compartilhar esse contentamento.

É algo maravilhoso neste planeta poder trocar energia com mestres que estudam o Reiki e possuem semelhante aprendizado, feito tanto no Brasil como no Japão. Expresso minha felicidade de vivermos na mesma época e podermos compartilhar essa energia que aplicamos para o amor e a paz, a qual vai além da etnia, da nação e de seus compatriotas que aprendem essa energia de cura transcendendo idiomas e religiões.

O intercâmbio entre o "Reido Reiki" e o *Sensei* Johnny De' Carli é bem antigo e já faz 22 anos: o início desse encontro ocorreu em 1998 na sede do "Reido Reiki". Eu sinto que a sua alma certamente está no Japão e ele carrega consigo a espiritualidade desse povo. Desde o primeiro encontro, iniciou uma verdadeira jornada no Japão para conhecer a origem do *Sensei* Usui e, a partir dessas experiências, publicou 15 livros sobre o Reiki. Neste mundo não temos conhecimento de outro exemplo semelhante relacionado a um mestre de Reiki que tenha tantas obras literárias concluídas a respeito desse tema.

Ano após ano tem aumentado o número de alunos que vão aprender sobre o Reiki em cursos ministrados por ele nas salas de aula do Rio de Janeiro e de São Paulo. Não é tão simples transmitir a terapia Reiki de Usui proveniente do Japão para os alunos do Brasil, países que possuem culturas tão diferentes. Nos seminários surgem muitas perguntas dos participantes, as quais são respondidas cuidadosamente pelo *Sensei* Johnny falando sobre os fundamentos do método. O que penso ser importante na essência do Reiki de Usui é a boa sintonia do conhecimento com a aplicação eficiente, tornando a experiência plena.

Neste momento, estas valiosas perguntas e respostas tornam-se uma nova publicação. Este novo livro, que transmite a alma do Reiki,

"Ser um mestre verdadeiramente é ser um aprendiz eternamente."
Johnny De' Carli

será muito útil para os alunos que a partir de agora estão aprendendo; bem como para muitos mestres que já têm conhecimento e administram seus próprios cursos; e também para aqueles que possuem interesse no tema, mas ainda não assistiram às aulas.

O coração caridoso do *Sensei* Johnny De' Carli está repleto da sabedoria que transmite a maravilha da energia Reiki. Vamos ampliar o círculo de Reiki para que esse sentimento chegue até você, que está conectado ao Universo. Trate com total importância um a um!

Estarei orando pela felicidade do planeta Terra e de todos os seres humanos.

Koriki.

Sensei Fuminori Aoki
Presidente do "Reido Reiki"
Tóquio - Japão

"A verdadeira maestria consiste em saber como aumentar a felicidade coletiva no planeta."
Johnny De' Carli

Apresentação

· · · · · · · · · · · ·

No dia 08 de abril de 1996, Rita e eu abríamos ao público as portas do Instituto Brasileiro de Pesquisas e Difusão do Reiki. Tudo começou na rua Siqueira Campos, 43, sala 623, Copacabana/RJ, no tradicional Centro Comercial de Copacabana. Nós estávamos juntos há apenas um ano, mas já havia muita interação e afinidade, o que permitia que iniciássemos um trabalho em conjunto. Vínhamos de Poços de Caldas - Minas Gerais, para a antiga capital federal, onde me criei, a fim de trabalhar com uma atividade até então desconhecida: o Reiki.

Fomos vitoriosos! Superamos a marca de 1 milhão de livros de Reiki vendidos na Europa e em toda a América Latina; fomos responsáveis pela Iniciação de mais de 17 mil novos Reikianos; e por formarmos mais de 700 novos professores de Reiki que estão no mundo divulgando este maravilhoso "Caminho do Bem".

Com a graça de Deus, passados 25 anos publico **REIKI, JOHNNY DE' CARLI RESPONDE – VOLUME 1**, minha décima quinta obra sobre a técnica. Esse livro começou a nascer logo no primeiro ano de vida do Instituto com as dúvidas enviadas pelos primeiros alunos via internet, tecnologia que chegara ao Brasil oito anos antes (1988), pois ao longo desses anos desenvolvi o hábito de registrar e armazenar cada nova pergunta recebida e respondida.

Também, logo no início de 2004 uma amiga e aluna de Salvador – Bahia, a mestre de Reiki Sandra Valéria Coelho, juntamente com o seu marido Murilo criaram o primeiro grupo virtual de Reiki na antiga rede social chamada Orkut, filiada ao Google, nos passando a

> "Cada ser humano tem seu lugar e sua missão;
> ninguém pode substituí-lo."
> JOHNNY DE' CARLI

responsabilidade pela gerência desse espaço. E assim o fizemos até o dia 30 de setembro de 2014, quando o Orkut deixou de existir. Nessa comunidade, criei três distintas salas de aula para os Níveis 1, 2 e 3-A, cada uma delas subdivididas em diferentes temas ou assuntos específicos para os debates. Isso tudo nos gerou um acervo incrível sobre o Reiki.

No dia 15 de março de 2020, Rita e eu nos recolhemos em São Paulo em isolamento social devido a pandemia ocasionada pelo COVID 19. A fim de ocupar o nosso tempo, resolvi organizar esse importante material até então registrado. Para nossa surpresa, todo esse acervo foi suficiente para a publicação de quatro distintos livros com perguntas e respostas para os Níveis 1, 2, 3-A e 3-B, cada um deles com mais de 300 páginas. Assim, com muita alegria e com a graça de Deus, apresento-lhes o Volume 1 desse material.

Gratidão a todos que aceitarem ler esse livro!!! Que Deus e o *Sensei* Usui os abençoem infinitamente.

"*O Reikiano experiente conserva tudo registrado.*"
Johnny De' Carli

Sobre Johnny De' Carli

. . . .

Pergunta: *Professor, qual é o seu nome? Onde nasceu e onde mora atualmente?*

Resposta: Meu nome é Johnny Eduardo De' Carli, uma homenagem de minha mãe para um antepassado, nascido na Inglaterra. Sou brasileiro nascido em Campinas/SP, no dia 16 de maio de 1961. Já morei em distintas cidades (Campinas/SP; Praia Grande/SP; Rio de Janeiro/RJ; Seropédica/RJ; Manaus/AM; Poços de Caldas/MG; Águas da Prata/SP e em São Paulo/SP). Atualmente, minha residência oficial fica sobre uma bela montanha no sul de Minas Gerais, em São Lourenço.

Pergunta: *Johnny, fale um pouco sobre os seus antepassados.*

Resposta: Sou filho e neto de imigrantes europeus que vieram viver, primeiramente, na Argentina, fugindo dos horrores da Segunda Guerra Mundial. Em 19/09/1955, com a queda do presidente militar Juan Domingo Perón, meus avós maternos, mais uma vez em fuga, vieram para o Brasil, onde nasci. Meu pai é descendente de imigrantes italianos que chegaram ao Brasil após a Primeira Guerra Mundial.

Pergunta: *Se você tivesse que escolher apenas um herói ou um mestre, quem seria?*

Resposta: Disse o cientista Isaac Newton: *"Se vi mais longe foi por estar de pé sobre ombros de gigantes"*. Tenho muitos "gigantes" nos quais me espelhei, mas como tenho que escolher apenas um, que me

> *"Nada neste Universo acontece por acaso.*
> *O acaso não existe, como também não existe a coincidência."*
> Johnny De' Carli

perdoem o *Sensei* Mikao Usui, o Imperador Meiji, Buda, Confúcio, Allan Kardec, Ramatis, Osho e Albert Einstein, escolho o bondoso e iluminado Mestre Jesus, por tudo o que fez, nos deixou e significa na evolução de nosso planeta.

Pergunta: *Se você tivesse que definir sua postura, sua filosofia ou crença como você faria?*

Resposta: Em função da minha situação vinda de família de refugiados de duas guerras, não recebi qualquer tipo de orientação religiosa. Em 1991, aos trinta anos de idade, iniciei um curso de dois anos denominado PBDE (Programa Básico da Doutrina Espírita), em Poços de Caldas/MG. Em seguida, cursei mais dois anos, até 1995, um módulo avançado, o COEM (Curso de Orientação e Educação Mediúnica). No ano de 1999 estive, juntamente com minha esposa Rita de Cássia, na Índia, em Dharamsala, onde fomos recebidos pelo Mestre Dalai Lama, líder espiritual budista e do povo tibetano. Naquela viagem recebemos nossa Sintonização no Budismo na Osho Commune International, em Pune – Índia; na ocasião, obtive o nome iniciático de Swami Deva Balam. Não vejo o Budismo como uma religião, e sim como uma filosofia de vida que prega a não-violência e o combate aos extremismos (fanatismo) através da filosofia do "Caminho do Meio", em que as pessoas devam buscar a sua reforma interior. Para mim, assim como pregava Einstein, minha religião é Cósmica, que transcende a um deus pessoal, sem os dogmas da Teologia.

Pergunta: *Segundo a sua opinião, e desde seu ponto de vista, quais seriam as questões mais importantes em nossa vida?*

Resposta: A coisa mais importante é ser feliz. Todavia, ocorre que ninguém é feliz sem saúde. Sem saúde não vamos a lugar nenhum:

"Todas as receitas para a felicidade baseiam-se sempre em um ideal superior."
Johnny De' Carli

não estudamos, não trabalhamos, não crescemos nem reproduzimos. Também, uma sociedade melhor só se consolida com boas "células" de famílias estruturadas. Essas são, então, as minhas prioridades: a saúde física, emocional, mental, espiritual e a família unida e em paz.

Pergunta: *Como você entrou em contato com este "mundo"?*

Resposta: Comecei a estudar engenharia agronômica em 1978, na Universidade Federal Rural do Rio de Janeiro - UFRRJ, onde me interessei desde o primeiro momento pelas plantas medicinais (fitoterapia). No ano de 1980, durante as férias escolares em Brasília, motivado por minha curiosidade, num *shopping* fiz a minha primeira fotografia Kirlian (bioeletrografia de nosso campo eletromagnético), o que me despertou muito interesse por esse assunto tão misterioso. Em 1982, já formado, comprei das mãos do saudoso Prof. Newton Milhomens a minha primeira máquina Kirlian (câmara bioeletrográfica). Como vivia no Rio de Janeiro, uma cidade turística e sem tradição agrícola, tive que procurar trabalho fora. Naquela época não existia internet, portanto enviei meu currículo, em papel, pelos correios para dezenas de empresas agropecuárias. Fui convidado para trabalhar em apenas uma lá no interior do Estado do Amazonas, em plena selva amazônica: a empresa Agropecuária Porto Alegre S.A., situada no km 70 da rodovia BR 174 (na época, de terra batida) que liga Manaus à Venezuela. Lá, volta e meia alguém ficava doente, pois existiam muitos tipos de doenças tropicais e quase não haviam médicos e hospitais. As pessoas enfermas tinham que recorrer à milenar medicina indígena dos pajés (xamãs brasileiros), aliás, muito eficiente, mas totalmente diferente do que víamos nas grandes cidades. Durante nove anos em que vivi no Amazonas só aumentou o meu interesse pelo poder terapêutico das plantas, a conhecida fitoterapia. Passado esse período, estive em

"De uma forma ou de outra, somos sempre conduzidos para o Caminho que precisamos percorrer."
Johnny De' Carli

Londres participando de um curso de florais de Bach (terapia através da energia das flores, desenvolvido pelo médico inglês Edward Bach).

Pergunta: *Em que ano você começou a trabalhar profissionalmente com as terapias complementares?*

Resposta: Já desligado do Amazonas, iniciei o meu trabalho como terapeuta holístico no ano de 1991, em de Poços de Caldas/MG, cidade na qual meu pai estudou e se criou. Nesse mesmo ano abri meu primeiro espaço terapêutico onde comecei a trabalhar com as fotos Kirlian (Bioeletrografias) e os florais de Bach.

Pergunta: *O senhor chegou a fazer algum curso universitário dentro dessa área das terapias complementares?*

Resposta: Sim, na Universidade Castelo Branco (UCB), no Rio de Janeiro/RJ. Em 2004, ingressei no "curso de pós-graduação *Lato Sensu* em terapias naturais e holísticas", na mesma instituição.

Pergunta: *Você chegou a lecionar em alguma instituição de nível superior?*

Resposta: Sim, na mesma Universidade Castelo Branco (UCB). Uma semana após o término do "curso de pós-graduação Lato Sensu em terapias naturais e holísticas", em 2006, fui incorporado ao corpo docente. Tornei-me professor universitário de pós-graduação no referido curso e fiquei responsável pela disciplina chamada "Bioeletrografia aplicada ao diagnóstico energético".

Pergunta: *Quando você decidiu começar este projeto vital? O que procurava com ele? O que te acrescentou? E o que poderá nos acrescentar?*

Resposta: Em 1986, após o nascimento de Juliana, minha primeira filha. Quando recebi o primeiro sorriso dela tudo mudou para

> *"Foi preciso percorrer cada curva do Caminho para chegarmos até aqui."*
> Johnny De' Carli

mim! Juliana foi um "gatilho" em minha vida, então, iniciei uma busca visando uma reforma íntima. Eu procurava me tornar uma referência, um espelho para ela. Minha filha foi o "marco divisor". Nesse "Caminho", encontrei o Reiki e hoje me sinto um ser humano mais amoroso, humilde e tolerante. Percebi rapidamente que o Reiki pode transformar positivamente as pessoas e o mundo.

Pergunta: *Se você colocasse todas as peças que você encontrou ao longo de sua vida e as ordenasse sobre uma mesa para criar um grande quebra-cabeça, para onde diria que nos dirigimos? O que você acha que é a nossa Evolução e como podemos nos preparar para isso?*

Resposta: Dirigimo-nos, sem dúvidas, para um planeta melhor, sem tanto egoísmo e orgulho. Para se preparar para essa nova realidade cada um deve, urgentemente, encontrar um "Caminho Evolutivo" de reforma íntima e modificação da Consciência. Para mim, esse "Caminho" foi o Reiki.

Pergunta: *Poderíamos dizer que você é mestre de Reiki, terapeuta holístico, escritor e investigador. Qual é o seu objetivo e que mensagem está tentando transmitir com o seu trabalho?*

Resposta: Procuro contribuir através de meus livros e do meu trabalho para tornar esse planeta mais justo, com melhor distribuição de renda e justiça social. Minha mensagem é que podemos interferir positivamente e viver melhor.

> *"Um bom modelo constitui o mais forte apoio para as mudanças que se verificam nas pessoas. Nada é tão transmissível como um bom exemplo."*
> Johnny De' Carli

O encontro de Johnny De' Carli com o Reiki

Pergunta: *Professor Johnny, em que ano ouviu falar do Reiki?*

Resposta: O Reiki apareceu em 1994, como consequência de minha busca por reforma íntima.

Pergunta: *Em que ano foi a sua Sintonização no Reiki e quantos anos o senhor tinha?*

Resposta: Foi naquele mesmo ano, em 1994, aos 33 anos de idade, em Poços de Caldas/MG.

Pergunta: *O que lhe motivou a fazer o seminário de Reiki?*

Resposta: Como terapeuta holístico (fotos Kirlian e florais de Bach), já atendia um grande número de pessoas diariamente, e muitas vezes me sentia desvitalizado. A fim de repor as energias "vampirizadas" nos atendimentos terapêuticos fui recomendado por uma amiga médica a fazer o seminário de Nível 1 do Reiki, com a mestre Claudete França, primeira mestre de Reiki brasileira. Com a autorização dela, acabei fazendo também o Nível 2 no dia seguinte, um domingo.

Pergunta: *Como estava a sua motivação no primeiro contato com o Reiki?*

Resposta: No primeiro momento estava bastante cético. A credibilidade surgiu após a observação dos resultados obtidos em duas questões pessoais: insônia e má digestão.

"A aprendizagem obedece a um ritmo que deve ser respeitado."
Johnny De' Carli

Pergunta: *Como o senhor chegou ao Mestrado de Reiki?*

Resposta: Em 1995, por meio da mestre Claudete França, que já me havia Iniciado nos Níveis 1 e 2, cheguei ao Nível 3-A. Logo em seguida, realizei os cursos de Mestrado de Reiki na Alemanha, nos Estados Unidos, na Índia e no Japão, após já ter sido Iniciado mestre de Reiki no Brasil, em 1995, pela mestre Sandra Olivieri, de Sorocaba/SP.

Pergunta: *Conte-nos um fato envolvendo os resultados do Reiki, e que foi positivamente marcante em sua vida.*

Resposta: Há muitos casos, já que nesse ano de 2021 completei 27 anos dedicados exclusivamente ao Reiki. Mas um que me tocou bastante ocorreu em 1996, com um senhor chamado Naévio Freire de Carvalho, aposentado da Petrobrás, que tinha trombose. Os médicos iriam amputar sua perna já "preta" e sem circulação, mas ele, por iniciativa própria, adiou em 24 horas a cirurgia e veio ao meu encontro sem nos conhecermos. Chegou mancando em meu consultório, sem avisar, quando eu estava fechando a porta para o almoço. Pedi, então, que voltasse no dia seguinte, porém um "sinal" bateu no meu coração e chamei-o para lhe atender, ao que ele me explicou da amputação. Apliquei Reiki e a perna clareou ligeiramente. Pedi a ele para adiar a cirurgia por mais 24h, desse modo, fomos aplicando Reiki diariamente até a perna se recuperar por completo, sem precisar ser amputada.

Pergunta: *É verdade que o senhor foi ao Japão e viu de perto os registros do descobridor deste método?*

Resposta: Sim, já estive quatro vezes no Japão: em 1998, 2002, 2011 e 2018, sempre pesquisando sobre o método Reiki. Em todas as viagens vistamos o memorial dedicado ao *Sensei* Usui e a vários renomados mestres de Reiki japoneses.

> *"É importante observar para aprender."*
> JOHNNY DE' CARLI

Pergunta: *Foi difícil a sua conquista para realizar todos estes empreendimentos voltados ao Método Reiki? Conte-nos um pouco mais.*

Resposta: Sim, foi difícil. Alguns Cursos eram caros, chegava-se a cobrar 10 mil dólares por um Curso de Mestrado em Reiki, mas o grande problema foi a comunicação. Estudei no Japão com cinco diferentes professores de Reiki e não falo japonês, portanto, a limitação do idioma foi um grande obstáculo a ser vencido. Por isso, investi bastante em tradutores especializados.

Pergunta: *Você poderia me fazer um resumo das mensagens e ensinamentos que aprendeu ao longo de sua experiência?*

Resposta: A cada dia, sem exceção, procuro me aproximar um pouco mais dos Cinco Princípios do Reiki (*"Só por hoje, não sentirei raiva"*; *"Só por hoje, não me preocuparei"*; *"Só por hoje, serei grato por todas as minhas bênçãos"*; *"Só por hoje, farei o meu trabalho com amor e honestamente"* e *"Só por hoje, serei gentil com todas as criaturas vivas"*). Os Princípios do Reiki são a base de minha filosofia de vida.

Pergunta: *Onde fica o seu estabelecimento de Reiki?*

Resposta: O Instituto Brasileiro de Pesquisas e Difusão do Reiki nasceu no dia 08 de abril de 1996, em Copacabana – Rio de Janeiro/RJ (situado na rua Siqueira Campos nº 43, salas 633 e 634), onde segue como nossa sede. Atualmente, com o crescimento de nossas atividades abrimos uma filial no bairro dos Jardins, em São Paulo/SP (na Alameda Santos, nº 2.223, conjunto 52).

"A dificuldade de escalar uma montanha é recompensada pela paisagem que se vislumbra do cume."
JOHNNY DE' CARLI

Pergunta: *Você se centrou principalmente no Reiki como terapia e como filosofia de vida. Como reagem seus alunos e clientes diante dessas ideias? Como crê que os afetam?*

Resposta: No primeiro momento, 80% reagem com desconfiança. Começam a acreditar a partir do momento que observam e sentem as mudanças positivas do Reiki em suas próprias vidas.

Pergunta: *O senhor chegou a lecionar o Reiki oficialmente em alguma instituição de nível superior?*

Resposta: Sim, nas Faculdades Integradas Hélio Alonso – FACHA, localizada no Rio de Janeiro/RJ. Lá também sou o professor titular do 'Curso Oficial de Extensão Universitária em Terapia Reiki'. Atualmente, leciono também o Reiki na Universidade Federal Rural do Rio de Janeiro – UFRRJ, com certificação emitida pela Universidade.

Pergunta: *É verdade que o cantor e compositor Roberto Carlos fez o Curso de Reiki com o senhor? Se puder falar sobre isso.*

Resposta: Sim, eticamente posso falar pelo fato de que ele já se manifestou publicamente sobre esse assunto. Roberto fez os Níveis 1, 2 e 3-A do Reiki e, mais tarde, após constatar a eficácia do método refez todos os Níveis acompanhado de toda a sua família e boa parte de seus funcionários.

> *"Poucos conseguem ser respeitados como mestres em mais de uma área do conhecimento."*
> JOHNNY DE' CARLI

Johnny De' Carli
e seus livros sobre o Reiki
• • • • • • • • • • •

Pergunta: *Professor Johnny, quantos livros o senhor já escreveu sobre o Reiki?*

Resposta: Com muita alegria, escrevi 15 obras sobre o tema Reiki. São eles:

1ª "Reiki Universal" (14ª edição);
2ª "Reiki, A Terapia do 3º Milênio" (5ª edição);
3ª "Reiki, Amor, Saúde e Transformação" (6ª edição);
4ª "Reiki, Sistema Tradicional Japonês" (4ª edição);
5ª "Reiki, Para Crianças" (3ª edição);
6ª "Reiki, Os Poemas Recomendados por Mikao Usui" (3ª edição);
7ª "Reiki, Apostilas Oficiais" (11ª edição);
8ª "Reiki, Como Filosofia de Vida" (3ª edição);
9ª "Tarô do Reiki" (2ª edição);
10ª "Oráculo do Reiki" (2ª edição);
11ª "Diário do Reiki" (5ª edição);
12ª "Mil Reflexões de um Reiki Master" (2ª edição);
13ª "Reiki, As Respostas da *Usui Reiki Ryoho Gakkai*";
14ª "O Livro da Gratidão do Reiki" (2ª edição);
15ª "Reiki, Johnny De' Carli Responde – Volume 1".

"*O livro tem o poder de mudar as pessoas e de mudar o mundo.*"
Johnny De' Carli

Pergunta: *Você é autor de quinze livros sobre o Método Reiki vendidos em vários países, além de presidente do Instituto Brasileiro de Pesquisas e Difusão do Reiki. Como se sente em ter estes empreendimentos a favor da Humanidade?*

Resposta: Sinto-me feliz, realizado e gratificado.

Pergunta: *Poderia nos descrever o ambiente onde o senhor escreve?*

Resposta: Escrevo em diferentes ambientes, pois passo minha vida em trânsito viajando, lecionado, participando de cursos, seminários, congressos etc. Mas prefiro escrever e rendo mais em minha casa oficial, no alto de uma montanha na cidade de São Lourenço, sul de Minas Gerais. Quando estou em casa trabalho em meu escritório particular, um ambiente rodeado por 1.500 livros com uma bela e espaçosa varanda, com vista para verdes montanhas, muitas árvores e pássaros silvestres (tucanos, canários da terra, maritacas, sabiás e outros).

Pergunta: *Você saberia do grande sucesso que teria quando começou a se dedicar à terapia Reiki?*

Resposta: Sou muito perseverante e determinado em tudo que faço, mas obtive resultados superiores às minhas expectativas. Até esse ano de 2021, ultrapassei a marca de um milhão de livros vendidos em diferentes países.

Pergunta: *Devo admitir que o primeiro livro que li sobre o Reiki foi um seu, o "Reiki Universal". Fale-nos um pouco sobre ele.*

Resposta: Foi escrito à mão, à lápis, numa época em que poucos tinham computador. Esse livro colocou muita gente no "Caminho do Reiki", e em 2020 chegou em sua 35ª edição na Espanha.

> *"O sossego do lar é uma das grandes bênçãos, não tem preço."*
> Johnny De' Carli

Pergunta: *O senhor escreveu o livro 'Reiki, Para Crianças'. Como reagem os pais das crianças?*

Resposta: Ainda há muito tabu, pois muitos têm medo quando se defrontam com uma situação desconhecida. Entretanto, nada no Método Reiki, incluindo o Processo Iniciático, pode prejudicar alguém.

Pergunta: *Como lhe surgiu a ideia de escrever um livro inteiramente dedicado aos poemas do Imperador Meiji (Reiki como Filosofia de Vida)?*

Resposta: O Imperador Meiji é citado nos três documentos oficiais do Reiki: na lápide do memorial dedicado ao *Sensei* Usui; no manual denominado *'Reiki Ryoho No Shiori'*, desenvolvido pela *'Usui Reiki Ryoho Gakkai'*; e na apostila utilizada pelo *Sensei* Mikao Usui, com o título de *'Reiki Ryoho Hikkei'*, que o Mestre entregava aos alunos quando lecionava. A última parte desse manual contém 125 poemas *(Gyosei)* do Imperador Meiji escolhidos pelo *Sensei* Mikao Usui, e foi a base para escrever meu livro. Até então, em nenhum país esses poemas haviam sido analisados com profundidade.

Pergunta: *O senhor assume que o seu livro 'Reiki, Como Filosofia de Vida' foi escrito através de dons metafísicos. Como surgiu o recurso para escrevê-lo? Foi intencional da sua parte?*

Resposta: Ganhei um livro de uma aluna muito querida, Ana Maria da Fonseca Costa Cetrangolo, que narrava a biografia de meu ídolo Albert Einstein. Nesse livro, Einstein dizia que quando tinha uma dúvida sobre a Teoria da Relatividade se recolhia e ia fazer uma "*siesta*", e ao despertar a dúvida estava sanada. Isso chamou muito a minha atenção! No início de 2008, fiz uma experiência semelhante com um dos poemas do Imperador Meiji, escrito em linguagem metafórica. Após a leitura, me recolhi para um cochilo pós-almoço com essa

> *"Uma coleção de poemas deve ser uma farmácia espiritual, onde se encontra medicamentos para qualquer coisa que nos desvie do Caminho do bem."*
> Johnny De' Carli

intenção. Na ocasião, sonhei com o Imperador me explicando o poema e, ao acordar, eu tinha a chave que decifrava a mensagem implícita do Poema 69.

Pergunta: *Como decorreu o processo de escrita? Quanto tempo demorou? Tudo se conjugou de forma fluida e harmoniosa?*

Resposta: O Poema 69 foi o pontapé inicial do livro. Durante 4 anos, sempre que eu podia fazia o mesmo ritual e, aos poucos, fui decifrando cada um dos 125 poemas oficiais do Reiki. Literalmente, o livro foi decodificado durante períodos de sono superficial, quando o cérebro está em frequência alfa (7,5 hz). Logo que despertava, antes de falar com Rita ou fazer qualquer outra atividade eu tinha que escrever a interpretação, caso contrário a "ideia" se perdia como um sonho que se esquece rapidamente.

Pergunta: *Qual é o Poema 69 do Reiki?*

Resposta: Segue o Poema 69:

RELÓGIO

"Um vai mais rápido, outro mais lentamente.
Todos os relógios têm diferentes tamanhos e diferentes ponteiros".

Imperador Meiji

Pergunta: *Qual foi a análise feita por você no Poema 69 do Reiki?*

Resposta: Há muito simbolismo nesse poema. O Imperador Meiji utiliza o termo "relógio", título do poema, como metáfora para a morte. No Japão, os relógios simbolizam a morte e, por esse motivo, nunca são dados de presente. O relógio é um instrumento que permite medir intervalos de tempo, é utilizado desde a Antiguidade, e existe em variados formatos, ou seja, é uma das mais antigas invenções humanas.

"O verdadeiro poema consiste em melhorar
o bem-estar da humanidade."
JOHNNY DE' CARLI

Podemos dividir o corpo do poema em duas frases: a primeira, *"Um vai mais rápido, outro mais lentamente"* aparece com o significado de que "mais cedo ou mais tarde ninguém escapa da morte"; a segunda frase, *"Todos os relógios têm diferentes tamanhos e diferentes ponteiros"* se apresenta com o significado de que "o tempo de vida física difere entre as pessoas".

Começamos a morrer no momento em que nascemos; cada segundo nos leva em direção à morte: o tempo de vida física não para; está sempre em contagem decrescente até terminar.

A mensagem implícita no poema é de que ninguém escapa da morte, seja por doença, por velhice ou por acidente, pois ela não escolhe idades. Entretanto, pode-se influenciar o tempo de vida em função de atitudes e fatores físicos, como alimentação, repouso, atividade física, prudência, prevenção, etc.

Segue também uma citação de Giuseppe Belli que nos remete ao poema analisado, em que diz o autor: *"A morte está escondida nos relógios"*.

Pergunta: *O que teria motivado o Mestre Mikao Usui a selecionar o Poema 69 para o Reiki?*

Resposta: O Mestre Mikao Usui seguramente selecionou esse poema a fim de alertar que o Reiki pode contribuir enormemente no aumento da expectativa de vida das pessoas trazendo, inclusive, muitos benefícios pessoais.

Pergunta: *Sendo este um livro 'diferente', como foi sua recepção no Brasil, em Portugal e na Espanha?*

Resposta: O público Reikiano também é "diferente". Nesses países estão aceitando muito bem esse novo livro, recebendo-o com muita alegria. Apesar de o Reiki não estar vinculado a nenhuma seita ou

"Os poemas são um caminho para o aprendizado e para a sabedoria."
Johnny De' Carli

religião, em geral os Reikianos são místicos, esotéricos e espiritualistas, portanto reagem com naturalidade a esse tipo de situação.

Pergunta: *Pensa em continuar recorrendo a este método para escrever obras futuras?*

Resposta: O método de decifrar através da "intuição" pode ser utilizado em áreas distintas de nossa vida. Penso em escrever um livro intitulado "Reiki, A Luz da Ciência" abordando o Reiki à luz da Física Quântica, e certamente farei uso dessa mesma metodologia. Albert Einstein certa vez disse: *"Não existe nenhum caminho lógico para o descobrimento das leis elementares. O único caminho é o da intuição".*

Pergunta: *Quais são seus próximos projetos a respeito da terapia Reiki?*

Resposta: Atualmente sigo escrevendo um novo livro sobre o Reiki. Peço a Deus, enquanto Ele me der vida, saúde e discernimento para seguir minha pesquisa e missão como escritor.

> *"O ouvido interior, sintonizado com Deus, ouve coisas extraordinárias."*
> Johnny De' Carli

Antecedentes à descoberta do Reiki

Pergunta: *O Sensei Mikao Usui descobriu o Reiki em 1922. Antes disso há registros de alguma utilização terapêutica através das mãos?*

Resposta: Sim, a arte de tocar o corpo humano com as mãos para confortar e diminuir dores é um velho instinto. Quando sentimos dores, nossa primeira reação é a de colocar imediatamente as mãos sobre a área que está doendo, pois o toque humano gera calor, serenidade e conforto. No Tibete existem registros de técnicas de harmonização através das mãos há mais de oito mil anos. Essas técnicas se expandiram pela Grécia, Egito, Índia e outros países, apesar de terem se perdido nos últimos dois milênios.

Pergunta: *O Método Reiki já era conhecido no Japão antes do Sensei Mikao Usui?*

Resposta: Não. No manual *'Reiki Ryoho Hikkei'*, em única entrevista concedida o *Sensei* Usui disse o seguinte: *"Nossa técnica terapêutica Reiki é* **DESCONHECIDA** *e não há similar no mundo"* (o grifo é nosso).

Pergunta: *Existem fatos que indicam ter Jesus praticado a imposição de mãos?*

Resposta: Sim, no Egito. Sabe-se que Jesus aplicava a técnica com muito sucesso e também dizia a seus apóstolos: *"sanem os que estiverem doentes"*. Até hoje, padres católicos conservam técnicas de imposição de mãos.

> *"A força capaz de ser emanada por nossas mãos não se explica, usa-se."*
> Johnny De' Carli

O Método Reiki

Pergunta: *Prof. Johnny, o que é um método?*

Resposta: O termo "método" tem sua origem no grego, *methodos*, composto de "meta" (através de) e de "hodos" (caminho). Significa, literalmente, "seguir um caminho para chegar a um fim".

Pergunta: *O Reiki é um método?*

Resposta: Sim, pode-se confirmar essa informação no seguinte trecho do memorial construído pela *'Usui Reiki Ryoho Gakkai'*, em fevereiro de 1927, onde o presidente *Sensei* Juzaburo Ushida escreveu o seguinte: *"Ele começou, de um modo novo, um **MÉTODO** de aperfeiçoar o corpo e o espírito baseado na energia Reiki do Universo"* (o grifo é nosso).

Pergunta: *Quem desenvolveu o método Reiki?*

Resposta: Um cidadão de origem japonesa chamado Mikao Usui.

Pergunta: *Existe algum outro documento oficial da 'Usui Reiki Ryoho Gakkai' que comprove que o Reiki seja também um método?*

Resposta: Sim, no manual *'Reiki Ryoho No Shiori'*, publicado em setembro de 1974, o *Sensei* Koshiro Fukuoka, membro da *'Usui Reiki Ryoho Gakkai'*, escreveu o seguinte: *"É também um **MÉTODO** de cura; é um tipo de terapia para a mente e para o indivíduo como um todo, a fim de prevenirmos as doenças e sempre mantermos a saúde da mente e do corpo. É considerada ser a melhor terapia da natureza"* (o grifo é nosso).

> *"Estamos nos voltando aos métodos antigos a fim de nos modernizarmos."*
> JOHNNY DE' CARLI

Pergunta: *Procede a informação de que o Método Reiki é um "Caminho para a felicidade"?*

Resposta: Sim, no manual *'Reiki Ryoho Hikkei'*, na única entrevista concedida o *Sensei* Usui disse o seguinte: *"... Sendo assim, será missão da 'Usui Reiki Ryoho' completar física e psicologicamente uma vida com paz e prazer, ajudando no tratamento de problemas de saúde de outros e promovendo, assim, a* **FELICIDADE** *de si próprio e de terceiros"* (o grifo é nosso).

Pergunta: *Na sua concepção, o que é o Método Reiki?*

Resposta: O Método Reiki é um sistema natural de equilíbrio, desbloqueio (harmonização) e reposição energética que mantém ou recupera a saúde. É também um método de redução de estresse. É um sistema próprio para despertar o poder que habita dentro de nós captando, modificando e potencializando a energia. Funciona como instrumento de transformação de energias nocivas em benéficas. É revolucionário para adaptar o ser humano às exigências da Era de *Aquarius*.

Pergunta: *Procede a informação de que o Sensei Mikao Usui recomendava o Método Reiki para todos os tipos de problemas de saúde?*

Resposta: Sim, pode-se confirmar essa informação no seguinte trecho do memorial construído pela *'Usui Reiki Ryoho Gakkai'*: *"O Mestre Usui enfatizava: "Este é seguramente o processo desconhecido para trazer a boa sorte e, também, levar à humanidade* **UM MILAGROSO BÁLSAMO PARA TODOS OS TIPOS DE PROBLEMAS DE SAÚDE"** (o grifo é nosso).

"Nossa felicidade não está condicionada à posse de coisas caras. Saúde e paz são o que importa."
JOHNNY DE' CARLI

Pergunta: *Pode o Reiki contribuir para melhorar as regras de convívio social?*

Resposta: Sim, pode-se confirmar essa informação no seguinte trecho do memorial: *"Estamos certos de que a energia Reiki contribui muito para **IMPEDIR QUE AS PESSOAS TENHAM SEU SENSO DE MORAL DESORDENADO**"* (o grifo é nosso).

Pergunta: *O Reiki é um método novo?*

Resposta: Sim, no manual *'Reiki Ryoho Hikkei'*, na entrevista concedida o *Sensei* Usui disse o seguinte: *"Nossa técnica terapêutica Reiki é **ORIGINAL**, baseada na capacidade do Espírito (Rei) do Universo, que fortalece as pessoas e promove moderação de ideias e prazer de viver"* (o grifo é nosso).

Pergunta: *Qual é a origem e significado do termo Reiki?*

Resposta: Reiki é uma palavra japonesa que identifica o Sistema Usui de Cura Natural *(Usui Reiki Ryoho)*, nome dado em homenagem ao seu descobridor, Mikao Usui. "Rei" significa universal e refere-se ao aspecto espiritual, à Essência Energética Cósmica que permeia todas as coisas e circunda tudo que existe. "Ki" é a energia vital individual que flui em todos os organismos vivos e os mantêm.

Pergunta: *Um tratamento com o Reiki pode ser combinado com outras técnicas?*

Resposta: Sim, o Método Reiki tanto pode ser usado isoladamente quanto como complemento terapêutico de qualquer técnica (convencional ou holística), o que se deve ao fato de a energia não ter polaridade. Assim, as possibilidades para combiná-lo com outras técnicas são infinitas.

"O Reiki é um tipo de óleo que lubrifica as engrenagens da vida."
Johnny De' Carli

Pergunta: *Qual é a principal vantagem do Reiki se comparado a outras terapias corporais?*

Resposta: O Reiki não desgasta o terapeuta.

Pergunta: *Por que ocorre um desgaste do terapeuta na maioria das terapias corporais?*

Resposta: A maioria das terapias corporais e energéticas envolve doação de energia vital *(ki)* do terapeuta para o receptor, causando um desgaste energético.

Pergunta: *Que danos podem causar ao terapeuta esse desgaste energético?*

Resposta: O desgaste contínuo da energia vital do doador sem reposição adequada tende a deteriorar seu sistema imunológico, defesa natural do corpo contra doenças. Resulta também num desequilíbrio que pode afetar suas dinâmicas emocional, mental e espiritual.

Pergunta: *Por que o Método Reiki energiza e não desgasta o praticante?*

Resposta: A técnica não utiliza o *ki* ou o *chi* do Reikiano, e sim a Energia Primordial Cósmica do Universo. Quando um Reikiano aplica a energia retém cerca de 30% desta. Diríamos que essa retenção funciona como uma bonificação Divina, logo, o praticante passa a ter mais energia e disposição depois da sessão. No Método Reiki quanto mais damos, mais recebemos. Quanto maior for o uso da energia Reiki, mais forte se torna o terapeuta, mais benefícios ele faz a si próprio e aos receptores. Após tratar muitos receptores, por mais doentes que estejam, o Reikiano geralmente se sente bem-disposto.

"Não criamos a energia Reiki, ela já existe; apenas concordamos em conectar com essa energia e em canalizá-la como veículos."
Johnny De' Carli

Pergunta: *Um praticante que utilize somente o Método Reiki terá saúde plena?*
Resposta: Não, o Método Reiki não substitui a boa respiração, o repouso reparador e a alimentação adequada. Tampouco é um substituto para as nossas necessidades de exercícios físicos apropriados.

Pergunta: *Há a necessidade de um diagnóstico prévio para a aplicação da energia Reiki?*
Resposta: Não, a técnica Reiki não exige diagnóstico da patologia ou disfunção para que um tratamento seja bem-sucedido.

Pergunta: *Por que o Reiki não exige diagnóstico da patologia ou disfunção?*
Resposta: Isso acontece porque o Reiki é uma energia "inteligente". Penetra no corpo do receptor e através dos meridianos energéticos e chacras dirige-se até a causa ou origem dos desequilíbrios ou enfermidades.

Pergunta: *O Reiki pode ficar obsoleto com o tempo?*
Resposta: Não, no Método Reiki as técnicas não ficam obsoletas, e são as mesmas desde o seu descobrimento. As "coisas de Deus" não mudam, o que mudam são as coisas dos homens. Por exemplo, um profissional recém-formado da área médica que pare de ler e estudar não se manterá atualizado e com certeza ficará ultrapassado, pois o avanço tecnológico é muito rápido. O mesmo fato pode ocorrer com profissionais de outras técnicas.

Pergunta: *Existe algum documento oficial que comprove que o Sensei Mikao Usui vinculou a prática da oração ao Método Reiki?*
Resposta: Sim, pode-se confirmar essa informação no seguinte trecho do memorial: *"Sempre que você se sentar calmamente e unir suas mãos para **REZAR** e cantar, pela manhã e à noite, vai desenvolver um som*

> *"É pela oração que o ser humano vai até Deus e que Deus entra nele."*
> Johnny De' Carli

mental puro que é a essência de fazer do seu dia a dia o melhor que ele pode ser" (o grifo é nosso).

Pergunta: *O Reiki tem conotação religiosa?*

Resposta: Não, o Método Reiki é sagrado, mas não é uma religião.

Pergunta: *O Reiki necessita de um credo?*

Resposta: Negativo, não é necessário que acreditemos nele para que se propague ou faça efeito.

Pergunta: *Há semelhanças entre o Reiki ocidental e como ele era praticado originalmente no Japão?*

Resposta: Muito pouca! Mikao Usui praticava o Método Reiki de uma forma bem diferente do que habitualmente fazemos no Ocidente. Aplicava energia Reiki pelos olhos, pelo sopro, por massagem, pressão com os dedos e pequenas batidas.

Pergunta: *No Reiki ocidental ensinam-se as 'Técnicas de Transformação' ('Técnica do Caderno' e 'Técnica da Caixa'). Há referências oficiais do* Sensei *Usui utilizar a técnica Reiki para influência em acontecimentos?*

Resposta: Sim, pode-se confirmar essa informação no seguinte trecho do memorial construído pela 'Usui Reiki Ryoho Gakkai': "O Mestre Usui enfatizava: Este é seguramente o processo desconhecido para **TRAZER A BOA SORTE** e também levar à humanidade um milagroso bálsamo para todos os tipos de problemas de saúde" (o grifo é nosso).

Pergunta: *O Método Reiki tem alguma correlação simbólica?*

Resposta: Sim, da natureza o Método Reiki tomou como símbolo o bambu.

"A sorte anda de mãos dadas com as pessoas audaciosas."
Johnny De' Carli

Pergunta: *Por que essa correlação simbólica com o bambu?*

Resposta: O bambu em sua simplicidade, resistência (quando enverga), vazio, retidão e perfeição pode representar metaforicamente o funcionamento da energia. O bambu é flexível, apesar de forte. Ele reverencia o vento que o toca soprando, se dobra mostrando-nos que quanto menos um ser se opuser à realidade da vida, mais resistente se tornará para viver em plenitude. O bambu é forte, servindo para construção de embarcações, móveis e construções, ou seja, todos que receberam a Sintonização no Método Reiki tendem a ficar fortes e resistentes. Entre um nó e outro o bambu é oco, vazio, como vazio é o espaço entre o céu e a terra, representando os que escolheram ser canais de energia Reiki, que passam a funcionar nesse vazio como verdadeiros "tubos" direcionadores de Energia Cósmica. A retidão sem igual do bambu, a perfeição do seu projetar-se para o alto, assim como seus nós que simbolizam os diferentes estágios do Caminho, simbolizam o objetivo do nosso itinerário interior, o nosso Crescimento e a Evolução em direção à Meta.

Pergunta: *No Japão o bambu tem algum significado espiritual fora do Reiki?*

Resposta: Sim, no Japão o bambu é uma planta de bons auspícios ou sorte. Pintar o bambu é considerado não só arte como também um exercício espiritual. Também em algumas culturas africanas o bambu é um símbolo de alegria, da felicidade de viver sem doenças e preocupações. É interessante observar como essa simbologia tem a ver com os Princípios do Reiki.

> *"Equivoca-se quem busca Deus agredindo a natureza.
> Quem agride a natureza, agride Deus."*
> Johnny De' Carli

Os documentos oficiais sobre o Método Reiki

• • • • • • • • • • •

Pergunta: *Prof. Johnny, quantos documentos oficiais se conhece no Ocidente sobre o Método Reiki?*

Resposta: As pessoas que fazem história não têm tempo de escrevê-la. A exemplo de Jesus e Buda, o *Sensei* Mikao Usui não deixou nada escrito de seu próprio punho. Há pouquíssimos documentos oficiais no Reiki, sendo basicamente três:

a) A pedra conhecida como o 'memorial do *Sensei* Usui', onde se encontra a mensagem talhada em japonês antigo, está localizada em Tóquio. Esse mausoléu contém a história do *Sensei* Usui e do descobrimento do Reiki;

b) Um manual denominado *'Reiki Ryoho Hikkei'*, que era entregue pelo *Sensei* Mikao Usui aos seus alunos. Nele se encontra a entrevista de *Sensei* Usui, citada anteriormente.

c) E recentemente descobrimos que após a II Guerra Mundial o Reiki continuou existindo no Japão. Pasmem! A Associação *'Usui Reiki Ryoho Gakkai'*, fundada pelo *Sensei* Usui um pouco antes de sua transição, manteve-se ativa e desenvolveu um manual para seus membros chamado de *'Reiki Ryoho No Shiori'*, publicado em setembro de 1974 (a *Sensei* Hawayo Takata ainda estava viva e ativa lecionando o Reiki). O manual foi escrito por Koshiro Fukuoka, membro pertencente à sede da Associação na gestão do

"Nada é mais verdadeiro que o original."
Johnny De' Carli

presidente à época, o *Sensei* Hoichi Wanami. Esse livro é baseado nas obras, nas instruções orais e nos relatos sobre as experiências vividas de cada mestre dessa Associação; e destina-se aos novos Reikianos para que compreendam bem o que é a terapia Reiki. Seu porte é obrigatório, ou seja, todos os membros o possuem. Nele há explicações sobre como tratar diferentes problemas de saúde, há um resumo dos "pontos" indicados para aplicação de Reiki e estão descritos detalhadamente os procedimentos para realizar os tratamentos.

Pergunta: *Em suas idas ao Japão o senhor teve acesso a esses manuais históricos?*

Resposta: Sim, em minha primeira viagem ao Japão no ano de 1998, recebi das mãos do *Sensei* Fuminori Aoki uma cópia do manual '*Reiki Ryoho Hikkei*'. Entrego a todos que realizam o *Shinpiden* (Mestrado) aqui em nosso Instituto, na versão Gendai-Reiki de Kyoto, uma cópia de todos os originais trazidos do Japão.

> "Compartilhar, eis o grande e seguro Caminho para a plenitude."
> JOHNNY DE' CARLI

Mikao Usui – O descobridor do Reiki

Pergunta: *Professor Johnny, sabe-se a data exata de nascimento do Sensei Mikao Usui?*

Resposta: Sim, no memorial construído pela *'Usui Reiki Ryoho Gakkai'* em fevereiro de 1927, o presidente *Sensei* Juzaburo Ushida escreveu o seguinte: "O Sr. Usui nasceu em 15 de agosto de 1865".

Pergunta: *Procede a informação de que o Sensei Mikao Usui nasceu numa pequena vila localizada do interior do Japão?*

Resposta: Sim, no referido memorial pode-se ler: "O Sr. Usui, cujo nome popular é Mikao e nome de batismo é Gyohan, **VEIO DE TANIAI-VILLAGE, DISTRITO DE YAMAGATA, PREFEITURA DE GIFU**" (o grifo é nosso).

Pergunta: *O senhor já esteve pessoalmente na pequena vila onde nasceu o Sensei Mikao Usui?*

Resposta: Sim, duas vezes: em 2011 com um grupo de 11 Reikianos, e em 2018 acompanhado de 42 mestres de Reiki por mim Iniciados.

Pergunta: *Procede a informação de que o Sensei Mikao Usui, ao nascer, recebeu de seus pais o nome de Gyohan?*

Resposta: Sim, Usui era o sobrenome oficial da família. Mikao era um nome popular. Seu nome oficial de batismo era Gyohan.

"É natural o interesse em buscar conhecer as origens."
Johnny De' Carli

Pode-se confirmar essa informação no seguinte trecho do memorial: *"O Sr. Usui, cujo nome popular é Mikao e o **NOME DE BATISMO É GYOHAN**, veio de Taniai-Village, distrito de Yamagata, Prefeitura de Gifu"* (o grifo é nosso).

Pergunta: *Procede a informação que o Sensei Mikao Usui foi um homem de muitos talentos e qualidades?*

Resposta: Sim, no memorial lemos: *"Aquilo que se pode realizar naturalmente através do desenvolvimento e da educação é chamado de **VIRTUDE**. É chamado de **MÉRITO** difundir um método de liderança e ajuda e praticá-lo. **SOMENTE AS PESSOAS DE MUITOS MÉRITOS E GRANDE QUANTIDADE DE VIRTUDES** é que podem ser consideradas grandes criadoras: pessoas que começam um novo aprendizado e criam nova seita entre sábios, filósofos, gênios etc., e tornam-se conhecidas desde tempos remotos. **PODEMOS DIZER QUE O SR. USUI É UMA DESSAS PESSOAS"**. Noutra passagem, disse também o *Sensei* Juzaburo Ushida: *"Educou-se em meio às dificuldades de sua infância. Estudou com afinco e bastante esforço. **SUAS HABILIDADES SEMPRE FORAM MUITO SUPERIORES ÀS DE SEUS AMIGOS"*** (os grifos são nossos).

Pergunta: *Alguns livros se referem ao Sensei Usui como doutor Usui. Ele foi um médico?*

Resposta: Não, mas detinha muito conhecimento sobre a medicina. No manual *'Reiki Ryoho No Shiori'*, publicado em setembro de 1974, o *Sensei* Koshiro Fukuoka, membro da *'Usui Reiki Ryoho Gakkai'*, escreveu o seguinte: *"...**CONHECIA MUITO BEM A MEDICINA**, fato que os médicos especialistas ficavam surpresos"* (o grifo é nosso).

> *"A qualidade deixa suas pegadas no caminho e no tempo."*
> Johnny De' Carli

Pergunta: *Antes de se tornar um mestre de Reiki, como trabalhava o Sensei Mikao Usui?*

Resposta: No referido manual lemos: *"Ele trabalhou como oficial do governo, funcionário de empresa, jornalista, missionário, capelão e empresário adquirindo muitas experiências na vida".*

Pergunta: *Como era o temperamento do Sensei Mikao Usui?*

Resposta: No memorial, o *Sensei* Juzaburo Ushida escreveu o seguinte: *"O Sensei Usui era de natureza* **GENTIL** *e* **PRUDENTE** *e não dava importância às aparências. Tinha corpo grande e vigoroso e* **SUA FACE ESTAVA SEMPRE ILUMINADA COM UM SORRISO"** (os grifos são nossos).

Pergunta: *Existe algum documento oficial sobre o Reiki que comprove que o Sensei Mikao Usui tenha sido casado?*

Resposta: Sim, no memorial vemos: *"Sua* **ESPOSA***, oriunda da família Suzuki,* **CHAMAVA-SE SADAKO"** (os grifos são nossos).

Pergunta: *Existe algum documento oficial sobre o Reiki que comprove que o Sensei Mikao Usui tenha tido filhos?*

Resposta: Sim, no memorial lê-se: *"***USUI TEVE UM FILHO E DUAS FILHAS***. O nome do filho era Fuji, que o sucedeu à frente da família"* (o grifo é nosso).

Pergunta: *Sabe-se que é hábito no Japão reverenciar e agradecer aos antepassados pelos ensinamentos deixados. Tem-se conhecimento sobre os antepassados do Sensei Mikao Usui?*

Resposta: Sim, no memorial consta: *"Ele tinha um antepassado chamado Tsunetane Chiba que teve participação ativa como comandante*

"Dê bastante atenção a sua família, ela é a base de tudo."
Johnny De' Carli

militar entre o término do período Heian e o início do período Kamakura (1180-1230). O nome real de seu pai é Taneuji e o nome popular é Uzaemon. Sua mãe era oriunda da família Kawai".

Pergunta: *Procede a informação que o Sensei Mikao Usui passou muitas dificuldades ao longo de sua vida?*

Resposta: Sim, no memorial está escrito: *"Apesar de seu talento nem sempre foi bem-sucedido na vida. Embora compelido a **LEVAR UMA VIDA INFELIZ E POBRE**, amiúde tinha de redobrar esforços para fortalecer corpo e mente sem esmorecer **ANTE AS DIFICULDADES**".* Noutra passagem, disse o *Sensei* Juzaburo Ushida: *"Quando **ENFRENTOU DIFICULDADES** seguiu adiante com determinação e perseverança mantendo-se extremamente cuidadoso".* E ainda: *"Educou-se em meio às **DIFICULDADES DE SUA INFÂNCIA**. Estudou com afinco e bastante esforço. Suas habilidades sempre foram muito superiores às de seus amigos"* (os grifos são nossos).

Pergunta: *Procede a informação que o Sensei Mikao Usui foi um homem extremamente estudioso e culto?*

Resposta: Sim, consta no memorial: *"Era um homem de talentos variados e um **AMANTE DOS LIVROS. DETINHA UMA VASTA GAMA DE CONHECIMENTOS** que iam desde história, ciência médica, Cristianismo e Budismo, psicologia até o mágico reino das fadas, ciências divinatórias e fisiognomonia"* (o grifo é nosso).

Pergunta: *O Sensei Mikao Usui chegou a estudar fora do Japão?*

Resposta: Sim, no memorial podemos ler: *"Depois de crescido foi para **EUROPA E AMÉRICA (USA), E TAMBÉM ESTUDOU NA CHINA"*** (o grifo é nosso).

> *"São as dificuldades que revelam as pessoas."*
> Johnny De' Carli

Pergunta: *Como o Sensei Usui estudou na Europa, ele chegou a ter admiração por algum escritor estrangeiro em especial?*

Resposta: Sim, pode-se confirmar essa informação no seguinte trecho do manual *'Reiki Ryoho No Shiori'*, onde o *Sensei* Koshiro Fukuoka escreveu o seguinte: *"Ele gostava de citar ensinamentos de escritores estrangeiros como, por exemplo, o professor e historiador escocês* **THOMAS CARLYLE**" (o grifo é nosso).

Pergunta: *O que o Sensei Usui citava de Thomas Carlyle?*

Resposta: No manual há duas referências sobre esse autor: *"Os seres humanos que vivem sem saber o poder original do homem são patéticos. Somente aqueles que conhecem o seu verdadeiro poder vão prosperar forte, correta e belissimamente".* E a outra: *"Vocês desejam grande triunfo, grande fama. No entanto, se ficarem de braços cruzados o que buscam jamais se aproximará. Simplesmente não se esqueçam daquilo que traz a vitória final concentrando toda a sinceridade, de todo o coração, para aquilo que realizarem, até mesmo para o que está trivialmente encoberto".*

Pergunta: *O Sensei Usui era contra o uso da medicina convencional?*

Resposta: Não, pode-se confirmar essa informação no seguinte trecho do manual *'Reiki Ryoho No Shiori'*: *"Ele advertia duramente dizendo: 'Recentemente, as ciências médicas estão progredindo notavelmente e de* **MODO ALGUM DEVEMOS IGNORAR OS TRATAMENTOS MÉDICOS E OS REMÉDIOS. E, TAMBÉM, REJEITÁ-LOS SERIA UMA IMPRUDÊNCIA SEM LIMITE**" (o grifo é nosso).

Pergunta: *Fala-se no Ocidente que o Sensei Mikao Usui foi um padre católico. Essa informação procede?*

Resposta: Não, isso é uma lenda que era contada nos primeiros livros sobre o Reiki. Sabe-se hoje que ele foi um capelão (ministro religioso).

"Só o tempo é capaz de diferenciar o que é verdadeiro do que é falso."
Johnny De' Carli

Pergunta: *Fala-se também que o Sensei Mikao Usui foi reitor da Universidade Católica Doshisha em Kyoto. Essa informação procede?*

Resposta: Não, essa informação também não é procedente, fez parte da lenda.

Pergunta: *Existe algum documento oficial que comprove que o Sensei Mikao Usui não teve vinculação com a Universidade Doshisha?*

Resposta: Sim, segue a tradução do documento na íntegra enviado ao mestre de Reiki William Lee Rand:

> 17 de dezembro de 1991.
> Sr. William Lee Rand – Presidente
> The Center for Spiritual Development
> 20782 Knobwoots – Dr., Suite 203

Prezado Sr. Rand,

Primeiro, o Sr. poderia obter algumas informações sobre a história da Doshisha University através de fotocópias anexas feitas no catálogo da Doshisha University e The Doshisha.

Segundo, ajudado pelo chefe arquivista, cheguei a pessoa mencionada, Mikao Usui, com os documentos relacionados (em vão): lista de alunos formados no "boletim de alunos de Doshisha", literaturas relativas ao J. H. Neesima, e a lista de membros da faculdade e clero daquela época. Apenas descobri que ele nunca foi o presidente da Doshisha. Seu nome não foi encontrado, nem qualquer vestígio seu, nos documentos checados.

Lamento não poder fornecer mais informações.

Sinceramente,

Itsuro Nishida
Chefe do Centro de Serviços Públicos
para Informação Acadêmica (Antiga Biblioteca)
Doshisha University – Kyoto 602, Japão.

> "A História, muitas vezes, é o registro de algo que nunca aconteceu, escrita por alguém que não estava presente."
> Johnny De' Carli

Pergunta: *O Sensei Mikao Usui ensinava o Reiki apenas por tradição oral?*

Resposta: Não, o manual que venho citando, chamado *'Reiki Ryoho Hikkei'*, era entregue aos alunos do *Sensei* Usui quando lecionava. Foi escrito em *kanji* arcaico (utilizado no Japão antes da Segunda Guerra Mundial), portanto quando ele ainda estava vivo, antes de 1926. Este é um documento que comprova que o Método Reiki não teve apenas uma tradição oral como foi preliminarmente divulgado no Ocidente.

Pergunta: *Quando o senhor teve acesso a esse manual?*

Resposta: Quando estive no Japão pela primeira vez, em novembro de 1998, recebi das mãos do *Sensei* Fuminori Aoki uma cópia do manual original.

Pergunta: *Quantos anos de sua vida o Sensei Mikao Usui dedicou ao Reiki?*

Resposta: O *Sensei* Usui teve somente quatro anos para divulgar o Método Reiki. A meditação em Kurama Yama ocorreu em abril de 1922, e sua morte ocorreu em março de 1926.

Pergunta: *Quando o Sensei Mikao Usui faleceu?*

Resposta: Em 09 de março de 1926.

Pergunta: *Quem deu continuidade ao ensino do Reiki após a morte do Sensei Mikao Usui?*

Resposta: O *Sensei* Mikao Usui deu o Mestrado de Reiki para pouco mais de dez pessoas. Entre os contemplados estava o Dr. Chujiro Hayashi, um de seus sucessores. A ele foi repassada a responsabilidade de transmitir e manter intacta a tradição Reiki.

"Não protele, você não sabe se terá tempo suficiente."
Johnny De' Carli

Pergunta: *Sabe-se os nomes de todos os Iniciados pelo Sensei Mikao Usui no Mestrado de Reiki (Shinpiden)?*

Resposta: Não de todos, mas hoje se conhece os nomes de dez Iniciados, são eles: Juzaburo Ushida (segundo presidente da *Gakkai*); Kanichi Taketomi (terceiro presidente da *Gakkai*); Yoshiharu Watanabe (quarto presidente da *Gakkai*); o médico e Almirante Chujiro Hayashi; o músico Imae Mine; o mestre de cerimônia do chá Sono Tsuboi; Tetsutaro Imaizumi; Harue Nagano; Toshihiro Eguchi e Kaiji Tomita.

Pergunta: *Nos quatro anos que o Sensei Mikao Usui trabalhou com o Reiki, quantos Reikianos ele Sintonizou?*

Resposta: No manual *'Reiki Ryoho Hikkei'*, na única entrevista concedida o *Sensei* Usui disse: *"Sem dúvida, independentemente de ser homem ou mulher, intelectual ou não, qualquer pessoa normal pode obter a capacidade espiritual de tratar perfeitamente a si mesmo e às outras pessoas, em pouco tempo.* **ATÉ AGORA, JÁ TRANSMITI A TÉCNICA A MAIS DE MIL E ALGUMAS CENTENAS DE PESSOAS** *com total sucesso, e somente com o SHODEN (primeiro Nível do Método Reiki) todos obtiveram a capacidade espiritual de tratar difíceis problemas de saúde em pouco tempo. Esta é a característica de nossa técnica com a Energia Universal"* (o grifo é nosso).

Pergunta: *Existe algum outro documento oficial mais recente sobre o Reiki que informe quantas pessoas tenham sido Iniciadas no Reiki diretamente pelo Sensei Mikao Usui?*

Resposta: Sim, com toda limitação de divulgação naquela época o *Sensei* Usui iniciou mais de duas mil pessoas. Pode-se confirmar essa informação no seguinte trecho do memorial: *"O número de alunos que aprenderam com o Sensei Usui chegou a* **MAIS DE DOIS MIL***"* (o grifo é nosso).

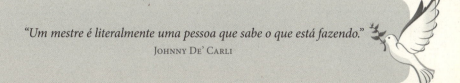

"Um mestre é literalmente uma pessoa que sabe o que está fazendo."
Johnny De' Carli

Pergunta: *O Sensei Mikao Usui também Iniciava pessoas gratuitamente no Reiki?*

Resposta: Sim, pode-se confirmar essa informação no seguinte trecho do memorial: *"Ah! Que grande coisa ele fez:* **TER GENEROSAMENTE DADO ÀS PESSOAS** *o que sentiu e realizou por si mesmo!"* (o grifo é nosso).

Pergunta: *O Sensei Mikao Usui chegou a criar alguma instituição ligada ao Reiki?*

Resposta: Sim, Mikao Usui fundou uma organização em Tóquio. Esta instituição cuida até hoje da prática e dos ensinamentos do Método Reiki. É a tão aqui citada *'Usui Reiki Ryoho Gakkai'*. Sua sede fica em Togo-Jinga, um local sagrado de Harajuko (Tóquio). Mikao Usui foi o primeiro presidente da *Gakkai* (academia) e seu título era *Sensei* (Professor, em japonês).

Pergunta: *Os membros da* 'Usui Reiki Ryoho Gakkai' *acreditam que o Sensei* Usui *siga trabalhando pelo Reiki num outro plano?*

Resposta: Sim. A resposta a essa pergunta também pode ser encontrada no manual: *"Acreditamos que o Sensei Usui e os vários veteranos sempre nos acompanharão do mundo espiritual".*

"As pessoas, de uma forma ou de outra, são passageiras, já as organizações a que pertenciam, na maior parte das vezes, permanecem. Não existe uma pessoa insubstituível."
Johnny De' Carli

Monte Kurama: O local da descoberta do Reiki

Pergunta: *Johnny, por que o Monte Kurama é considerado sagrado?*

Resposta: Conta a lenda, conforme informações encontradas no templo do Monte Kurama, que em 770 d.C. um sacerdote ilustre chamado Goki subiu o monte montado num cavalo branco. Nesse momento, recebeu a Iluminação e fundou um templo budista neste monte, que sofreu, desde então, muitas modificações.

Pergunta: *Como é a energia do Monte Kurama?*

Resposta: O Monte Kurama tem uma energia privilegiada. É verdadeiramente um local de meditação, contemplação, paz, inspiração e força; um lugar sagrado de muita calma. O acesso é íngreme, porém pavimentado. Por incrível que pareça não nos cansamos ao percorrê-lo. Ouvem-se somente os sons da água corrente, a brisa e os pássaros. Para um Reikiano ir ao Japão e não visitar o Monte Kurama é como a um católico ir a Roma e não ver o Papa.

Pergunta: *O que motivou o Sensei Usui a se recolher no Monte Kurama?*

Resposta: No manual *'Reiki Ryoho No Shiori'*, publicado em setembro de 1974, o *Sensei* Koshiro Fukuoka, membro da *'Usui Reiki Ryoho Gakkai'*, escreveu o seguinte: *'O Sensei Usui, insatisfeito com a realidade da sociedade, começou a questionar "qual o sentido da vida?", percebeu

"A natureza nos oferece tudo que realmente necessitamos e podemos usufruir de suas dádivas, sem nunca nos esquecermos de que temos a obrigação de preservá-la."
Johnny De' Carli

que *"o objetivo final da vida é obter a paz espiritual"*. Nesse momento ele obteve o primeiro grande entendimento. Desde então, ingressou numa seita Zen onde praticou por cerca de três anos. Sem conseguir a Iluminação espiritual, e não sabendo o que fazer, foi consultar o seu mestre. O mestre imediatamente respondeu: *"morra uma vez"*. O Sensei Usui, sem conseguir esse entendimento maior almejado, após seu mestre ter-lhe dito *"morra"* (no sentido de "transformar-se numa nova pessoa") e acreditando que tudo estava "perdido" imediatamente foi para Kyoto, no Monte Kurama'.

Pergunta: *Você conhece pessoalmente o Monte Kurama?*

Resposta: Sim, estive lá em quatro diferentes ocasiões: novembro de 1998; janeiro de 2002; novembro de 2011 e, posteriormente, no dia 05 de novembro de 2018.

Pergunta: *O que se encontra no Monte Kurama?*

Resposta: Atualmente, existem vários templos e pagodes no lugar. A princípio, faziam parte da seita Tendai, do Budismo. Desde o ano de 1949, fazem parte da seita Kurama Kokyo. Os templos estão localizados na encosta da montanha.

Pergunta: *Há algum registro do Reiki no Monte Kurama?*

Resposta: Não, exceto referências nos templos a alguns ideogramas *kanji* usados nos símbolos do Reiki.

"Vá em frente. Mesmo que não enxergue o topo da montanha, continue subindo. O Caminho se faz caminhando."
JOHNNY DE' CARLI

A MEDITAÇÃO DE MIKAO USUI

Pergunta: *Professor Johnny, em que mês e ano aconteceu o jejum do Sensei Usui no Monte Kurama?*

Resposta: No manual *'Reiki Ryoho No Shiori'*, publicado em setembro de 1974, o *Sensei* Koshiro Fukuoka, membro da *'Usui Reiki Ryoho Gakkai'*, escreveu o seguinte: *"Ocorreu em abril de 1922"*.

Pergunta: *O que vivenciou o Sensei Usui no Monte Kurama?*

Resposta: No referido manual encontramos o seguinte: *"Nessa montanha isolada a 20 km da cidade, iniciou um jejum; na 3ª semana, por volta da meia noite sentiu um forte estímulo bem no meio do cérebro, como se tivesse sido atingido por um raio, e ficou inconsciente; recobrou a consciência quando estava amanhecendo; foi um Despertar que ele nunca havia experimentado até então. De fato, foi uma sensação reconfortante tanto no físico como na alma. Provavelmente, nesse momento ele captou na alma uma forte Energia do Universo"*.

Pergunta: *Em sua vivência no Monte Kurama o que compreendeu o Sensei Usui?*

Resposta: Ele teve "a grande compreensão da Verdade". No manual lê-se: *"O Sensei Usui, durante o retiro em jejum* **TEVE A GRANDE COMPREENSÃO DA VERDADE** *e, com isso, esse método de tratamento foi aberto ao público para milhões de pessoas. Em qualquer geração, que está sempre mudando, foi ensinado que a verdade é absolutamente imutável"* (o grifo é nosso).

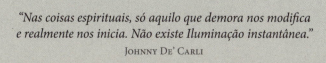

"Nas coisas espirituais, só aquilo que demora nos modifica e realmente nos inicia. Não existe Iluminação instantânea."
JOHNNY DE' CARLI

Pergunta: *O Sensei Usui recebeu a sua Sintonização no Reiki após a realização do jejum no Monte Kurama?*

Resposta: Sim, no manual está escrito: *"O Sensei Usui, quando encerrou a prática do jejum recebeu uma expandida percepção extra-sensorial (inspiração Divina), na qual* **A ENERGIA DO UNIVERSO (REI) COMBINOU COM A ENERGIA DE DENTRO DO CORPO (KI). PERCEBEU QUE O UNIVERSO ESTAVA NELE E ELE ESTAVA NO UNIVERSO, QUE O MACROCOSMO E O CORPO HUMANO SE INTERPENETRAM"* (o grifo é nosso).

Pergunta: *O Sensei Usui chegou a ter alguma experiência com a energia Reiki no Monte Kurama?*

Resposta: Sim, lemos no manual: *"Durante a descida do monte tropeçou numa pedra, machucando o dedo do pé;* **COLOCOU A MÃO E LOGO PERCEBEU A FORÇA DO TRATAMENTO"** (o grifo é nosso).

"Os que leem sabem muito, mas os que observam sabem muito mais."
Johnny De' Carli

Início da divulgação do Reiki pelo *Sensei* Usui

· · · · · · · · · · ·

Pergunta: *Professor Johnny, qual foi o comportamento do Sensei Usui nos dias posteriores ao jejum?*

Resposta: Ele resolveu divulgar imediatamente o Reiki. No manual 'Reiki Ryoho No Shiori', um dos documentos oficiais do Reiki, lê-se: *"O Sensei Usui sem desejo egoísta, com franqueza sempre onde quer que estivesse, imediatamente mantinha-se abnegado, com espírito altruísta e **RESOLVEU REPASSAR ÀS PESSOAS ESSE CONHECIMENTO**. Ele não conseguiu manter a posse exclusiva dessa alegria; criou os ensinamentos, ou seja, a doutrina da terapia Reiki"* (o grifo é nosso).

Pergunta: *O que fez o Sensei Usui para repassar às pessoas esse conhecimento da terapia Reiki?*

Resposta: Ele criou uma Associação. No manual o *Sensei* Koshiro Fukuoka escreveu o seguinte: *"**FUNDOU UMA ASSOCIAÇÃO**, a 'Usui Reiki Ryoho Gakkai', em abril de 1922"* (o grifo é nosso).

Pergunta: *Sabe-se onde ocorreu a primeira Sintonização de Reiki realizada pelo Sensei Usui?*

Resposta: Sim, consta no manual: *"O local onde se teve a primeira Iniciação (Sintonização) foi em **HARAJUKU, EM SHIBUYA, TÓQUIO**"* (o grifo é nosso).

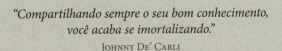

"Compartilhando sempre o seu bom conhecimento, você acaba se imortalizando."
Johnny De' Carli

Pergunta: *Há registros de frases pronunciadas pelo próprio Sensei Usui anotadas pelos seus discípulos?*

Resposta: Sim, no manual:
a) *"Na terapia Reiki, não precisa de teoria difícil. A verdade está contida em um lugar bem mais próximo de você".*
b) *"Apenas na ciência atual não há provas ainda de o fato de uma doença ser curada apenas colocando a mão, mas a verdade é que a doença é curada".*
c) *"As pessoas diriam que isso é tolice; eu lamento por elas por expressarem a sua própria ignorância".*
d) *"Não há dúvida de que algum dia, com certeza, chegará um tempo que provaremos cientificamente esta terapia Reiki. Pelo nível da inteligência humana atual a comprovação por evidências aparece antes da explicação, sem exceção".*

Pergunta: *O Sensei Usui deixou mais ensinamentos?*

Resposta: Sim, encontramos no manual: *'O Sensei Usui nos deixou inúmeros ensinamentos, em especial um ensinamento rigoroso que diz: "A lei da natureza do Grande Universo (Macrocosmo) estabelece que o nosso espírito (microcosmo) deva estar sempre em harmonia com ela, como um todo". Ou seja, é a razão de que Deus e o homem são um conjunto, uma coisa só (o Universo está em mim e eu estou no Universo). Além disso, foi ensinado que se você tem convicção de que essa é a sua verdade, dependendo da sua relação com a natureza, das suas palavras, ações e de seu treinamento (aperfeiçoamento), o Eu e o Universo tornam-se um só – naturalmente absoluto – e pode ser expressa a ação infinita. Ou seja, esse é o estado natural do ser humano".*

"Todos somos um pedacinho de luz da mesma Fonte."
Johnny De' Carli

A história do Método Reiki

Pergunta: *Prof. Johnny, o Sensei Mikao Usui redescobriu ou descobriu o Método Reiki?*

Resposta: Mikao Usui é o fundador do Método Reiki. Pode-se confirmar essa informação no seguinte trecho do memorial onde o presidente da '*Usui Reiki Ryoho Gakkai*', *Sensei* Juzaburo Ushida, escreveu o seguinte: *"***ELE COMEÇOU, DE UM MODO NOVO, UM MÉTODO** *de aperfeiçoar o corpo e o espírito baseado na energia Reiki do Universo"* (o grifo é nosso).

Pergunta: *Nesse caso, a técnica Reiki era desconhecida antes do Sensei Usui?*

Resposta: Sim, pode-se confirmar essa informação no seguinte trecho do memorial: *"O Sensei Usui enfatizava: "Este é seguramente o* **PROCESSO DESCONHECIDO** *para trazer a boa sorte e também levar à humanidade um milagroso bálsamo para todos os tipos de problemas de saúde"* (o grifo é nosso).

Pergunta: *Todo o conhecimento armazenado pelo Sensei Mikao Usui ao longo de sua vida foi útil no desenvolvimento do Método Reiki?*

Resposta: Sim, no memorial está escrito: *"Em minha opinião, fica evidente para todos que o desenvolvimento e a instrução do Sensei Usui foram baseados em seu* **CONHECIMENTO DE ARTE E CIÊNCIA E SE TORNARAM A CHAVE PARA CRIAR A TERAPIA REIKI***"* (o grifo é nosso).

> *"A verdade muitas vezes incomoda; não incomoda, no entanto, àqueles que não desejam ignorá-la."*
> Johnny De' Carli

Pergunta: *Procede a informação de que logo após a descoberta do Reiki o Sensei Mikao Usui se mudou para Tóquio?*

Resposta: Sim, consta no memorial: *"O Sensei Usui **MUDOU SUA RESIDÊNCIA** para Aoyama Harajuku, **TÓQUIO**, em abril de 1922, onde estabeleceu um instituto no qual o tratamento com a energia Reiki era amplamente ministrado ao público"* (os grifos são nossos).

Pergunta: *Logo após a descoberta do Reiki pelo Sensei Mikao Usui o povo japonês se interessou pelo novo método?*

Resposta: Sim, vemos no memorial: *"Ao ouvirem rumores sobre a técnica, **PESSOAS QUE QUERIAM APRENDER ESSE TRATAMENTO TERAPÊUTICO E SE TRATAR AFLUÍRAM DE TODAS AS REGIÕES IMEDIATAMENTE"*. Noutra passagem escreve também o *Sensei* Juzaburo Ushida: *"O Sensei Usui mudou sua residência para Aoyama Harajuku, Tóquio, em abril de 1922, onde estabeleceu um instituto no qual **O TRATAMENTO COM A ENERGIA REIKI ERA AMPLAMENTE MINISTRADO AO PÚBLICO. AS PESSOAS, VINDAS DE TODAS AS DISTÂNCIAS PARA PEDIR ORIENTAÇÃO E TRATAMENTO PARA SEUS PROBLEMAS DE SAÚDE, FAZIAM ENORMES FILAS"* (os grifos são nossos).

Pergunta: *Procede a informação de que em função do sucesso do Reiki o Sensei Mikao Usui teve que construir e se mudar para uma clínica maior?*

Resposta: Sim, vê-se no memorial: *"Depois disso, **A CLÍNICA TORNOU-SE MUITO PEQUENA PARA RECEBER OS VISITANTES E ELE TEVE DE CONSTRUIR UMA NOVA CASA EM NAKANO**, fora da cidade (em fevereiro de 1925), transferindo-se para lá"* (o grifo é nosso).

"Nada na vida é imutável ou estático, tudo é transitório."
JOHNNY DE' CARLI

Pergunta: *O Sensei Mikao Usui chegou a lecionar o Reiki fora de Tóquio?*

Resposta: Sim, no memorial o *Sensei* Juzaburo Ushida escreveu: *"Como sua reputação aumentava bastante, com frequência recebia convites vindos de todos os lugares do país. Atendendo a esses pedidos, viajou para* **KURE** *e* **HIROSHIMA**. *Depois, esteve em* **SAGA,** *e finalmente em* **FUKUYAMA**" (os grifos são nossos).

Pergunta: *O Sensei Mikao Usui chegou a fazer trabalhos voluntários com o Reiki?*

Resposta: Sim, lemos no memorial: *"Em setembro de 1923, Tóquio sofreu um grande incêndio ocasionado por um terremoto no distrito de Kanto. Pessoas feridas e doentes padeciam de dores em todos os lugares. O Sensei Usui ficou muito tocado com tudo aquilo e se mobilizou com a terapia Reiki percorrendo toda a cidade diariamente.* **NÃO PODEMOS CALCULAR QUANTAS PESSOAS FORAM SALVAS DA MORTE POR SUA DEVOÇÃO. SUA ATUAÇÃO AO ESTENDER SUAS MÃOS DE AMOR SOBRE AQUELAS PESSOAS QUE SOFRIAM NAQUELA SITUAÇÃO DE EMERGÊNCIA SE DESTACOU**" (o grifo é nosso).

Pergunta: *Procede a informação de que o Sensei Mikao Usui não foi Iniciado por um mestre de Reiki encarnado?*

Resposta: Sim, no manual *'Reiki Ryoho Hikkei'*, na única entrevista concedida, o *Sensei* Usui disse o seguinte: *"**ESTA TÉCNICA NÃO ME FOI TRANSMITIDA POR NINGUÉM**, nem a pesquisei para obter a capacidade de trabalhar com o Espírito Universal (Rei). Durante a prática do jejum tive contato com a Atmosfera Universal e recebi uma sensação espiritual descobrindo, assim, uma capacidade espiritual terapêutica. Deste modo, eu mesmo sinto dificuldade para explicar claramente o fenômeno"* (o grifo é nosso).

> *"Não seja indiferente às situações alheias difíceis.*
> *Seja solidário, tenha amor ao próximo."*
> Johnny De' Carli

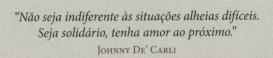

Pergunta: *Procede a informação de que o Sensei Mikao Usui desenvolveu o Método Reiki fazendo uso de dons espirituais?*

Resposta: Sim, no referido manual onde consta sua entrevista, o *Sensei* Usui disse: "...**CONSEGUI OBTÊ-LA ESPIRITUALMENTE**, após árduo treinamento durante muito tempo" (o grifo é nosso).

Pergunta: *Existe algum outro documento oficial sobre o Reiki que relate que o Sensei Mikao Usui tenha desenvolvido o Método Reiki fazendo uso de dons espirituais?*

Resposta: Sim, também no memorial lê-se: "*Um dia, o Sr. Usui subiu o Monte Kurama, onde iniciou penitência. Enquanto jejuava sentiu, no 22º dia, a grande energia Reiki sobre a cabeça. Assim, ao mesmo tempo em que era* **DESPERTADO ESPIRITUALMENTE, ADQUIRIA O PODER TERAPÊUTICO DA ENERGIA REIKI**" (o grifo é nosso).

Pergunta: *Procede a informação de que o Sensei Mikao Usui não pesquisou para desenvolver o Reiki?*

Resposta: Sim, no referido manual '*Reiki Ryoho Hikkei*' o *Sensei* Usui disse: "*Esta técnica não me foi transmitida por ninguém,* **NEM A PESQUISEI** *para obter a capacidade de trabalhar com o Espírito Universal (Rei)*" (o grifo é nosso).

Pergunta: *Procede a informação de que o Sensei Mikao Usui descobriu o Reiki após um longo período de jejum?*

Resposta: Sim, lemos no manual as palavras do *Sensei* Usui: "**DURANTE A PRÁTICA DO JEJUM** *tive contato com a Atmosfera Universal e recebi uma sensação espiritual* **DESCOBRINDO, ASSIM,** *uma capacidade espiritual terapêutica*" (os grifos são nossos).

"Na oração você se dirige a Deus.
Na intuição, Deus se dirige a você."
Johnny De' Carli

Pergunta: *Procede a informação de que o Sensei Mikao Usui recebeu o Reiki no 22º dia do jejum?*

Resposta: Sim, no memorial o *Sensei* Juzaburo Ushida escreveu: *"Um dia, o Sr. Usui subiu o Monte Kurama, onde iniciou penitência. Enquanto jejuava sentiu, no **22º DIA**, a grande energia Reiki sobre a cabeça. Assim, ao mesmo tempo em que era despertado espiritualmente, adquiria o poder terapêutico da energia Reiki"* (o grifo é nosso).

Pergunta: *Qual é o nome da montanha que Mikao Usui realizou o jejum e a meditação quando "acessou" o Reiki?*

Resposta: Kurama *Yama*. *Yama* significa montanha em japonês, e o nome do Monte é Kurama. Muitos livros ocidentais o denominam Kuryama ou Kurayama, o que não está correto.

Pergunta: *Existe algum documento oficial que comprove que o Sensei Mikao Usui tenha realmente jejuado no Monte Kurama?*

Resposta: Sim, no memorial lemos: *"Um dia, **O SR. USUI SUBIU O MONTE KURAMA, ONDE INICIOU PENITÊNCIA**"* (o grifo é nosso).

Pergunta: *Procede a informação de que o Sensei Mikao Usui testou o Reiki em si próprio e em seus familiares antes de divulgá-lo?*

Resposta: Sim, no memorial pode-se ler: *"Quando tentou usá-la **EM SEU PRÓPRIO CORPO E EM SEUS FAMILIARES** obteve resultados imediatos"* (o grifo é nosso).

Pergunta: *Procede a informação de que o Sensei Mikao Usui pregou a difusão do Reiki por todo o planeta?*

Resposta: Sim, no memorial está escrito: *"Ele (Mikao Usui) disse: É muito melhor **DAR ESSE PODER LARGAMENTE PARA UM***

> *"Torne-se um imortal, divida o seu conhecimento, compartilhe a sua sabedoria."*
> Johnny De' Carli

NÚMERO GRANDE DE PESSOAS NO MUNDO e desfrutá-lo entre eles do que mantê-lo exclusivamente entre os membros da própria família" (o grifo é nosso).

Pergunta: *Por que a história do Reiki foi contada preliminarmente com tantas distorções?*

Resposta: Muitas alterações foram feitas na história do Método Reiki a fim de que fosse introduzido no Ocidente, ou seja, dentro de uma visão adaptada aos padrões ocidentais, principalmente no que se refere à biografia do descobridor Mikao Usui.

Pergunta: *Vivemos um momento de resgate da verdadeira história do Método Reiki?*

Resposta: Sim, aos poucos o quebra-cabeça está se resolvendo, apesar de muita informação ter sido perdida com a Segunda Guerra Mundial. Recentemente, houveram descobertas relevantes sobre a origem do método. É sempre importante continuarmos flexíveis e abertos a essas informações.

Pergunta: *Procede a informação de que o* Sensei *Mikao Usui desencarnou aos 60 anos de idade numa viagem a trabalho para ensinar o Reiki?*

Resposta: Sim, o *Sensei* Mikao Usui faleceu em Fukuyama - Japão, no dia 9 de março de 1926. No memorial podemos ler: *".... Depois esteve em Saga, e finalmente em **FUKUYAMA**, numa estalagem onde se hospedou durante seu trajeto e contraiu uma doença, **VINDO A FALECER ABRUPTAMENTE AOS 62 ANOS*** (60 anos na visão ocidental)" (os grifos são nossos).

"A História é um quebra-cabeças
no qual falta o maior número de peças."
JOHNNY DE' CARLI

Pergunta: *Após o falecimento do Sensei Mikao Usui, qual foi a conduta de seus principais discípulos?*

Resposta: Difundir o Reiki cada vez mais. Pode-se confirmar essa informação no seguinte trecho do memorial: *"Entre eles, alguns alunos que se destacaram e viviam em Tóquio juntaram-se no Centro de Treinamento* **LEVANDO ADIANTE SEU TRABALHO, ENQUANTO OUTROS ALUNOS NO PAÍS TAMBÉM TUDO FIZERAM PARA POPULARIZAR A TERAPIA REIKI**. *Apesar de nosso professor já ter falecido temos de fazer o melhor para* **CONTINUAR PASSANDO ADIANTE A TERAPIA REIKI PARA AS PESSOAS, DIFUNDINDO-A SEMPRE E CADA VEZ MAIS**" (os grifos são nossos).

Pergunta: *Existe algum documento oficial sobre o Reiki que comprove que após a II Guerra Mundial o Método Reiki continuou existindo no Japão?*

Resposta: Sim, a Associação fundada pelo *Sensei* Usui pouco antes de sua transição, a *'Usui Reiki Ryoho Gakkai'*, se manteve ativa e desenvolveu um manual para seus membros denominado *'Reiki Ryoho No Shiori'*, que foi publicado em setembro de 1974 e escrito por Koshiro Fukuoka, membro pertencente à sede na gestão do então presidente da *'Usui Reiki Ryoho Gakkai'*, o *Sensei* Hoichi Wanami.

"Se você tem conhecimento e sabedoria, permita aos outros que deles se beneficiem. Reter é perecer."
Johnny De' Carli

A SEPULTURA E O MEMORIAL DO *SENSEI* MIKAO USUI

Pergunta: *Professor Johnny, onde está localizada a sepultura do Sensei Usui?*

Resposta: Em Tóquio. Pode-se confirmar essa informação no seguinte trecho do manual *'Reiki Ryoho No Shiori'*, publicado em setembro de 1974, onde o *Sensei* Koshiro Fukuoka, membro da *'Usui Reiki Ryoho Gakkai'*, escreveu o seguinte: *"O Sensei Usui está em sono eterno no cemitério do Templo Saihoji, localizado em Koenji, Tóquio"*.

Pergunta: *Por que o Sensei Mikao Usui foi sepultado no Templo Saihoji?*

Resposta: Por se tratar do templo frequentado pela sua família. Pode-se confirmar essa informação no seguinte trecho do memorial, onde o presidente *Sensei* Juzaburo Ushida escreveu o seguinte: *"Como resultado de nosso recente encontro e discussão de alunos decidimos erigir um monumento de pedra em seu túmulo, **NO TEMPLO DE SUA FAMÍLIA**, para trazer à luz sua virtuosa obra e transmiti-la à posteridade"* (o grifo é nosso).

Pergunta: *Após sua morte, o Sensei Mikao Usui recebeu algum tipo de homenagem no Japão?*

Resposta: Sim, logo após a transição do *Sensei* Usui, um memorial foi construído em sua homenagem.

"Saiba reconhecer o valor de tudo."
JOHNNY DE' CARLI

Pergunta: *Onde está localizado o memorial construído em homenagem ao Sensei Mikao Usui?*

Resposta: O memorial e a sepultura do *Sensei* Mikao Usui estão localizados no mesmo local em um cemitério público, junto ao Templo Saihoji, em Koenji, Tóquio.

Pergunta: *Como é esse memorial feito em homenagem a Mikao Usui?*

Resposta: O memorial consiste de uma única grande pedra de cerca de 1,20 m de largura e 2,50 m de altura. Nela, há uma inscrição escrita em antigo *kanji* japonês na qual são descritas a vida de Mikao Usui, a experiência da descoberta e do uso do Método Reiki. Perto da pedra foram colocadas as cinzas de Usui, juntamente com as de sua mulher e de seu filho Fuji.

Pergunta: *Quando foi inaugurado o memorial em homenagem ao Sensei Mikao Usui?*

Resposta: Em fevereiro de 1927. Pode-se confirmar essa informação no próprio memorial que venho citando.

Pergunta: *Quem construiu o memorial?*

Resposta: Seus alunos de Reiki. Pode-se confirmar essa informação no seguinte trecho do memorial: *"Como resultado de nosso* **RECENTE ENCONTRO E DISCUSÃO DE ALUNOS DECIDIMOS ERIGIR UM MONUMENTO DE PEDRA EM SEU TÚMULO,** *no templo de sua família, para trazer à luz sua virtuosa obra e transmiti-la à posteridade"* (o grifo é nosso).

Pergunta: *Quem redigiu o texto que foi talhado no memorial?*

Resposta: Seu principal discípulo, o contra-almirante Juzaburo Ushida. Pode-se confirmar essa informação no seguinte trecho do memorial,

"Não vale a pena recordar acontecimentos que não nos tragam felicidade. Procure focar sempre nas boas lembranças."
Johnny De' Carli

escrito pelo próprio: *"EU FUI ENCARREGADO DE FAZER O EPITÁFIO PARA O MONUMENTO. Como fiquei muito impressionado com seus grandes e meritórios feitos, e também fui tocado pelo calor humano de nossos alunos, que muito fazem do vínculo entre mestre e pupilos, NÃO OUSEI RECUSAR O PEDIDO E FIZ O RESUMO"*. Em outro trecho vê-se: *"Escrito por **Juzaburo Ushida**, 4º Rank Junior, 3º Ordem do Mérito, 4º Classe de Serviços, Contra-Almirante"* (os grifos são nossos).

Pergunta: *Quem talhou a mensagem na pedra do memorial em homenagem ao Sensei Mikao Usui?*

Resposta: O doutor em Literatura Masayuki Okada. Pode-se confirmar essa informação no texto do memorial.

Pergunta: *Quando e quem traduziu o texto do memorial?*

Resposta: O japonês antigo é de difícil compreensão, inclusive para os próprios japoneses mais jovens. A tradução para o japonês moderno foi feita em 1º de janeiro de 1998 pelo *Sensei* Doi Hiroshi, membro ativo da *'Usui Reiki Ryoho Gakkai'*, na cidade de Ashiya. A tradução para o inglês foi feita por Tetsuyuki Ono em 19 de junho de 1998, na cidade de Takarazuka. Em outubro de 1998, recebi em Tóquio esta tradução das mãos de meu mestre Fuminori Aoki. Pedi à mestre de Reiki Elizabeth Barros de Sá, professora de inglês, que providenciasse a tradução para o português, concluída em 18 de novembro de 1998. Essa foi publicada pela primeira vez no Ocidente aqui no Brasil em 1999, em meu livro "Reiki – A Terapia do 3º Milênio", pela Madras Editora.

Pergunta: *Qual foi o principal objetivo dos alunos do Sensei Mikao Usui ao construírem o memorial?*

Resposta: Apresentar o Reiki às pessoas das gerações posteriores. Pode-se confirmar essa informação no seguinte trecho do memorial:

"Verdades são sempre as alegações mais poderosas."
Johnny De' Carli

"Como resultado de nosso recente encontro e discussão de alunos, decidimos erigir um monumento de pedra em seu túmulo, no templo de sua família, para **TRAZER À LUZ SUA VIRTUOSA OBRA E TRANSMITI-LA À POSTERIDADE**" (o grifo é nosso).

Pergunta: *Quais os cuidados que os membros da 'Usui Reiki Ryoho Gakkai' têm com a sepultura do Sensei Usui?*

Resposta: No manual *'Reiki Ryoho No Shiori'*, o *Sensei* Koshiro Fukuoka escreveu o seguinte: *"Nunca deixar extintos os cuidados com a limpeza da sepultura e a colocação de incensos e de coroas de flores".*

Pergunta: *O senhor já esteve no memorial do Sensei Mikao Usui?*

Resposta: Sim, estive lá em quatro diferentes ocasiões: em novembro de 1998 (não me recordo o dia exato); no dia 09 de janeiro de 2002; no dia 05 de novembro de 2011 e, posteriormente, no dia 01 de novembro de 2018.

Pergunta: *Há algum hábito ritualístico para visitar o memorial a Mikao Usui?*

Resposta: Sim, caso um Reikiano deseje visitar o memorial em Tóquio deve saber que existe um ritual a cumprir. Primeiro, é preciso limpar o monumento de qualquer detrito e, em seguida, jogar água para purificar. Geralmente, há um vaso onde devem ser colocadas as flores e um orifício onde é colocado o incenso; estes podem ser adquiridos nas lojas comerciais próximas aos cemitérios japoneses. Coloca-se uma vela, acende-se o incenso e depois se faz uma prece. Esse é o hábito ritualístico japonês.

"Saiba reconhecer o esforço alheio e retribuir o carinho expressando gratidão. Não existe exagero na gratidão."
JOHNNY DE' CARLI

A 'Usui Reiki Ryoho Gakkai'
• • • • • • • • • • •

Pergunta: *Prof. Johnny, o que significa 'Usui Reiki Ryoho Gakkai'?*
Resposta: Esse é o nome de uma instituição localizada em Tóquio que cuida, até hoje, da prática e dos ensinamentos do Método Reiki. Tem sede em Togo-Jinga, um local sagrado de Harajuko.

Pergunta: *Quem criou a Associação 'Usui Reiki Ryoho Gakkai'?*
Resposta: Seu fundador foi o *Sensei* Mikao Usui.

Pergunta: *Quem foi o primeiro dirigente da 'Usui Reiki Ryoho Gakkai'?*
Resposta: Mikao Usui foi o primeiro presidente da *Gakkai* (academia), e seu título era *Sensei* (Professor, em japonês).

Pergunta: *Qual é objetivo da 'Usui Reiki Ryoho Gakkai'?*
Resposta: A resposta a essa pergunta pode ser encontrada no manual *'Reiki Ryoho No Shiori'*, publicado em setembro de 1974, onde *Sensei* Koshiro Fukuoka, membro da *'Usui Reiki Ryoho Gakkai'*, escreveu o seguinte: *"Foi criada para proporcionar benefício para a mente e corpo de seus membros"*.

Pergunta: *Houve o interesse do Sensei Usui em manter a 'Usui Reiki Ryoho Gakkai' fechada?*
Resposta: Não. A resposta a essa pergunta pode ser encontrada no manual *'Reiki Ryoho No Shiori'*: *"O Sensei Usui aconselhou com rigor o estímulo para o crescimento e expansão da Associação"*.

"Comandar grandes obras é ainda mais árduo do que realizar grandes obras."
JOHNNY DE' CARLI

Pergunta: *O que motiva o ingresso de novos membros na 'Usui Reiki Ryoho Gakkai'?*

Resposta: A resposta a essa pergunta pode ser encontrada no manual: *"No geral, o tratamento de doenças parece ser o principal motivo do ingresso nesta Associação. Para eles, é claro que isso é importante! Mas na 'Usui Reiki Ryoho Gakkai', o objetivo é tentar colocar um assunto principal, um foco para a melhoria mental e física, indo até a origem do problema".*

Pergunta: *O que ocorre a quem ingressa na 'Usui Reiki Ryoho Gakkai'?*

Resposta: A resposta a essa pergunta também pode ser encontrada no manual: *"Primeiramente, a pessoa receberá o Shoden, que significa transmissão inicial dos ensinamentos. Com entusiasmo na terapia Reiki e com um aproveitamento notável, será iniciada e instruída no próximo Nível, o Okuden".*

Pergunta: *Na 'Usui Reiki Ryoho Gakkai' há outra Sintonização além da realizada no Okuden?*

Resposta: A resposta a essa pergunta também pode ser encontrada no referido manual: *"Após a conclusão no Okuden é concedida a Sintonização no Shinpiden, que significa transmissão dos mistérios e enigmas".*

Pergunta: *Qual é o título conferido a quem recebe a Sintonização no Shinpiden na 'Usui Reiki Ryoho Gakkai'?*

Resposta: No manual lemos o seguinte: *"Quando concluído, com a aprovação dos Shihans, são conferidos três diferentes títulos: Shihan-kaku (significa Professor); Shihan (significa Mestre) e Daishihan (significa Grande Mestre)".*

> *"Sem esforços próprios, não se pode galgar os degraus na escalada da evolução."*
> Johnny De' Carli

Pergunta: *Quem administra a 'Usui Reiki Ryoho Gakkai'?*

Resposta: No manual, o *Sensei* Koshiro Fukuoka escreveu o seguinte: *"Dentre os Shihans* (Mestres, Professores, Instrutores), *os membros que possuírem uma notável capacidade espiritual, com resultados excelentes nos tratamentos e que tenham feito várias contribuições para esta Associação poderão ser eleitos para diferentes cargos diretivos".*

Pergunta: *Quais são os cargos diretivos?*

Resposta: Encontramos os detalhamentos no manual: *"São 21 os cargos diretivos. Administram a 'Usui Reiki Ryoho Gakkai': um presidente, cinco diretores, quatorze membros do Conselho e um secretário (assuntos gerais/contabilidade)".*

Pergunta: *Como são organizados os membros da 'Usui Reiki Ryoho Gakkai'?*

Resposta: No manual lemos o seguinte: *"A Associação possui a seguinte estrutura:*

- *Categoria 6: iniciantes (novos membros);*
- *Categorias 5 e 4: essas categorias são concedidas com base no grau de aprendizado de cada pessoa e mediante a aprovação do Shihan;*
- *Categoria 3: após a aprovação do Shihan é feita a Sintonização no Okuden, que significa transmissão secreta. (O Okuden é concedido com base no grau de aprendizado que cada pessoa adquire e é dividido em 2 fases. Após a conclusão, será concedida a Sintonização no Shinpiden, que significa transmissão dos mistérios, enigmas);*
- *Categoria 2: não se aplica aos associados, mas apenas ao fundador, o Sensei Usui;*
- *Categoria 1: lugar vago (vacância)".*

"Um líder deve estar constantemente vigilante às necessidades de seus liderados."
Johnny De' Carli

Pergunta: *Quem presidiu a 'Usui Reiki Ryoho Gakkai' após o falecimento do Sensei Usui?*

Resposta: A resposta está no manual: *"O segundo presidente foi o Sensei Juzaburo Ushida, e o terceiro presidente foi o Sensei Kanichi Taketomi"*.

Pergunta: *O Sensei Juzaburo Ushida deixou algum legado para o Reiki?*

Resposta: Sim, o *Sensei* Juzaburo Ushida escreveu o texto do memorial do *Sensei* Usui.

Pergunta: *Em que período viveu o Sensei Juzaburo Ushida?*

Resposta: O *Sensei* Juzaburo Ushida nasceu em 1865 e fez sua transição em 1935.

Pergunta: *Coube ao Sensei Juzaburo Ushida administrar sozinho a 'Usui Reiki Ryoho Gakkai'?*

Resposta: Não, o *Sensei* Imae Mine, músico que recebeu o *Shinpiden* (Mestrado) diretamente das mãos do *Sensei* Usui, assessorou o segundo presidente da *'Usui Reiki Ryoho Gakkai'*.

Pergunta: *A 'Usui Reiki Ryoho Gakkai' segue existindo?*

Resposta: Sim. A história tradicional contada no Ocidente diz que todos os membros da organização morreram na guerra ou deixaram de dedicar-se ao Método Reiki, e que a *Sensei* Takata teria sido a única professora do Sistema Usui que restara no mundo. Sabemos agora, todavia, que a organização *'Usui Reiki Ryoho Gakkai'* permaneceu ativa e após a morte do *Sensei* Mikao Usui teve seis presidentes, dentre os quais cinco já falecidos: o contra-almirante da Marinha Japonesa Juzaburo Ushida (1865-1935), o contra-almirante da Marinha Japonesa Kanichi Taketomi (1878-1960), o professor e filósofo Yoshiharu

"Os líderes nascem para decidir por aqueles que não querem assumir responsabilidades."
JOHNNY DE' CARLI

Watanabe, o contra-almirante da Marinha Japonesa Houichi Wanami (1883-1975), a Sra. Kimiko Koyama (1906-1999), o professor universitário Sr. Masaki Kondoh. Desde o mês de janeiro de 2011, a *Gakkai* tem como presidente Ichita Takahashi.

Pergunta: *A 'Usui Reiki Ryoho Gakkai' chegou a publicar algum manual após a transição do Sensei Usui?*

Resposta: Sim, a Associação *'Usui Reiki Ryoho Gakkai'* se manteve ativa e desenvolveu um manual para seus membros denominado *'Reiki Ryoho No Shiori'*.

Pergunta: *As mulheres são aceitas como membros na 'Usui Reiki Ryoho Gakkai'?*

Resposta: Sim, diferentemente do que nos foi contado no Ocidente, sempre foram aceitas mulheres na *'Usui Reiki Ryoho Gakkai'*. Em 1998, quando estive no Japão pela primeira vez a presidente era uma mulher, a Sra. Kimiko Koyama, uma sensitiva e paranormal dotada de grande capacidade de avaliação e aplicação de energia Reiki. Estava, na época, com 92 anos de idade.

Pergunta: *Em que período viveu a Sensei Kimiko Koyama?*

Resposta: A Sra. Kimiko Koyama nasceu em 1906 e fez sua transição em 1999.

Pergunta: *A Sra. Kimiko Koyama foi discípula do Sensei Mikao Usui?*

Resposta: Não, conta o *Sensei* Doi Hiroshi que apesar da idade a *Sensei* Kimiko Koyama não teve contato com o *Sensei* Mikao Usui. Ela aprendeu o Método Reiki aos 21 anos de idade com seu falecido marido, que era da Marinha.

> *"Rejeite e condene preconceitos baseados em raça, sexo, religião, política e idade."*
> Johnny De' Carli

Pergunta: *Qual é o perfil dos membros da 'Usui Reiki Ryoho Gakkai'?*

Resposta: A resposta a essa pergunta também pode ser encontrada no manual 'Reiki Ryoho No Shiori': *"Os associados, em geral, são pessoas que possuem a capacidade espiritual, uma fé determinada, firme e uma alma segura. Pregam que é importante elevar a capacidade espiritual. Isso é ter em mente a saúde física, mental e espiritual. Os membros buscam ajudar uma grande quantidade de pessoas doentes e elevar a fé* (convicção) *com relação à terapia Reiki".*

Pergunta: *Qual é a importância do Reiki para os novos Iniciados da 'Usui Reiki Ryoho Gakkai'?*

Resposta: A resposta a essa pergunta está assim descrita no manual: *"Pregam que por viverem numa civilização material que está se desenvolvendo rapidamente, pensam ser de uma felicidade suprema ter afinidade com a prática da terapia Reiki. Cada vez mais praticam o aperfeiçoamento espiritual, melhorando física e mentalmente e, como senhores da criação tornam-se excelentes pessoas com capacidade espiritual, sem embaraço algum e adquirindo a capacidade de cura natural".*

Pergunta: *Há algum hábito comum adotado pelos membros da 'Usui Reiki Ryoho Gakkai'?*

Resposta: Sim, no manual pode-se ler: *"De manhã, ao acordar, sentam em Seiza em cima do piso, juntam as mãos em prece e entoam os Cinco Princípios. Novamente, não importando se está de noite ou muito tarde, e mesmo estando cansados, sentam um pouco em Seiza em cima da coberta acolchoada e recitam os Cinco Princípios como agradecimento pelo dia de hoje. Tornam isso um hábito, ficando com um sentimento de pesar caso não o façam. Manter esse hábito é um grande feito. É também missão dos membros orarem pela prosperidade desta Associação".*

> *"Apresente-se sempre com boa disposição."*
> JOHNNY DE' CARLI

Pergunta: *O que pretendem os membros da 'Usui Reiki Ryoho Gakkai' com o aprendizado da terapia Reiki?*

Resposta: A resposta a essa pergunta também pode ser encontrada no manual *'Reiki Ryoho No Shiori'*: *"Com o aprendizado da terapia Reiki pretendem planejar, pesquisar e se esforçar para progredir e melhorar cada vez mais"*.

Pergunta: *Onde os membros da 'Usui Reiki Ryoho Gakkai' desenvolvem suas atividades?*

Resposta: No manual podemos ler: *"As pessoas são postas em atividades em vários lugares, filiais, em vales e demais regiões e, cada vez mais, juntas acumulam o aperfeiçoamento espiritual e dedicam-se para a melhoria física e mental de si e dos outros"*.

Pergunta: *Todos os relatos de experiências de cura foram ou são registrados pela 'Usui Reiki Ryoho Gakkai'?*

Resposta: Não. A resposta está no mesmo manual: *"Apesar de não conseguirem escrever os ilimitados casos, a firme crença do Sensei Usui foi demonstrada através de membros de vários lugares"*.

Pergunta: *Como são conhecidos os Reikianos mais antigos e experientes na 'Usui Reiki Ryoho Gakkai'?*

Resposta: A resposta pode ser encontrada no manual *'Reiki Ryoho No Shiori'*, onde *Sensei* Koshiro Fukuoka escreveu o seguinte: *"Membros veteranos"*.

Pergunta: *Todos os membros veteranos se mantiveram filiados à Associação 'Usui Reiki Ryoho Gakkai'?*

Resposta: Não. No manual descreve-se: *"Houveram veteranos que saíram tornando-se independentes e, em seguida, fizeram grandes atividades e ações"*.

"Da mesma forma que um satélite precisa largar o foguete para entrar em órbita, no momento certo, o discípulo precisará largar o seu mestre e trilhar o seu próprio Caminho."
JOHNNY DE' CARLI

Pergunta: *Os primeiros membros da 'Usui Reiki Ryoho Gakkai' acreditavam que o Reiki iria se difundir tanto?*

Resposta: Sim. No manual, o *Sensei* Koshiro Fukuoka escreveu o seguinte: *"Neste mundo cada vez mais complicado e confuso, um tanto louco, as doenças inexplicáveis de causas desconhecidas aumentam. Será que o moderno sistema de saúde e a medicina atual estão tratando o homem como objeto, como em uma competição, em que em um lado há o aparecimento de uma doença desconhecida e, em outro, o lançamento de novos medicamentos? Ainda mais nesta época, é extremamente necessário aos membros desta Associação praticarem e elevarem o aperfeiçoamento espiritual dia e noite para a melhoria física e mental deles e dos outros. Se todos os associados aumentarem os resultados da compreensão assim como a percepção e a determinação em tratamento médico gratuito com relação à terapia Reiki, acredito que naturalmente essa "coisa boa", "boa terapia" vai* **ESPALHAR-SE INFINITAMENTE**" (o grifo é nosso).

Pergunta: *Os membros da 'Usui Reiki Ryoho Gakkai' ficaram felizes com a difusão do Reiki pelo mundo?*

Resposta: Sim. A resposta também está no manual: *"A nossa terapia Reiki está ativa em vários lugares no mundo. Isso é bom!"*.

Pergunta: *Havia interesses ambiciosos entre os membros da 'Usui Reiki Ryoho Gakkai'?*

Resposta: Não. No manual podemos ler: *"Esta terapia que lhes foi deixada, de uma maneira geral, é despojada e está de acordo com a verdade da Mãe Natureza"*.

> *"Não é suficiente adquirir o conhecimento, é preciso colocá-lo em prática, para que se transforme em sabedoria."*
> JOHNNY DE' CARLI

Pergunta: *O que fizeram os membros da 'Usui Reiki Ryoho Gakkai' após o falecimento do Sensei Usui?*

Resposta: Consta no manual que: *"Buscaram somar os aprendizados diários para a melhoria física e mental de seus membros e a dos outros, em todo o país e para todas as pessoas deste mundo. Desde então, há mais de 50 anos continuaram a ajudar um número ilimitado de pessoas com enfermidades físicas e emocionais. Um grande número de membros seguiu trabalhando nessa atividade e a espalhando por todo o Japão. Não quiseram apagar a chama desta terapia e esforçaram-se para deixar as "coisas boas" para as novas gerações, para as pessoas, para o mundo, tornando uma prática ilimitada para a melhoria física e mental de todos".*

Pergunta: *Além do Sensei Usui, os membros da 'Usui Reiki Ryoho Gakkai' nutrem respeito e gratidão a outros mestres de Reiki?*

Resposta: Sim. Consta no manual: *"Os membros da 'Usui Reiki Ryoho Gakkai' guardam respeito pelo Sensei Usui e a outros grandes mestres, como o segundo presidente, o Sensei Juzaburo Ushida, o terceiro presidente, Sensei Kanichi Taketomi, e os demais mestres e membros competentes falecidos desta nação".*

Pergunta: *Como os membros da 'Usui Reiki Ryoho Gakkai' decidiram utilizar o conhecimento do Reiki?*

Resposta: A resposta, novamente, está no manual: *"Pregam que através do Sensei Usui os membros tiveram a oportunidade de abrir um tesouro da capacidade espiritual infinita e, enquanto estivessem vivos, decidiram utilizar esse recurso para a saúde de seus membros (mente e corpo) e para ajudar muito as pessoas e o mundo. O propósito inicial da Associação*

"O grande objetivo do ensino não é apenas o conhecimento, mas a sabedoria, que é o conhecimento aplicado."
JOHNNY DE' CARLI

é melhorar a saúde da mente e do corpo. Portanto, é para os membros aumentarem os resultados desse benefício".

Pergunta: *Os membros da 'Usui Reiki Ryoho Gakkai' acreditam que o Sensei Usui siga trabalhando pelo Reiki num outro plano?*

Resposta: Sim. Vemos no manual: *"Acreditamos que o Sensei Usui e os vários veteranos sempre nos acompanharão do mundo espiritual".*

"Os nossos mentores nunca nos abandonam; quem se afasta deles somos nós."
Johnny De' Carli

O MANUAL OFICIAL 'REIKI RYOHO NO SHIORI'

Pergunta: *Prof. Johnny, o que significa 'Reiki Ryoho No Shiori'?*
Resposta: É um manual. A Associação *'Usui Reiki Ryoho Gakkai'*, fundada pelo *Sensei* Usui pouco antes de sua transição, se manteve ativa e desenvolveu esse manual para seus membros, intitulado *'Reiki Ryoho No Shiori'*.

Pergunta: *Quando foi publicado o manual 'Reiki Ryoho No Shiori'?*
Resposta: Foi publicado em setembro de 1974.

Pergunta: *Quem escreveu o 'Reiki Ryoho No Shiori'?*
Resposta: O manual foi escrito por Koshiro Fukuoka, membro pertencente à sede na gestão do presidente da *'Usui Reiki Ryoho Gakkai'* daquela época, o *Sensei* Hoichi Wanami.

Pergunta: *Como foi desenvolvido o 'Reiki Ryoho No Shiori'?*
Resposta: A resposta a essa pergunta se encontra no próprio manual: *"Este manual foi baseado nas obras, na instrução oral e nos relatos sobre as experiências vividas de cada mestre desta Associação"*.

"Maiores conhecimentos implicam maiores responsabilidades."
JOHNNY DE' CARLI

Pergunta: *O 'Reiki Ryoho No Shiori' destina-se a quem?*

Resposta: Encontramos a resposta no manual: *"Destina-se aos novos Reikianos para que compreendam bem o que é a terapia Reiki. O manual é de porte obrigatório, todos os membros da 'Usui Reiki Ryoho Gakkai' o possuem".*

Pergunta: *No manual 'Reiki Ryoho No Shiori' há explicações sobre como tratar diferentes problemas de saúde?*

Resposta: Sim, há um resumo dos "pontos" indicados para a aplicação de Reiki. Nele estão escritos detalhadamente os procedimentos, e sugere-se segui-los para realizar os tratamentos. Quanto às omissões, recomenda-se ouvir os mestres e pessoas habilidosas e qualificadas (leia mais sobre esse assunto no livro *'Reiki, As Respostas da Usui Reiki Ryoho Gakkai'*).

> *"A sabedoria é fruto do conhecimento aplicado e da experiência acumulada."*
> JOHNNY DE' CARLI

O Imperador Meiji

Pergunta: *Prof. Johnny, o que significa no Japão o Período Meiji?*

Resposta: A história do Japão é dividida em Períodos ou Eras. O Período Meiji (1868~1912) se inicia com a ascensão do Imperador Meiji.

Pergunta: *Quem foi Meiji?*

Resposta: Foi o Imperador de nº 122 do Japão.

Pergunta: *Quando Meiji assumiu como Imperador do Japão e que idade tinha na ocasião?*

Resposta: O jovem e carismático Imperador Meiji (1852-1912), cujo nome era Mutsuhito, assumiu o trono em 1867 com somente 15 anos de idade.

Pergunta: *O que aconteceu de significativo no Japão no Período Meiji?*

Resposta: O Imperador Meiji mudou a capital para Tóquio e programou uma ampla restauração no país. Ficou conhecido como um símbolo da modernização do Japão e marcou o início de uma revolução nacional, levando a nação a tornar-se poderosa mundialmente. Ele também foi o primeiro a conceder títulos de posse das terras aos agricultores e instituiu a escola pública para todos os cidadãos japoneses.

"Reconhece-se a qualidade de um bom líder na forma como trata os seus liderados."
JOHNNY DE' CARLI

Pergunta: *O Imperador Meiji chegou a ser reconhecido internacionalmente?*

Resposta: Sim. Consta no manual *'Reiki Ryoho No Shiori'*: "Naquela época, o presidente dos Estados Unidos, Roosevelt, visitou o Japão; ele elogiou profundamente a personalidade do Imperador Meiji. Após o encontro com o Imperador disse o seguinte: 'A grande personalidade do Grande Imperador Meiji abrange todas as Eras e países e não haveria ninguém a quem compará-lo na história. O Imperador Meiji é grandioso. Os japoneses são felizes. Simplesmente só de receber o Imperador Meiji abre-se o Caminho para a criação. É impossível imitá-lo'.

Pergunta: *Como era o comportamento do Imperador Meiji do Japão?*

Resposta: A resposta a essa pergunta também está no manual *'Reiki Ryoho No Shiori'*: "Dizia-se que a sua bondade se expandia como o raio de sol brilhando em toda a parte. A sensação era como se fosse um vasto oceano e a sua vontade era como a Mãe Natureza, com muita benevolência; mantinha, também, uma fé inabalável. No final do Período Edo (Xogunato de Tokugawa), com os vários acontecimentos ocorridos dentro e fora do país ele era como uma pedra de toque que polia as virtudes, um extraordinário monarca, um modelo de pessoa de grande talento, bem-sucedido e cada vez mais aperfeiçoado à medida que amadurecia".

Pergunta: *Procede a informação que o Imperador Meiji foi um homem de muita sensibilidade e expressividade artística?*

Resposta: O Imperador Meiji não falava muito, mas escreveu cerca de 100 mil poemas para se expressar. No referido manual, o *Sensei* Koshiro Fukuoka escreveu o seguinte: *"O Imperador Meiji, dotado de grandes virtudes, não era um homem de muitas palavras. Depositou esses sentimentos nos 100 mil Waka (poemas japoneses compostos de 31 sílabas) escritos por ele".*

> *"Não existe sensibilidade como a do coração."*
> Johnny De' Carli

Pergunta: *Como são esses poemas escritos pelo Imperador Meiji?*

Resposta: Esses poemas são conhecidos na literatura japonesa como *Gyosei*, escritos na forma poética *Waka*. Um *Waka* é composto por cinco versos: no primeiro verso constam cinco sílabas; no segundo, sete; no terceiro, cinco; e o quarto e quinto, com sete cada um (5-7-5-7-7). Cada poema tem um título e no original estão escritos em japonês antigo, extinto em 1945. Vale registrar a dificuldade de traduzir textos escritos em *kanji* arcaico. Desse modo, naturalmente não foi possível respeitar a quantidade prescrita de 31 sílabas, convertendo-se a *Waka*, às vezes, num poema maior ou menor em versos.

Pergunta: *Os poemas escritos pelo Imperador Meiji tiveram reconhecimento no Japão?*

Resposta: Sim, é conhecida como grande poesia na literatura japonesa. No manual *'Reiki Ryoho No Shiori'* encontramos: *"Cada um desses poemas é considerado algo muito magnífico para a história da literatura nos dias de hoje"*.

Pergunta: *Por que motivo o Imperador Meiji faz tantas referências à guerra em seus poemas?*

Resposta: No seu governo o país travou duas ferozes guerras: uma contra a China, em 1895; e outra contra a Rússia, em 1905.

Pergunta: *Os poemas escritos pelo Imperador Meiji se tornaram populares no Japão?*

Resposta: Sim. A resposta a essa pergunta pode ser encontrada no manual *'Reiki Ryoho No Shiori'*: *Um poema escrito pelo Imperador se tornou uma famosa canção do pós-guerra Russo-Japonesa: "Yomo no umi, mina harakarato omou yoni nado namikaze no tachisawaguran"*.

"O verdadeiro poema é aquele que nos torna melhores do que somos."
Johnny De' Carli

Obs.: A tradução seria: *"Nos quatro lados do oceano, neste mundo em que todos são compatriotas (irmãos), os ventos e as ondas se agitam".*

Pergunta: *Toda essa herança artística do Imperador Meiji chegou a ser reconhecida pelo povo japonês?*

Resposta: Sim, no Japão o Dia da Cultura *(Bunka No Hi)* é um feriado nacional que acontece anualmente no dia 3 de novembro, em homenagem ao dia do nascimento do Imperador Meiji. Esse feriado almeja promover a cultura, as artes e o empenho acadêmico. Geralmente, as festividades incluem exibições artísticas, desfiles e cerimônias para presentear artistas e estudiosos famosos.

"Um bom poema deixa marcas no tempo."
Johnny De' Carli

O Imperador Meiji e o Reiki

Pergunta: *Prof. Johnny, o Imperador Meiji tem a ver com o Método Reiki?*

Resposta: Sim, certa vez o cientista Isaac Newton disse: *"Eu avistei mais longe que muitos porque fiquei de pé em ombros de gigantes"*. O Imperador Meiji foi um desses "gigantes", pois o *Sensei* Mikao Usui foi um grande admirador dele. Os Cinco Princípios do Reiki, alicerce da parte filosófica do método, já eram pregados por esse grande líder. Além disso, *Sensei* Usui também selecionou 125 de seus poemas para usar nas reuniões do Método Reiki.

Pergunta: *Como o Sensei Usui utilizava os poemas do Imperador Meiji?*

Resposta: Os poemas eram recitados ou cantados de uma forma muito específica. O cântico, a cadência e o ritmo ajudavam a desenvolver uma consciência atenta e a purificar a mente.

Pergunta: *Na 'Usui Reiki Ryoho Gakkai', organização fundada pelo próprio Sensei Usui, seus membros seguem utilizando os poemas do Imperador Meiji?*

Resposta: Sim, durante o *Shuyokai* (seminário) dirigido por um mestre de Reiki, os praticantes do método mantêm a tradição de cantar poesia *Waka* como alimento espiritual.

"Cada um dos 125 poemas do Reiki é um mistério, que deve ser decifrado pelo Reikiano e incorporado em seu coração."
JOHNNY DE' CARLI

Pergunta: *Há algum documento oficial do Reiki que comprove a conexão do Sensei Usui com o Imperador Meiji?*

Resposta: Há somente três documentos oficiais do Reiki, e em todos eles o Imperador Meiji é citado. Os documentos são:
  a) Um manual denominado 'Reiki Ryoho Hikkei', que era entregue pelo *Sensei* Mikao Usui aos seus alunos. Nele se encontra a única entrevista concedida pelo *Sensei* Usui;
  b) A pedra onde se encontra a mensagem talhada em japonês antigo, conhecida como o 'memorial do *Sensei* Usui', localizada em Tóquio. Esse mausoléu contém a história do *Sensei* Usui e do descobrimento do Reiki;
  c) O manual denominado 'Reiki Ryoho No Shiori', publicado em setembro de 1974, escrito pelo *Sensei* Koshiro Fukuoka, membro pertencente à '*Usui Reiki Ryoho Gakkai*', na gestão do presidente da Associação daquela época, *Sensei* Hoichi Wanami.

Pergunta: *No primeiro documento oficial, o manual conhecido como 'Reiki Ryoho Hikkei', o que é falado sobre o Imperador Meiji?*

Resposta: Em parte da entrevista concedida pelo próprio *Sensei* Usui aparece a seguinte informação:

"**Entrevistador:** *O que é Usui Reiki Ryoho* (Técnica Terapêutica Reiki Usui)?
Mikao Usui: *"A técnica objetiva, primeiramente, a saúde da mente e, secundariamente a saúde física para treinar e fortalecer a mente e o físico.* **SERVE TAMBÉM PARA DIRECIONAR UM CAMINHO CORRETO DE VIDA, OBSERVANDO AS PALAVRAS DEIXADAS PELO IMPERADOR MEIJI"** (o grifo é nosso)".

"Não devemos esquecer as nossas raízes intelectuais, elas são muito importantes." Johnny De' Carli
Johnny De' Carli

Pergunta: *O que é falado sobre o Imperador Meiji no memorial construído pela 'Usui Reiki Ryoho Gakkai'?*

Resposta: O presidente *Sensei* Juzaburo Ushida escreveu o seguinte: **"AO ENSINÁ-LA ÀS PESSOAS DEVEMOS PRIMEIRO FAZER COM QUE PERCEBAM AS ÚLTIMAS INSTRUÇÕES DO IMPERADOR MEIJI** e celebrem os Cinco Princípios pela manhã e à tarde, a fim de mantê-los sempre em mente. São eles:

1. Não se zangue por hoje;
2. Não se preocupe;
3. Expresse sua gratidão;
4. Seja aplicado e honesto em seu trabalho;
5. Seja gentil com os outros (o grifo é nosso)".

Pergunta: *O que é falado sobre o Imperador Meiji no manual 'Reiki Ryoho No Shiori'?*

Resposta: O *Sensei* Koshiro Fukuoka, membro da *'Usui Reiki Ryoho Gakkai'*, entre outras coisas, escreveu o seguinte: "*O fundador da 'Usui Reiki Ryoho Gakkai',* **O SENSEI USUI, ADMIRAVA E MUITO AS VIRTUDES DO IMPERADOR MEIJI**; *era como a que o filho tem pelo pai. Dentre os inúmeros poemas deste, selecionou 125, fazendo com que fosse o primeiro passo para a dedicação no caminho da educação e aperfeiçoamento do espírito. Posteriormente, isso foi mantido como uma boa tradição da Associação*" (o grifo é nosso).

Pergunta: *O que contam os seus mestres de Reiki sobre o Imperador Meiji?*

Resposta: O *Sensei* Doi Hiroshi, único dentre os mestres de Reiki que tive que é membro da *'Usui Reiki Ryoho Gakkai'*, disse-me: "*O Imperador Meiji era um grande sensitivo. Sua bondade era irradiada por todo o país, como o Sol. Era tolerante e abundante como o oceano. Sua vontade era forte, sua crença era cheia de amor e tão ampla quanto a terra*".

"Mais importante que encontrar um bom mestre,
é seguir os seus bons ensinamentos."
JOHNNY DE' CARLI

Pergunta: *Por que o Imperador Meiji se destacou na 'Usui Reiki Ryoho Gakkai'?*

Resposta: A resposta a essa pergunta pode ser encontrada no manual 'Reiki Ryoho No Shiori': *"Dentre as gerações sucessivas de Imperadores, era o que possuía uma capacidade espiritual muito superior".*

Pergunta: *Como era percebida essa superior "espiritualidade" do Imperador Meiji?*

Resposta: A resposta a essa pergunta também está no referido manual: *"Naquele tempo, haviam muitos veteranos, conselheiros e verdadeiras personalidades que vivenciaram muitas dificuldades, e quando ficavam perante o Imperador suavam muito, mesmo estando no meio do inverno. Isso não ocorria por causa das funções que cada um exercia, com suas distintas obrigações com relação ao Imperador, mas sim pelo rigor da energia espiritual que era emitida pelo corpo do Imperador Meiji".*

Pergunta: *O Imperador Meiji foi considerado também um terapeuta pelos membros da 'Usui Reiki Ryoho Gakkai'?*

Resposta: Sim. No manual lemos: *"Os membros da 'Usui Reiki Ryoho Gakkai' contam que o doutor em Teologia do Reino Unido, John Batchelor, foi até o Japão com o objetivo de realizar um trabalho missionário em Hakodate, Hokkaido, em 1893. Fundou a escola Airin, o jardim de infância e a escola de proteção ou abrigo de Ainu, escreveu histórias do passado e do presente do povo dessa região (Ezo) e, além disso, era um homem benevolente. Tem sido relatado que se dedicou ao povo de Ainu por quase 17 anos, até o ano de 1909, em Hokkaido. Por acaso, quando o Imperador Meiji fez uma visita em Hokkaido ouviu as realizações do doutor e concedeu-lhe uma condecoração pelos seus atos. No ano seguinte, John Batchelor foi convidado para o encontro na Festa das*

> "Os bons exemplos são sempre observados
> e adotados por terceiros."
> JOHNNY DE' CARLI

Flores de Cerejeiras. Muito satisfeito, compareceu e o resultado do aperto de mão do Imperador foi como uma indução de uma poderosa energia Reiki, o que o deixara muito surpreso. Originalmente, o doutor possuía uma personalidade elevada, porém o Imperador Meiji era dotado de uma personalidade muito superior e só pelo fato de terem apertado as mãos, o Dr. Batchelor teria recebido uma forma de Sintonização do Imperador. Em seguida, ouviu-se dizer que John Batchelor tornou-se uma pessoa de capacidade espiritual respeitável e, apesar de não saber o motivo, realizou curas através da imposição das mãos naquele povo e nas demais pessoas que estavam doentes".

"Cada pessoa é um terapeuta em potencial."
Johnny De' Carli

Os 125 poemas do Reiki

Pergunta: *Prof. Johnny, como os poemas do Imperador Meiji chegaram ao Reiki?*

Resposta: A resposta pode ser encontrada no manual *'Reiki Ryoho No Shiori'*, onde *Sensei* Koshiro Fukuoka, membro da *'Usui Reiki Ryoho Gakkai'*, escreveu o seguinte: "*O fundador da 'Usui Reiki Ryoho Gakkai', o Sensei Usui, admirava e muito as virtudes do Imperador Meiji; era como a que o filho tem pelo pai.* **DENTRE OS INÚMEROS POEMAS SELECIONOU 125, FAZENDO COM QUE FOSSE O PRIMEIRO PASSO PARA A DEDICAÇÃO NO CAMINHO DA EDUCAÇÃO E APREFEIÇOAMENTO DO ESPÍRITO**. *Posteriormente, isso foi mantido como uma boa tradição da Associação*" (o grifo é nosso).

Pergunta: *Como os membros da 'Usui Reiki Ryoho Gakkai' utilizam os 125 poemas do Imperador Meiji?*

Resposta: No manual *'Reiki Ryoho No Shiori'* podemos ler: "*Eles entoam os poemas do Imperador Meiji para que todos os pensamentos ociosos e mundanos sejam afastados, a fim de se aperfeiçoarem espiritualmente*".

Pergunta: *Entre os 125 poemas do Reiki você consegue identificar aquele que mais lhe toca o coração?*

Resposta: Gosto de vários, mas adoro o 'Poema 34' (Pássaros):

PÁSSAROS
*"Os pássaros que voam livremente pelo grande céu
nunca se esquecem de sua casa e de lá regressar".*

> *"Um poema que ilumine a existência,
> eis um bom presente que podem nos dar."*
> JOHNNY DE' CARLI

Obs.: Aqui o Imperador Meiji, mais uma vez, se inspirou na natureza. No caso, nos *'pássaros'*, título do poema, e conhecidos como *tsurus*. No trecho *'Os pássaros que voam livremente pelo grande céu'* o Imperador metaforicamente se refere às pessoas adultas e livres. Pássaros podem ser interpretados como metáfora da liberdade, e aqueles que voam livremente pelo céu são pássaros mais velhos. No trecho *'nunca se esquecem de sua casa e de lá regressar'*, o Imperador Meiji se refere à "fidelidade e a importância de, mesmo depois de crescidos e formados, seguindo o nosso caminho, não nos esquecermos de nossas origens. Nossas raízes são muito importantes, e como já diz o dito popular: *"O bom filho a casa torna"*.

O pássaro *tsuru* frequenta as lagoas ao norte da ilha de Hokkaido, é a ave-símbolo do Japão e também do origami japonês, bastante popular em casamentos e festas. O *tsuru (Grus japonensis)*, que alguns chamam de grou, outros chamam de cegonha, é uma ave pernalta migratória que, de acordo com uma lenda, vive mil anos. É sagrada e considerada no Japão a ave mais antiga do planeta. Tradicionalmente, está relacionada à longevidade.

Para os japoneses o *tsuru*, entre outras coisas, simboliza também a fidelidade pelo fato de se manter fiel ao companheiro ou companheira por toda a vida. Os orientais acreditam que, a exemplo do *tsuru*, alguns animais são verdadeiros "anjos disfarçados" mandados à Terra por Deus para mostrar ao ser humano o que é a fidelidade.

A mensagem implícita no poema é que depois de adultos, para qualquer lugar que formos, por melhor que seja e por mais que demoremos lá, jamais devemos nos esquecer de visitar periodicamente as nossas origens.

"O poema é um mistério que nos transforma. O poeta aspira sempre a transformar o ser humano para melhor."
JOHNNY DE' CARLI

O Mestre Mikao Usui seguramente selecionou esse poema pela importância de se viver em gratidão *(Kansha shite)*, um dos Cinco Princípios do Reiki. Tenhamos sempre gratidão ao nosso país, à nossa cidade natal, às nossas escolas, aos mestres e, principalmente, aos nossos pais, seres a que seremos eternos devedores, pois fazem parte de nós.

Se esquecermos de nossas raízes esqueceremos quem somos. Devemos visitar as nossas origens com frequência, pois o mato cresce depressa em caminhos pouco percorridos. O Mestre Dalai Lama disse: *"Dê a quem você ama: asas para voar, raízes para voltar e motivos para ficar"*.

"Quem recebe um favor nunca deveria se esquecer de ser grato."
Johnny De' Carli

O *Sensei* Chujiro Hayashi
· · · · · · · · · · · ·

Pergunta: *Prof. Johnny, além dos presidentes da 'Usui Reiki Ryoho Gakkai' algum outro discípulo do Sensei Mikao Usui se destacou?*
Resposta: Sim, o Mestre de Reiki Chujiro Hayashi.

Pergunta: *Onde e quando nasceu o Mestre de Reiki Chujiro Hayashi?*
Resposta: Chujiro Hayashi nasceu em Tóquio no dia 15 de setembro de 1880.

Pergunta: *A história de Chujiro Hayashi anterior ao Reiki é conhecida?*
Resposta: Sim, boa parte. Chujiro Hayashi veio de uma família de pessoas bem-educadas que somava riqueza considerável e boa condição social, o que possibilitou que se formasse em medicina e aprendesse inglês. Cursou também a Academia Naval Japonesa em 1902. Lutou na guerra russo-japonesa de 04 de fevereiro de 1902 até o fim do litígio, em 5 de setembro de 1906, lotado na Divisão de Patrulhamento de Portos. Em 1918 assumiu a Diretoria da Estação de Defesa de Porto de Ominato, onde Kanichi Taketomi (terceiro presidente da 'Usui Reiki Ryoho Gakkai') era o comandante.

Pergunta: *O Sensei Chujiro Hayashi chegou a constituir família?*
Resposta: Sim, Chujiro Hayashi casou-se com Chie Hayashi e tiveram um casal de filhos, Tadayoshi e Kiyoe.

> *"Prepare-se, pois terá que seguir sozinho.*
> *O mestre só pode apontar a direção.*
> *Você tem que percorrer o Caminho por si só."*
> JOHNNY DE' CARLI

Pergunta: *Como Chujiro Hayashi chegou ao Reiki?*

Resposta: A Mestre de Reiki Hawayo Takata, introdutora do Método Reiki no Ocidente, contava que Hayashi aos quarenta e sete anos, já na reserva da Marinha, procurava um modo de ajudar os outros quando conheceu o *Sensei* Usui em uma de suas palestras, em 1924. Por ser jovem e estar aposentado, passou a viajar com este acompanhando-o em seu trabalho de tratamentos e ensinamentos. Hayashi foi um dos mais devotos alunos de Mikao Usui tendo se envolvido profundamente com a prática do Método Reiki e recebido todos os ensinamentos de seu mestre e o Nível de Mestrado em 1925. Takata contava ainda que o Dr. Hayashi assumiu a responsabilidade de difundir a técnica formando novos mestres e assegurando que o Método Reiki continuaria do modo como Usui havia praticado.

Pergunta: *O Sensei Chujiro Hayashi chegou a presidir a 'Usui Reiki Ryoho Gakkai'?*

Resposta: Não, muito pelo contrário. Chujiro Hayashi rompeu com a *'Usui Reiki Ryoho Gakkai'* e fundou a sua própria organização, a *'Hayashi Reiki Kenkyu-kai'*, onde ministrou seminários para um grande número de alunos.

Pergunta: *Falava-se preliminarmente no Ocidente que a organização 'Hayashi Reiki Kenkyu-kai' não aceitava mulheres como membros. Essa informação procede?*

Resposta: Não, essa informação é uma lenda. As mulheres não só participavam como eram maioria.

> *"Os discípulos do Reiki, embora convivam com o mestre no início, não lhe pertencem. Os discípulos estão com o mestre, mas são totalmente livres para buscar novos rumos."*
> JOHNNY DE' CARLI

Pergunta: *O Sensei Chujiro Hayashi, como médico que era conseguiu conciliar o Reiki com a medicina?*

Resposta: Sim, Hayashi estava consciente da importância do método. Preservou-o e fundou uma clínica de Reiki em Tóquio, próximo ao Palácio Imperial em Shinano-chi, distrito de Shinjuku – Tóquio.

Pergunta: *Como funcionava a clínica de Reiki do Dr. Hayashi?*

Resposta: Na clínica haviam 10 macas e em cada uma dois Reikianos atendiam simultaneamente. Os terapeutas também saíam para aplicar a energia Reiki nas pessoas que não podiam se locomover. A clínica não só oferecia tratamentos, mas também ensinava aos novos discípulos a prática do método.

Pergunta: *Como era mantida a clínica de Reiki do Dr. Hayashi?*

Resposta: Em sua clínica Hayashi não teve apoio financeiro do governo, mas conseguiu mantê-la por mais de 15 anos graças à ajuda daqueles que podiam pagar seus tratamentos e aos excelentes resultados que obtinha.

Pergunta: *A clínica de Reiki do Dr. Hayashi tinha credibilidade popular?*

Resposta: Sim, sabemos que o *Sensei* Hayashi era um homem prático e bastante criterioso. Ele muito trabalhou tornando-a famosa e próspera, tendo sido visitada até pelo Imperador japonês à época. A clínica chegou a ser reconhecida como uma alternativa válida para todos os tipos de problemas de saúde.

Pergunta: *O que motivava a população a recorrer à clínica de Reiki do Dr. Hayashi?*

Resposta: Naquela época, os riscos cirúrgicos eram muito grandes já que a penicilina só foi difundida para o mundo após 1945.

"O trabalho é a melhor forma de ocupar o tempo ocioso."
Johnny De' Carli

Pergunta: *Como eram os seminários de Reiki ministrados pelo Dr. Hayashi?*

Resposta: Os seminários ocorriam em períodos de cinco dias, com aproximadamente duas horas de atividade por dia.

Pergunta: *O Sensei Hayashi cobrava pelos seminários de Reiki?*

Resposta: Sim, os valores cobrados pelos seminários eram bem elevados. Só pelo Nível I *(Shoden)* era cobrado um valor superior a um mês de trabalho de muitos japoneses.

Pergunta: *Como a clínica do Sensei Chujiro Hayashi contribuiu para fortalecer o Reiki?*

Resposta: O *Sensei* Hayashi manteve detalhados comprovantes de tratamentos. Produziu uma ampla documentação por meio da qual demonstrou que a energia Reiki encontra a fonte dos sintomas físicos e revitaliza o corpo em sua totalidade. Essas informações foram usadas por ele para repensar as posições de aplicação e sistematizar os níveis de Reiki. Somente após a tarefa do Dr. Hayashi as aplicações de energia Reiki se sistematizaram, permitindo que todas as pessoas pudessem utilizá-la sem conhecimentos prévios especiais.

Pergunta: *Que importância teve o Sensei Chujiro Hayashi para perpetuar o Reiki?*

Resposta: Fala-se que, em 1938, o Dr. Hayashi, que também era militar, sabia que uma grande guerra estava começando e que muitos homens faleceriam. Decidiu, então, dar o Mestrado à sua esposa, a Sra. Chie Hayashi, e à Sra. Hawayo Takata, para perpetuar o Reiki.

> *"Pense duas vezes antes de resolver não cobrar pelo seu trabalho, mesmo que seja algo simbólico. As pessoas geralmente não dão valor àquilo que não é pago."*
> Johnny De' Carli

Pergunta: *Como e quando morreu o Sensei Chujiro Hayashi?*

Resposta: Conta-se que Chie Hayashi dizia que seu marido sabia que a guerra era iminente e como ex-integrante das Forças Armadas seria convocado para lutar. Como um dedicado mestre de Reiki, sentia-se impossibilitado de matar outro ser humano ou mesmo de participar da guerra como médico, pois teria que voltar a utilizar a medicina convencional, que já não concordava mais. Tinha também acabado de volta de uma viagem ao Havaí, o que o tornara suspeito de espionagem. Portanto, se não fosse para a guerra, seria preso e executado como desertor. Preferiu, então, morrer com dignidade colocando fim à sua própria vida na presença da esposa, família, amigos e alunos. No dia 11 de maio de 1940, um sábado, Hayashi promoveu sua própria morte em uma vila particular em Atami, uma estação termal perto do Monte Fuji.

Pergunta: *Quem ocupou o lugar de Chujiro Hayashi após a sua morte?*

Resposta: Após a morte do *Sensei* Hayashi, sua esposa Chie Hayashi o sucedeu na direção da Organização *'Hayashi Reiki Kenkyu-kai'* viajando para várias regiões do Japão e promovendo seminários.

Pergunta: *Quantos mestres de Reiki deixou o Sensei Chujiro Hayashi após sua morte?*

Resposta: Naquela ocasião, havia somente cinco Mestres vivos Iniciados por ele, entre eles a *Sensei* Hawayo Takata, introdutora do Método Reiki no Ocidente.

"Nenhum ser evoluído ataca outro."
Johnny De' Carli

Pergunta: *Em suas quatro idas ao Japão, o senhor chegou a ter contato com algum desses cinco mestres de Reiki que tenham recebido o treinamento diretamente do Sensei Chujiro Hayashi?*

Resposta: Sim, em janeiro de 2002 conheci pessoalmente, em Kyoto, a *Sensei* Chiyoko Yamaguchi, fundadora da escola *'Jikkiden-Reiki'*. Grande parte das informações que temos hoje sobre o *Sensei* Hayashi me foram passadas por ela. Tenho várias fotografias tiradas com a *Sensei* Yamaguchi, quando a visitamos em sua casa.

Pergunta: *Como o senhor conheceu a Sensei Chiyoko Yamaguchi?*

Resposta: Em janeiro de 2002, realizei um curso de Mestrado em Reiki *(Shinpiden)* em Kyoto com o *Sensei* Doi Hiroshi. Num dos dias de aula, o *Sensei* Doi nos levou à casa dela.

Pergunta: *Como foi o seu encontro com a Sensei Chiyoko Yamaguchi?*

Resposta: Foi inesquecível, de uma forma muito amistosa e amigável! No intervalo da reunião, foi à sua cozinha e nos ofereceu docinhos típicos japoneses confeccionados por ela. Trocamos presentes. Rita e eu havíamos comprado, ainda no Brasil (Nova Friburgo/RJ), um lindo abajur elétrico com uma lâmpada verde (a cor simbólica do Reiki), confeccionado em bambu (na natureza simboliza o Reiki) com o ideograma do Reiki talhado artesanalmente na lateral, o que dava um efeito luminoso muito lindo. Ela, muito agradecida, minutos antes da nossa partida pediu que aguardássemos e foi para um aposento privado interno. Poucos minutos depois, voltou com um velho queimador de incenso metálico e pediu que aceitássemos, pois se tratava de algo muito especial. Explicou que este utensílio pertenceu ao Sensei Chujiro Hayashi que, no dia de seu falecimento (11/05/1940), havia distribuído entres seus discípulos objetos

> *"As oportunidades, na maior parte das vezes, são como o tempo, não esperam por ninguém."*
> JOHNNY DE' CARLI

pessoais utilizados nas práticas do Reiki. Guardo essa relíquia com muito carinho!

Pergunta: *Quando a Sensei Chiyoko Yamaguchi faleceu, e que idade ela tinha?*

Resposta: Faleceu aos 82 anos de idade no dia 19 de agosto de 2003, um ano após o nosso encontro em Kyoto.

"Cada Reikiano deve definir seu Caminho no Reiki, através da identificação de suas escolhas pessoais. No Reiki, nada é obrigatório, rígido e inflexível."

Johnny De' Carli

A *Sensei* Hawayo Takata

Pergunta: *Prof. Johnny, quando e onde nasceu Hawayo Takata?*

Resposta: Hawayo nasceu no dia 24 de dezembro de 1900 na Ilha das Flores de Kawai, Havaí, arquipélago anexado em 1898 ao território dos EUA. Filha do casal Kawamuru, camponeses imigrantes japoneses, Hawayo recebeu seu nome em homenagem à grande ilha adicionando-se à última letra o "o" que, em sua língua, designa os nomes femininos.

Pergunta: *O que se sabe sobre a história de Hawayo Takata anterior ao Reiki?*

Resposta: Hawayo Kawamuru (nome de batismo) era filha de trabalhadores agrícolas. Ela não fora favorecida com uma estrutura física tão forte quanto a de seus pais: tinha menos de 1,50 m de altura e mãos frágeis, mas era bonita, tinha olhos vivos e alegres. Hawayo pedia a Deus que lhe permitisse fazer com as suas mãos algum outro tipo de trabalho que não fosse ligado à atividade agrária. Trabalhava como boia-fria na cultura de bambu e de cana-de-açúcar e, por volta de 1914, passou a lecionar nas férias escolares para alunos do 1º grau numa escola religiosa. Trabalhou também em um balcão de bebidas gasosas em Lihue, e depois em uma mansão colonial de uma elegante senhora, onde permaneceu por 20 anos, chegando a ser governanta comandando os vinte funcionários da residência. Em 10 de maio de 1917, Hawayo Kawamuru casou-se com Saichi Takata, um jovem

> *"Faça aquilo que precisa ser feito. Procure gostar daquilo que faz."*
> Johnny De' Carli

contador que trabalhava na mesma residência e juntos tiveram duas filhas. Entretanto, em 1930, com apenas 34 anos de idade seu marido morreu de câncer no pulmão. O excesso de trabalho necessário para a manutenção de sua família, além da depressão e dos sérios problemas psicológicos afetaram seriamente sua saúde e, aos 35 anos, a Sra. Hawayo Takata desenvolveu problemas pulmonares e dores abdominais.

Pergunta: *O que aconteceu a Hawayo Takata nesse período?*

Resposta: Durante a ausência de seus pais que, após 40 anos, em 1934 tinham retornado a Yamaguchi, Japão, para um período de férias de um ano, uma das irmãs de Takata, recém-casada e com somente 25 anos, morreu de tétano. Sensível, Hawayo percebeu ser a notícia muito triste para ser dada aos pais pelos Correios e resolveu comunicar o fato pessoalmente, ocasião em que aproveitaria para tratar de sua saúde no Hospital Maeda, em Akasaka, onde seu marido havia sido assistido antes de falecer.

Pergunta: *Como Hawayo Takata conheceu o Reiki?*

Resposta: Em 1935, lá no Japão, após dez dias e noites de viagem de barco descobriu-se que Hawayo Takata estava com pedras na vesícula e problema no apêndice, além de um tumor abdominal, razão pela qual seu estômago doía o tempo todo impedindo-a de andar erguida. Takata foi internada para se submeter a uma cirurgia. Já na sala cirúrgica, minutos antes da operação Hawayo ouviu uma voz várias vezes afirmando: *"A operação não é necessária"*. Sentiu, então, que haveria um outro modo de recuperar-se. O médico, ao ser informado sobre aquela "mensagem", cancelou a operação e indicou para Takata um tratamento de Reiki na clínica *Shina No Machi*, do Dr. Hayashi.

"Cada acontecimento tem sua consequência na eternidade."
Johnny De' Carli

Pergunta: *Como foi o tratamento de Hawayo Takata na clínica Shina No Machi?*

Resposta: Takata começou a receber tratamento com o Reiki diariamente e em quatro meses estava totalmente recuperada: havia ganhado cinco quilos e parecia estar dez anos mais jovem. Durante o tratamento, Takata não entendia como as mãos daquelas pessoas que a tratavam podiam esquentar tanto e chegou a procurar pilhas escondidas nos Reikianos.

Pergunta: *Quando e como Hawayo Takata recebeu a primeira Sintonização no Reiki?*

Resposta: Depois de recuperada, Hawayo inclinou-se a aprender o Método Reiki que, no entanto, na sociedade japonesa era inacessível a pessoas estrangeiras. Assim, teve seu primeiro pedido rejeitado, mas após usar o forte argumento de ter de ajudar os imigrantes japoneses nipo-americanos foi-lhe dada permissão para aprender o método, concordando em permanecer no Japão e trabalhar no espaço de Reiki todos os dias ao longo daquele ano. Takata ficou hospedada com a família do Dr. Hayashi e recebeu o Nível 1 na primavera de 1936. Ela tratou de muitos casos diferentes com sucesso e aprendeu que para tratar do efeito seria preciso remover a causa.

Pergunta: *Quando Hawayo Takata recebeu a Sintonização do Nível 2 do Reiki?*

Resposta: Cumpridas com êxito as exigências impostas para o Nível 1, no inverno de 1936 Takata recebeu o treinamento de Nível 2.

Pergunta: *Hawayo Takata teve algum custo nessa Sintonização do Nível 2 do Reiki?*

Resposta: Sim, contava ela que ficou devendo o equivalente a 500 dólares ao seu mestre por essa Sintonização.

> *"Onde estamos agora, sempre encontraremos uma grande oportunidade, procure-a."*
> Johnny De' Carli

Pergunta: *Como o Reiki chegou ao Ocidente?*

Resposta: Logo após receber o treinamento do Nível 2, Takata voltou ao Havaí, até então, sem a intenção de profissionalizar-se no Método Reiki. Em outubro de 1936, instalou-se com a sua família em uma casa em Hilo, na Avenida Kilauea onde, durante dez anos, funcionou seu primeiro núcleo de atendimento.

Pergunta: *Procede a informação de que a casa de Hawayo Takata ainda existe até os dias atuais? O senhor já esteve lá?*

Resposta: Sim, a casa da *Sensei* Hawayo Takata permanece intacta no Havaí, em Hilo, na Avenida Kilauea, número 2070. Rita e eu estivemos lá em outubro de 1998.

Pergunta: *Como Hawayo Takata tornou-se uma Mestre de Reiki?*

Resposta: Hawayo recebeu em sua casa a visita do *Sensei* Hayashi e de sua filha, os quais permaneceram no Havaí durante seis meses proferindo palestras e dando demonstrações sobre o Método Reiki. Em fevereiro de 1938, antes de voltar ao Japão, Hayashi comunicou a seus alunos que Takata, a partir daquele momento, era Mestre de Reiki e estava autorizada a transmitir a técnica a outras pessoas. Assim, tornou-se a primeira mulher iniciada mestre de Reiki no Ocidente, permanecendo única até o ano de 1970.

Pergunta: *A Sensei Hawayo Takata chegou a ter contatos posteriores com o Sensei Chujiro Hayashi?*

Resposta: Sim, em 1940 Takata sonhou com o *Sensei* Hayashi vestido com um quimono de seda branca (cor japonesa do luto). Ficou inquieta e resolveu ir ao Japão para vê-lo. Quando chegou lá, Hayashi falou-lhe sobre a guerra que se aproximava entre o Japão e os Estados Unidos, quem seria o vencedor, o que deveria fazer e para onde deveria ir para

"É impossível uma grande conquista sem antes obter pequenas conquistas sobre si próprio."
JOHNNY DE' CARLI

evitar os perigos da condição de cidadã nipo-americana com residência no Havaí. Todas as previsões se confirmaram e os conselhos de Hayashi foram seguidos visando proteger a divulgação do Método Reiki.

Pergunta: *Como Hawayo Takata tornou-se responsável por implantar o Reiki no Ocidente?*

Resposta: Quando todas as providências necessárias à preservação do Método Reiki foram tomadas, o Dr. Hayashi reuniu a família e os demais mestres de Reiki e nomeou Takata como uma das sucessoras do método, ainda comunicou a todos os presentes que o seu desencarne ocorreria em torno das 13 horas daquele mesmo dia.

Pergunta: *O Sensei Chujiro Hayashi cometeu suicídio naquele dia?*

Resposta: Sim, às 13 horas do dia 11 de maio de 1940, um sábado, o Dr. Hayashi entrou na sala e sua transição ocorreu tal qual anunciara: sentado à maneira tradicional japonesa fechou os olhos e deixou seu corpo conscientemente entre os amigos. Vestia o mesmo quimono que a *Sensei* Takata vira no sonho que a levara ao Japão.

Pergunta: *A Sensei Hawayo Takata levou adiante o trabalho com o Reiki?*

Resposta: Sim, Takata tornou-se uma grande Reikiana e introduziu o Método Reiki no mundo ocidental.

Pergunta: *A Sensei Hawayo Takata cobrava para ensinar o Reiki?*

Resposta: Sim, após constatar o que já havia sido repassado pelo *Sensei* Hayashi, ou seja, de que todas as pessoas que eram Iniciadas gratuitamente no Método Reiki não percebiam a sua grandeza, razão pela qual não lhe davam o devido valor. Passou a estipular preços aceitando a orientação do Dr. Hayashi para a Sintonização nos diferentes Níveis do Reiki.

> *"As pessoas, quando desencarnam,*
> *levam somente aquilo que deram de coração."*
> JOHNNY DE' CARLI

Pergunta: *O Sensei Chujiro Hayashi entregou algum tipo de documento autorizando Hawayo Takata a lecionar o Reiki?*

Resposta: Sim, um certificado de Mestrado assinado por ele em 21 de fevereiro de 1938, registrado na cidade de Honolulu/Havaí.

Pergunta: *Conhece-se o teor desse certificado de Mestrado assinado pelo Mestre Chujiro Hayashi?*

Resposta: Sim, segue abaixo a tradução do documento:

Certificado

ESTE É PARA CERTIFICAR que a Sra. Takata, uma cidadã americana nascida no território do Havaí, depois do curso de estudo e treinamento do Sistema Usui de Cura Reiki, feito sob minha supervisão pessoal durante visita ao Japão em 1935 e período subsequente, passou em todos os testes e provou ser digna e merecedora de administrar o tratamento e de conferir o poder do Reiki a outros.

PORTANTO, eu, Dr. Chujiro Hayashi, por força da minha autoridade como mestre do Sistema Reiki de cura sem remédios, por meio deste, confiro à Sra. Takata completo poder e autoridade para praticar o Sistema Reiki e conceder a outros o conhecimento secreto da dádiva de curar através desse sistema.

A SRA. HAWAYO TAKATA fica por meio deste certificada por mim como praticante e mestre do Sistema Usui de Cura Reiki, sendo atualmente a única pessoa nos Estados Unidos autorizada a conferir semelhantes poderes a outros e uma das treze pessoas inteiramente qualificadas como mestre da profissão.

Assinado por mim neste 21 de fevereiro de 1938 na cidade e condado de Honolulu, Território do Havaí.

Assinatura de Chujiro Hayashi | Assinatura da testemunha
Assinatura do Tabelião Público do Território de Honolulu

"Valoriza-se mais o que é conquistado com dificuldade."
Johnny De' Carli

Pergunta: *A Sensei Hawayo Takata chegou a cursar alguma faculdade?*

Resposta: Sim, a fim de ter uma melhor compreensão dos aspectos físicos e técnicos da anatomia humana Hawayo Takata cursou a Universidade Nacional de Medicina sem Medicamentos *(National College of Drugless Physicians)*, em Chicago.

Pergunta: *Quantos anos de sua vida a Sensei Takata dedicou ao Reiki?*

Resposta: Cerca de 45 anos, de 1935 (quando recebeu o Nível 1) a 1980 (ano de seu falecimento). A *Sensei* Takata ministrou seminários e tratou pessoas garantindo, assim, a divulgação do Método Reiki no mundo.

Pergunta: *A Sensei Hawayo Takata deixou sucessores no Reiki?*

Resposta: Sim, a *Sensei* Takata sentiu necessidade de passar a totalidade dos ensinamentos e, então, para impedir uma monopolização do método, a partir de 1970, iniciou 22 (vinte e dois) mestres recomendando-lhes respeitar a liderança de sua neta Phyllis Lei Furumoto, sucessora de Takata, além de dar-lhes permissão para formarem novos mestres após sua morte.

Pergunta: *São conhecidos os nomes dos 22 Mestres de Reiki Iniciados pela Sensei Hawayo Takata?*

Resposta: Sim, os mestres Iniciados foram (em ordem alfabética): Bárbara Brown; Bárbara McCullough; Barbara Weber Ray; Beth Gray; Bethel Phaigh; Dorothy Baba; Ethel Lombardi; Fran Brown; George Araki; Harru Kuboi; Iris Ishikuro; John Gray; Kay Yamashita (irmã de Hawayo Takata); Mary McFadyen; Patrícia Bowling; Paul Mitchell; Phyllis Lei Furumoto (neta de Takata); Rick Bockner; Shinobu Saito; Ursula Baylow; Virgínia Samdahl e Wanja Twan.

"Faça sempre o melhor que puder, dentro de suas possibilidades, onde quer que esteja."
Johnny De' Carli

Pergunta: *Quando morreu Hawayo Takata?*

Resposta: Takata faleceu em 12 de dezembro de 1980 e suas cinzas foram colocadas no templo budista de Hilo.

Pergunta: *O túmulo da Sensei Takata é aberto à visitação pública?*

Resposta: Não, posteriormente suas cinzas foram transferidas por sua neta Phyllis Lei Furumoto para um local reservado somente à visitação familiar.

Pergunta: *A Sensei Takata chegou a criar alguma escola do Reiki?*

Resposta: Sim, antes da *Sensei* Hawayo Takata falecer criou uma associação do Reiki que foi denominada AIRA *(American International Reiki Association)*. Após sua morte os mestres que permaneceram na AIRA nomearam Bárbara Weber Ray como sua grã-mestre.

Pergunta: *Após o falecimento da Sensei Hawayo Takata, o que fizeram os 22 mestres de Reiki Iniciados por ela a fim de perpetuar o Reiki?*

Resposta: Em 1983, após divergência, alguns mestres criaram uma segunda associação denominada *"The Reiki Alliance"*, nomeando como sua grã-mestre Phyllis Lei Furumoto (sua neta).

Pergunta: *Quando morreu a Sensei Phyllis Lei Furumoto, neta de Hawayo Takata?*

Resposta: Ela fez a sua passagem no dia 31/03/2019, no Arizona/EUA.

Pergunta: *Há diferenças entre a AIRA e a Reiki Alliance?*

Resposta: A diferença entre as duas escolas é que a AIRA divide o Método Reiki em sete Níveis, denomina-o *Radiance Technique* e não aceita alterações em seus princípios estabelecidos desde então, haja vista que seus mestres precisavam da autorização da grã-mestre,

"Ao final da jornada, leva-se apenas aquilo que a pessoa tiver dado desinteressadamente."
JOHNNY DE' CARLI

a Dra. Bárbara Weber Ray, para Iniciar novos mestres. A Reiki Alliance apresenta o Método Reiki em três Níveis, seguindo a linha do *Sensei* Mikao Usui. Os mestres da Reiki Alliance reconhecem mestres formados por outros sistemas e seus mestres podem Iniciar outros sem a permissão da grã-mestre. Ambas as linhas são válidas e transmitem o verdadeiro Reiki. Ambas as grã-mestres foram Iniciadas por Hawayo Takata e, quanto à técnica, não há diferença na transmissão em si.

Pergunta: *Todos os 22 mestres de Reiki Iniciados pela Sensei Takata, após a sua morte permaneceram vinculados a estas duas associações pioneiras?*

Resposta: Não, um terceiro grupo decidiu não aceitar as orientações e diretrizes das duas associações criadas e resolveram seguir seu próprio Caminho na interpretação da técnica e se autodenominaram "mestres independentes" formando, dessa maneira, a *Unlimited Reiki*. Alguns formaram centros ou núcleos de trabalhos com identificação com os mestres Iniciados ou Sintonizados por eles.

Pergunta: *Na atualidade há outras associações além das duas pioneiras?*

Resposta: Sim, surgiram posteriormente outros grupos e núcleos de difusão do Método Reiki que estão projetados internacionalmente.

Pergunta: *Para divulgar o Método Reiki é obrigatório a vinculação com alguma associação de Reiki?*

Resposta: Não, a responsabilidade de divulgar o Método Reiki é exercida igualmente por todos os mestres, independentemente da sua vinculação com escolas ou associações de Reiki.

> *"Uma vez feita uma escolha,*
> *há sempre algo que é deixado para trás."*
> JOHNNY DE' CARLI

A chegada do Reiki no Brasil

· · · · · · · · · · · ·

Pergunta: *Prof. Johnny, quando e onde foi realizado o primeiro seminário de Reiki em solo brasileiro?*

Resposta: No Brasil, o primeiro seminário de Nível 1 do Reiki ocorreu nos dias 28, 29 e 30 de novembro de 1983 no Rio Palace Hotel, na Avenida Atlântica em Copacabana, na cidade do Rio de Janeiro/RJ.

Pergunta: *No Brasil, quando e onde foi realizado o primeiro seminário de Nível 2 do Reiki?*

Resposta: Nos dias 1 e 2 de dezembro do mesmo ano no Leme Palace Hotel, no bairro do Leme, Rio de Janeiro/RJ.

Pergunta: *Quem ministrou esses dois seminários?*

Resposta: Ambos foram ministrados pelo mestre de Reiki norte-americano Stephen Cord Saiki.

Pergunta: *Quem trouxe o Método Reiki para o Brasil?*

Resposta: Foi o mestre Stephen Cord Saiki quem introduziu o Método Reiki no Brasil.

Pergunta: *Como você teve acesso a esses detalhes sobre os primeiros seminários em solo brasileiro?*

Resposta: Através da Sra. Juraci Carvalhal da Silva, que participou desses dois seminários e anos depois realizou o Mestrado de Reiki conosco no Instituto Brasileiro de Pesquisas e Difusão do Reiki.

*"O bom Reikiano é orientado a respeitar
o trabalho pioneiro dos mestres que o antecederam."*

Johnny De' Carli

Pergunta: *Quando e quem foram os primeiros mestres de Reiki residentes no Brasil?*

Resposta: Em 1988, os mestres Jason Thompson (americano) e a psicóloga Dra. Claudete França (primeira mestre de Reiki nascida no Brasil), ambos Iniciados pela mestre Kate Nani da Califórnia/EUA, iniciaram a divulgação da técnica no território brasileiro como residentes.

Pergunta: *Que fato significativo contribuiu para que o Reiki começasse a ser conhecido no Brasil?*

Resposta: Até 1993 tínhamos pouca informação, pois não havia internet no Brasil. Em 1996, os primeiros livros sobre o Método Reiki foram traduzidos para o português e comercializados nas livrarias brasileiras. Esse fato foi decisivo para que o método se tornasse conhecido pelo nosso público.

Pergunta: *Quando e qual foi o primeiro livro sobre o Método Reiki a ser comercializado em português?*

Resposta: Em 1996, o primeiro livro sobre o tema publicado no Brasil foi **"Reiki para todos: energia vital em ação"**, de Oriel Abarca e Roberto King, ambos argentinos, pela Editora Record, com sede em São Paulo. Atualmente temos muitos livros em português, mas a maioria são de autores estrangeiros, principalmente alemães e americanos.

Pergunta: *Quais foram os outros mestres de Reiki estrangeiros pioneiros no Brasil?*

Resposta: Alguns outros mestres estrangeiros contribuíram muito para divulgar o Método Reiki no Brasil. Entre eles Jason Thompsom (norte-americano que morou em São Paulo), Upanishad Kessler (alemão que residiu em Brasília), Oriel Abarca (argentino com residência em

> *"No verdadeiro Caminho do Reiki,
> reter conhecimento é perecer."*
> JOHNNY DE' CARLI

Buenos Aires), Maria de la Luz (chilena, com residência no Chile) e Terezinha Andrade (brasileira residente nos Estados Unidos).

Pergunta: *Num primeiro momento, o Método Reiki foi bem recebido pelo povo brasileiro?*

Resposta: Sim, o Método Reiki se adaptou bem ao público brasileiro em face das origens místicas do nosso povo. Assim, tornou-se uma prática de recuperação e manutenção da saúde para dezenas de milhares de pessoas no país. A comunidade Reikiana no Brasil, a exemplo do que acontece no mundo inteiro, cresce com muita rapidez.

Pergunta: *Houve algum fato decisivo para que o Reiki crescesse com tanta rapidez?*

Resposta: Sim, a liberação e autorização da mestre Phyllis Lei Furumoto (neta de Hawayo Takata) para que os mestres pudessem fazer Iniciações de outros sem a sua prévia autorização.

Pergunta: *O ensino do Método Reiki é padronizado no Brasil?*

Resposta: Não, pelo fato de não existir nenhum tipo de controle sobre as atividades dos professores cada um é responsável por sua própria didática e prática. Isso criou diversas formas de ensinamento no país.

"Faça o que você deseja, desde que não interfira no direito de o outro fazer o mesmo; esse é o princípio da moral."
Johnny De' Carli

O Método Reiki
como filosofia de vida
• • • • • • • • • • •

Pergunta: *Prof. Johnny, procede a informação de que o Método Reiki também é uma filosofia de vida?*

Resposta: Sim, não há dúvidas de que o Reiki, além de ser uma técnica terapêutica extremamente eficaz, é também uma filosofia de vida e uma maneira de viver pautada nos ensinamentos do Imperador Meiji que, lamentavelmente, é tão pouco citado nos livros de Reiki ocidentais.

Pergunta: *Há algum documento oficial que comprove ser o Reiki uma filosofia de vida e uma maneira de viver pautada nos ensinamentos do Imperador Meiji?*

Resposta: Sim, no manual *'Reiki Ryoho Hikkei'*, na única entrevista concedida o *Sensei* Usui disse o seguinte: *"Serve também para* **DIRECIONAR UM CAMINHO CORRETO DE VIDA**, *observando as palavras deixadas pelo Imperador Meiji (Cinco Princípios)"* (o grifo é nosso).

Pergunta: *Existe algum outro documento oficial que comprove ser o Reiki também uma filosofia de vida?*

Resposta: Sim, pode-se também confirmar essa informação no seguinte trecho do manual *'Reiki Ryoho No Shiori'*, publicado em setembro de 1974, onde o *Sensei* Koshiro Fukuoka, membro da *'Usui Reiki Ryoho Gakkai'*, escreveu o seguinte: *"A técnica Reiki não se restringe*

"A beleza de saber viver consiste unicamente na beleza de saber conviver."
Johnny De' Carli

à aplicação de energia Reiki; ***SEUS PRATICANTES PROCURAM VIVER DIARIAMENTE DE ACORDO COM OS CINCO PRINCÍPIOS DO REIKI.*** *Dessa forma, não só melhoram e mantêm a saúde como também **AUMENTAM A PAZ, A PROSPERIDADE E A FELICIDADE DO LAR, DA SOCIEDADE, DA NAÇÃO E DO MUNDO**. Esse é o verdadeiro propósito da terapia Reiki de Usui"* (os grifos são nossos).

"Bons princípios permanecem sem sentido enquanto não se transformam em hábitos."
Johnny De' Carli

Os Cinco Princípios do Reiki

Pergunta: *Prof. Johnny, procede a informação de que os Cinco Princípios do Reiki eram pregados pelo Imperador Meiji?*

Resposta: Sim, no manual *'Reiki Ryoho Hikkei'* o *Sensei* Usui disse: *"Serve também para direcionar um Caminho correto de vida, observando as* **PALAVRAS DEIXADAS PELO IMPERADOR MEIJI**" (o grifo é nosso).

Pergunta: *Os Princípios do Reiki foram escritos pelo Imperador Meiji?*

Resposta: Não, já eram ensinados antes dele. Pode-se confirmar essa informação no seguinte trecho do memorial construído pela *'Usui Reiki Ryoho Gakkai'* onde o presidente *Sensei* Juzaburo Ushida escreveu o seguinte: *"Realmente, esses importantes preceitos para o desenvolvimento* **SÃO EXATAMENTE OS MESMOS QUE OS ANTIGOS SÁBIOS ACONSELHAVAM-SE MUTUAMENTE**" (o grifo é nosso).

Pergunta: *Há algum documento que comprove oficialmente que o Sensei Mikao Usui tenha vinculado os Cinco Princípios com o Método Reiki?*

Resposta: Sim, os Cinco Princípios do Reiki fazem parte da mensagem talhada em japonês antigo na grande pedra que compõe o memorial em homenagem ao Mestre Mikao Usui, localizado em Tóquio; e na mensagem do manual *'Reiki Ryoho Hikkei'*, na entrevista concedida pelo *Sensei* Usui.

> *"Conserve-se fiel aos bons princípios. Não existe meio mais certo e eficaz para exercer influência direta sobre os seus do que o bom exemplo."*
> JOHNNY DE' CARLI

Pergunta: *O que Sensei Usui pregava sobre os Cinco Princípios do Reiki?*

Resposta: A resposta está manual *'Reiki Ryoho No Shiori'*, onde *Sensei* Koshiro Fukuoka escreveu: *"O Sensei Usui pregava que esses Cinco Princípios são os melhores ensinamentos para a humanidade".*

Pergunta: *O que dizem os membros da 'Usui Reiki Ryoho Gakkai' sobre os Cinco Princípios do Reiki?*

Resposta: A resposta a essa pergunta também está no manual: *"Os Cincos Princípios são os ensinamentos do Sensei Usui, fundador da 'Usui Reiki Ryoho Gakkai'; eles constam na primeira página do 'Reiki Ryoho Hikkei'".*

Pergunta: *O que representa o manual 'Reiki Ryoho Hikkei' para os membros da 'Usui Reiki Ryoho Gakkai'?*

Resposta: Podemos ler no manual *'Reiki Ryoho No Shiori'* o seguinte: *"Trata-se de um manual obrigatório de terapia Reiki para os membros da 'Usui Reiki Ryoho Gakkai'.*

Pergunta: *Como os Cinco Princípios do Reiki são apresentados no manual 'Reiki Ryoho Hikkei'?*

Resposta: Neste manual, na entrevista concedida logo na primeira página o *Sensei* Usui disse:

> *"Método secreto para convidar à felicidade.*
> *O remédio milagroso para todos os males.*
>
> *Só por hoje:*
> - Não fique com raiva;
> - Não se preocupe;
> - Seja grato;
> - Seja dedicado ao trabalho;
> - Seja gentil com as pessoas.

"É mais fácil pregar princípios do que viver de acordo com eles."
JOHNNY DE' CARLI

De manhã e à noite, junte as palmas das mãos em prece orando com o coração e entoe.

Tratamento do corpo e da alma, Usui Reiki Ryoho.

O fundador Mikao Usui".

Pergunta: *O que os membros da 'Usui Reiki Ryoho Gakkai' objetivam com os Cinco Princípios do Reiki?*

Resposta: A resposta está no manual *'Reiki Ryoho No Shiori'*: "Os Membros da Associação ao cumprirem os Cinco Princípios obtêm um avanço no aperfeiçoamento espiritual, tornando eficaz essa energia Reiki inata, congênita. Além disso, manifestam admiravelmente o seu efeito porque realizam as melhorias da mente e do corpo, as suas e as dos outros. Então, buscam continuar a elevar e melhorar a eles mesmos acumulando treinamentos (experiências), tornando-se pessoas mais competentes, com maior capacidade espiritual a fim de serem capazes dessa realização assemelhando-se aos Deuses".

Pergunta: *Para os membros da 'Usui Reiki Ryoho Gakkai' é tarefa fácil viver de acordo com os Cinco Princípios?*

Resposta: Não, no manual *'Reiki Ryoho No Shiori'*, o *Sensei* Koshiro Fukuoka destaca: *"Não, para os membros cumprir os Cinco Princípios não é algo tão fácil de ser executado. Mesmo nas pequenas coisas é fácil gerar a raiva, a preocupação, a insatisfação, a negligência no trabalho e o conflito com as pessoas, por exemplo. Dizem que até são atitudes superficiais que ocorrem como às vezes imaginamos na nossa alma/mente, porém esses sentimentos são bastante difíceis de dissiparem-se, pois, muitas vezes, os pensamentos continuam a surgir".*

> "Para muitos Mestres de Reiki, falta agora apenas incorporar, em suas próprias vidas, os Cinco Princípios do Reiki que pregam."
> JOHNNY DE' CARLI

Pergunta: *Na sua ótica, qual é a importância dos Cinco Princípios do Reiki para a sociedade?*

Resposta: Nosso sistema público de saúde, na realidade, é um sistema de doença. Somente 10% dos recursos são destinados à prevenção e o restante a tratamentos, quando o correto seria educar as pessoas sobre como agir, comer e viver para manter a boa saúde. É mais fácil prevenir que remediar, assim, os Reikianos japoneses dão grande importância à prevenção. O *Sensei* Usui recomendava a observação diária dos Cinco Princípios a fim de evitar doenças e desequilíbrios energéticos.

Pergunta: *No Ocidente se observa distintas variações na maneira de grafar e ordenar os Princípios do Reiki. Como eles são ordenados e grafados pelos mestres de Reiki japoneses?*

Resposta: No memorial construído pela *'Usui Reiki Ryoho Gakkai'* lemos o seguinte:

"São eles:
1. Não se zangue por hoje;
2. Não se preocupe;
3. Seja grato;
4. Seja aplicado e honesto em seu trabalho;
5. Seja gentil com os outros".

Pergunta: *Como foi o seu primeiro contato com os Cinco Princípios do Reiki?*

Resposta: Quando conheci os Princípios do Reiki não os compreendi plenamente de imediato e também tive alguma dificuldade em aplicá-los no meu cotidiano. Não é fácil proceder de maneira tal que as palavras correspondam às obras e as obras às palavras. A sabedoria

"É preciso haver coerência entre o que se diz e o que se faz. O exemplo é sempre mais eficaz do que o preceito."
JOHNNY DE' CARLI

não consiste em saber falar dela, e sim em praticá-la, pois palavras não dizem muito, as atitudes dizem mais. Se você não pode agir de acordo com o que fala nem falar de acordo com o que está pensando não espere da vida boas recompensas.

Pergunta: *Quanto tempo um Reikiano leva para incorporar os Cinco Princípios do Reiki em sua vida?*

Resposta: A cada dia devemos nos envolver um pouco mais com os Princípios, de acordo com a evolução da nossa Consciência. Esse trabalho de transformação consciente nunca termina. Desse modo, procure ser uma pessoa em busca do aperfeiçoamento diário. A cada dia faça um pouco mais do que você possivelmente pensa que pode. Só você pode mudar, se for essa a sua escolha. A decisão é sua.

> *"Procure ser uma pessoa em busca do aperfeiçoamento diário."*
> Johnny De' Carli

Reiki, o Método que convida à Felicidade
....

Pergunta: *Prof. Johnny, o que buscam as pessoas em geral?*

Resposta: Sem dúvidas, a grande busca de todas as pessoas é a felicidade.

Pergunta: *Como geralmente se comportam as pessoas em busca da felicidade?*

Resposta: Com este objetivo nos envolvemos numa série de situações, como o rompimento de relacionamentos afetivos, mudanças de emprego, de casa, de cidade, de país etc. Entretanto, muitas vezes ainda continuamos com dificuldades em obter "essa tal felicidade" (Tim Maia). Apegamo-nos às coisas, pessoas, poder, status, mas nada disso garante essa sensação. Agimos tentando resolver um problema e deparamo-nos com outro ainda maior.

Pergunta: *Por que as pessoas têm tantas dificuldades em encontrar a felicidade?*

Resposta: Buscamos fora o que deveria ser buscado internamente. Toda a felicidade está no nosso âmago, mas muitos tentam transferir essa condição para o exterior, o que não nos liberta. Custamos a compreender a simplicidade da vida.

"Você só encontrará a felicidade exterior, se antes encontrá-la dentro de si próprio."
Johnny De' Carli

Pergunta: *O que se faz necessário para se encontrar a felicidade?*

Resposta: Precisamos, na maior parte das vezes, fazer mudanças profundas no modo de viver, aprender a andar com as próprias pernas, abrir os portais para nossa sabedoria interior. Precisamos esvaziar-nos interiormente de preconceitos, emoções e pensamentos para que assim nos tornemos disponíveis para uma nova realidade.

Pergunta: *Procede a informação de ser o Reiki um Caminho que nos conduz à felicidade?*

Resposta: Sim, no Japão, o Caminho percorrido pelo Iniciado é chamado de Reiki-Do (Do = Caminho).

Pergunta: *Existe algum documento oficial sobre o Reiki que comprove que o Sensei Mikao Usui afirmava que o Reiki é um Método que nos conduz à felicidade?*

Resposta: Sim, no manual denominado 'Reiki Ryoho Hikkei', que era entregue pelo *Sensei* Mikao Usui aos seus alunos, se encontra a única entrevista concedida diretamente por ele, onde consta:

Entrevistador: "*Por que ensinar o Método Reiki ao público?*"

Mikao Usui: "*Desde a Antiguidade, as técnicas secretas são transmitidas somente para os descendentes de seus descobridores como se fossem um tesouro da família. Acredito que a prática de manter técnicas em segredo é hábito do passado. Não poderei admitir tal comportamento no mundo moderno, no qual a* **FELICIDADE** *e o progresso social são fundamentados na coexistência da humanidade. Nossa técnica terapêutica Reiki é desconhecida e não há similar no mundo. Seu uso objetiva a liberação para o conhecimento do público a fim de que todos recebam seus benefícios, obtendo bem-estar oferecido pelo Céu. Nossa técnica terapêutica Reiki é original, baseada na capacidade do Espírito*

> *"De nada adianta buscarmos a felicidade externamente, se não a semearmos internamente."*
> Johnny De' Carli

(Rei) do Universo que fortalece as pessoas e promove moderação de ideias e prazer de viver. Nossa técnica será aberta e transmitida para o público com o objetivo de salvar as pessoas de disfunções na saúde e angústias do mundo atual, onde há necessidade de melhorias e reformulações" (o grifo é nosso).

Noutra passagem, disse o *Sensei* Usui:

Entrevistador: *"O que é 'Usui Reiki Ryoho' (técnica terapêutica Reiki Usui)?"*

Mikao Usui: *"A técnica tem por objetivo, primeiramente, a saúde da mente e, secundariamente, a saúde física. Fortalece a mente e o físico. Serve também para direcionar um Caminho correto de vida observando as palavras deixadas pelo Imperador Meiji (Cinco Princípios). Se a mente estiver no caminho correto e saudável o corpo físico será fortalecido naturalmente. Sendo assim, será missão da "Usui Reiki Ryoho' completar física e psicologicamente uma vida com paz e prazer ajudando no tratamento de problemas de saúde de outros e promovendo, assim, a* **FELICIDADE** *de si próprio e de terceiros"* (o grifo é nosso).

Numa terceira passagem, disse também:

Entrevistador: *"A 'Usui Reiki Ryoho' (técnica terapêutica Reiki Usui) trata somente problemas de saúde?"*

Mikao Usui: *"Não somente problemas de saúde. Pode também corrigir maus hábitos tais como angústias, debilidades, timidez, indecisões e nervosismo. Com a energia do Método Reiki o coração se torna semelhante a Deus ou Buda, trazendo* **FELICIDADE** *para si mesmo e para terceiros"* (o grifo é nosso).

"Somente sendo feliz é que você pode tornar as pessoas felizes."
Johnny De' Carli

Pergunta: *A 'Usui Reiki Ryoho Gakkai' fez alguma menção oficial sobre o Reiki ser um Método que nos conduza à felicidade?*

Resposta: Sim, pode-se encontrar essa informação no seguinte trecho do memorial construído pela *'Usui Reiki Ryoho Gakkai'* onde o presidente *Sensei* Juzaburo Ushida escreveu o seguinte: *"... Shoufuku no hihoo (O método desconhecido que convida à FELICIDADE)..."* (o grifo é nosso).

Pergunta: *O senhor poderia nos falar algo sobre a felicidade?*

Resposta: Viver só para si é destruir-se; viver pelo amor ao próximo é crescer divinamente. A maior parte de nossa felicidade consiste no que damos aos que necessitam. Ela é o subproduto de fazer o próximo feliz, ou seja, ser feliz é contribuir para a felicidade dos outros.

> *"Todo lugar é um bom lugar para ser feliz.*
> *Estando bem consigo mesmo, você se sentirá sempre em paz."*
> JOHNNY DE' CARLI

Kyo dake wa – "Só por hoje"
· · · · · · · · · · · ·

Pergunta: *Prof. Johnny, a 'Usui Reiki Ryoho Gakkai' fez alguma menção ao preceito "Só por hoje"?*

Resposta: Sim, no manual *'Reiki Ryoho No Shiori'*, o *Sensei* Koshiro Fukuoka escreveu o seguinte: *"As pessoas fazem muitos comentários a respeito do passado; escuta-se facilmente: 'eu deveria ter feito aquilo', 'eu deveria ter feito assim', 'naquela vez deu certo', 'naquela ocasião não tive êxito', queixando-se e relembrando as memórias. Tanto os seres humanos quanto tudo que existe no Universo continuam a avançar em direção ao futuro. Não importa o quanto relutem, ressintam ou sintam saudade o passado não voltará. Prega que Universo e natureza estão em constante mutação. Mas mesmo confiando um futuro sonho ao dia de amanhã nós, pessoas normais, absolutamente não temos como estar no amanhã. Como também não podemos reproduzir o passado; é apenas o hoje que está vivo para nós. O amanhã, daqui a uma semana, daqui a um mês, daqui a um ano, uma vida inteira, é apenas uma continuação do hoje. O resultado de hoje refletirá no amanhã. Então, obedientemente enquanto fazemos uma modesta reflexão vamos criando e desenvolvendo sempre o novo. É um ensinamento que diz para vivermos cuidadosamente o dia e o momento do agora".*

Pergunta: *Com as suas palavras, poderia explicar sobre a importância dos Princípios do Reiki serem precedidos pelo preceito "Só por hoje" (Kyo dake wa)?*

"Tudo o que você tem de fato é o dia de hoje e, talvez, a próxima semana. Mas, o dia de hoje, com certeza."
JOHNNY DE' CARLI

Resposta: O momento atual que chamamos de presente é um presente. O hoje é o maior presente que Deus nos deu e é tudo o que temos, por isso não nos esqueçamos de vivê-lo. Deveríamos começar cada manhã como se fosse o dia mais importante de nossa vida; viver cada dia como se fosse o último. Mantendo-nos no presente, no hoje, evitamos os conflitos, as psicoses e neuroses eliminando as tensões e os conflitos internos. O hoje é uma coleção de momentos. A verdade sempre está no meio: nem passado, nem futuro. Só o presente, o agora, o hoje de todos os momentos e de todos os dias pode criar a eterna felicidade. A felicidade só se sente no presente, no eterno momento de cada aqui e de cada agora.

Pergunta: *O que acontece se uma pessoa não foca a sua energia no momento presente?*

Resposta: Há pessoas que em lugar de viverem intensamente o momento presente prendem-se ao passado ou projetam-se no futuro. Vivem como um pêndulo em movimento do passado para o futuro sem nunca conseguirem parar no ponto zero, que é o nosso presente. A lembrança do passado rouba-nos metade do presente, e a preocupação com o futuro, a outra metade. Todas as pessoas têm, nesse sentido, dois inimigos: o passado e o futuro. O perdedor raramente vive no presente, pois ele destrói o presente ocupando a mente com memórias do passado ou expectativas quanto ao futuro.

Pergunta: *Qual é a sua mensagem para os seus alunos e leitores com relação a esse tema?*

Resposta: Não devemos deixar que a vida escorra entre os dedos vivendo no passado ou no futuro: duas ilusões (uma morta, outra inexistente) em que o principal tempo de suas vidas se perde. Não é difícil ver pessoas

> *"O verdadeiro futuro é hoje.*
> *O hoje é a unidade produtiva de nossas vidas."*
> Johnny De' Carli

reclamando que a vida é curta, mas agindo como se tivessem à sua disposição um estoque inesgotável de tempo. O tempo não espera ninguém! Esperamos demais para fazer o que precisa ser feito num mundo que só dá um dia de cada vez, sem nenhuma garantia do amanhã.

Pergunta: *O passado de uma pessoa não é importante?*

Resposta: Sim, o passado foi importante para que chegássemos até aqui! Cada pessoa que passou por nossa vida assim como as experiências que a vida nos trouxe foram importantes para o nosso crescimento.

Pergunta: *O que nos diz sobre a saudade?*

Resposta: Para muitos é difícil não sentir saudade, o que também é viver no passado. Porém, tentar voltar ao passado é um gasto desnecessário de energia.

Pergunta: *Qual é a sua mensagem para os seus alunos e leitores com relação ao passado?*

Resposta: Não podemos dar chance ao passado para se perpetuar, senão não teremos futuro. Devemos deixar o passado no passado, não devemos reclamar dele. Não lamente o dia de ontem. Ele está no passado e isso nunca mudará, pois nem Deus pode mudar o passado. Não adianta chorar o leite derramado. Devemos, sim, conscientizar-nos dos erros e aprender a carregar a caneca. Por isso, pondere bastante ao se decidir, pois é você quem vai carregar, sozinho e sempre, o peso das escolhas que fizer. O importante é saber que você sempre tem escolha. Sempre é tempo de recomeçar. Desapegue-se do passado e vibre no presente.

Pergunta: *A lembrança das injúrias geralmente dura mais que a dos benefícios. O que fazer nesses casos?*

"Muitas pessoas multiplicam seus males porque vivem lamentando o passado e preocupando-se com o futuro, em vez de viver o presente."
Johnny De' Carli

Resposta: As frustrações e mágoas do passado só nos desarmonizam. Não é raro ver pessoas gastando muito mais tempo falando de seus inimigos do que elogiando os amigos. Só temos sucesso na vida quando perdoamos os erros e as decepções do passado, pois se você não perdoar permitirá que essas mágoas continuem a dominar seu coração. O Reiki é amor. O amor, e não o tempo, cura todas as feridas. Perdoar é um ato de amor e sempre foi uma boa solução. Não basta perdoar as ofensas, é necessário esquecê-las. Quando você perdoa não apenas faz sair um grande peso de seus ombros, mas também abre a porta para o amor por você mesmo. O fraco jamais perdoa, o perdão é característica do forte.

Pergunta: *O que ocorre quando focamos a nossa energia no futuro?*

Resposta: A maioria das pessoas se preocupa tanto com o futuro que não desfruta o presente. O futuro não existe, pois quando chegar será presente. Quando focamos nossa atenção no amanhã desligamo-nos do momento presente entrando em estado de ansiedade e preocupação, um dos aspectos mais perturbadores do ser humano.

Pergunta: *Qual é a sua mensagem para os seus alunos e leitores com relação ao futuro?*

Resposta: A melhor maneira de nos programarmos para o futuro é a de concentrarmos toda a nossa imaginação e entusiasmo na execução perfeita do trabalho de hoje, conforme nos ensinam os Princípios do Reiki. Jesus também pregava que deixássemos o amanhã cuidar de si e que vivêssemos o hoje ao máximo. Disse Ele: *"Portanto, não vos inquieteis com o dia de amanhã, pois o amanhã trará os seus cuidados; basta ao dia o seu próprio mal"* (Mateus 6, 34). Se quisermos ser felizes amanhã tentemos hoje mesmo. O bem que fizermos hoje será nossa alegria

> *"O verdadeiro futuro é hoje.*
> *O hoje é a unidade produtiva de nossas vidas."*
> Johnny De' Carli

amanhã. Cuide do presente para ter um futuro melhor. Existe um ditado budista que diz: *"Se você quer saber como foi seu passado, olhe para quem você é hoje. Se quer saber como vai ser seu futuro, olhe para o que está fazendo agora"*. O que fazemos hoje está inseparavelmente relacionado com o que acontecerá amanhã. Podemos influenciar o futuro pelo modo como lidamos com o que está acontecendo agora. As sementes do amanhã são plantadas hoje. Reikiano, não se apresse! Se vivermos um dia de cada vez viveremos melhor todos os dias de nossas vidas. Os Princípios do Reiki nos ensinam a viver plenamente cada um de todos os momentos de todos os dias.

"Viva este momento; desde sempre, só existe o momento presente. O agora é a unidade produtiva da sua vida."
Johnny De' Carli

Okoru-na – "Não se zangue"
· · · · · · · · · · · ·

Pergunta: *Prof. Johnny, poderia nos falar algo sobre o Princípio do Reiki "Não se zangue" (Okoru-na)?*

Resposta: Sim, esse Princípio fala sobre a raiva. A energia é a essência da vida. Nossos pensamentos e emoções são energias, têm forma e ocupam lugar no espaço. As emoções existem. A raiva é uma emoção de emergência, e está entre nós há muitas gerações. Também teve a sua importância em épocas primordiais (Pré-história) para garantir a sobrevivência da espécie humana.

Pergunta: *Por que é tão importante não sentir raiva?*

Resposta: Uma pessoa enraivecida está cheia de um poderoso "veneno" criado por ela mesma. Se não encontrar onde "derramá-lo" irá fazê-lo dentro de si mesma.

Pergunta: *O que faz com que uma pessoa sinta raiva?*

Resposta: Sentimos raiva quando alguém contraria nossas necessidades e desejos, surge do nosso instinto de sobrevivência. É difícil não a ativar quando somos "atacados".

Pergunta: *Prof. Johnny, a 'Usui Reiki Ryoho Gakkai' fez alguma menção oficial sobre o Princípio 'Não se zangue"?*

Resposta: Sim, no manual *'Reiki Ryoho No Shiori'* o *Sensei* Koshiro Fukuoka, membro da *'Usui Reiki Ryoho Gakkai'*, escreveu o seguinte:

> "Raiva é loucura transitória.
> Se não a controlamos, somos controlados por ela."
> JOHNNY DE' CARLI

"A raiva não só causa desconforto para terceiros como causa danos a nós mesmos. Isso foi comprovado pelas experiências do Dr. Elmer Gates, psicólogo norte-americano".

Pergunta: *Como foram feitas essas experiências pelo Dr. Elmer Gates?*

Resposta: No manual podemos ler: *"Um tubo foi preenchido com ar em forma líquida (-147°C) e dentro do tubo foi exalado um sopro (sopro sem nenhum pensamento/nenhuma intenção). Esse sopro, após a refrigeração, congelou formando cristais incolores e transparentes (é um fenômeno semelhante quando respiramos profundamente e o sopro sai branco numa manhã de inverno, só pelo fato de sairmos do recinto). Aplicando esse princípio, segue a tabela onde sopros com diferentes tipos de emoções e sentimentos foram colocados dentro do tubo".*

Emoções diversas	Cor do cristal	Resultado da aplicação (experiência em animais)
1. Sentimento de raiva	Vermelha	A solução foi injetada em cobaias saudáveis, em que 64 morreram. Injetada em 5 feras/animais selvagens morreram em 5 minutos.
2. Maldição, sentimento de ódio	Castanho	
3. Sentimento de arrependimento, pesar	Rosa	Injetada em cobaias, apresentaram tiques (nervosos), problemas motores.
4. Coração sem esperança	Cinza	Injetada em cobaias, apresentaram neuropatia (problemas no sistema nervoso).
5. Coração saudável, com vigor	Verde	Quando injetada em cobaias que estavam quase mortas, todas as 64 foram reanimadas.
6. Sentimento de frescor, ânimo	Azul	
7. Sentimento com reverência, respeito	Violeta	

"Toda vez que se está inquieto, ansioso ou raivoso, devemos parar de agir ou de falar, porque falar ou fazer coisas nesse momento pode ser muito destrutivo."

Johnny De' Carli

Pergunta: *Que conclusão os membros da 'Usui Reiki Ryoho Gakkai' tiraram a partir das experiências do Dr. Elmer Gates?*

Resposta: No referido manual lemos: *"Como apresentado nos dados experimentais, a raiva deve ser temida e abstida. Afinal, a irritabilidade é uma perda da paciência. A raiva que surge dos danos recebidos dos outros quando somada com os gerados por ela própria, torna-se duas vezes mais tóxica. Porém, os pais com relação ao filho, os professores para com o aluno devem dar a repreensão com afeto e deve ser com forte encorajamento. Se o sentimento for de raiva, sem dúvida, não será uma repreensão com afeto. Ocorrerá um resultado contrário criando uma parede de ruptura, algo irreconciliável. Nós somos os senhores da criação, além disso, temos capacidade espiritual e não devemos ter raiva. O sentimento de raiva pode ser reduzido admiravelmente com o poder espiritual. Se conseguirmos controlar, de fato, poderemos ter uma vida tranquila, de paz. A pessoa que deseja uma longevidade saudável deve evitar prudentemente e dentro do possível a raiva".*

Pergunta: *Por que muitos passam mal quando se alimentam num momento com raiva?*

Resposta: As emanações de amor saem do nosso corpo como nuvens coloridas e alegres; as da raiva saem como raios negros que atingem tudo, contaminando os ambientes e qualquer um que entre no recinto ou coma algum alimento ali contaminado. Esteja consciente dessas interações: a raiva contagia. Não devemos nos alimentar nessas ocasiões. Um pedaço de pão comido em paz é melhor do que um banquete comido com raiva.

> *"Nossa fadiga é frequentemente causada não pelo trabalho, mas, sim, pela preocupação e pela raiva."*
> Johnny De' Carli

Pergunta: *Que danos a raiva pode ocasionar a nível do corpo físico?*

Resposta: A raiva é uma fonte de destruição que se acumula em nossas células. Num rápido exemplo, as glândulas suprarrenais, por causa de sobrecarga emocional da raiva, irritação e nervosismo produzem maior quantidade de adrenalina. Esta, por sua vez, diminui o diâmetro interno dos vasos sanguíneos fazendo com que o coração tenha que trabalhar mais para bombear o sangue necessário. O aumento da frequência cardíaca aumenta a pressão arterial. Para atender ao aumento de atividade do coração, o fígado libera glicose aumentando a taxa glicêmica. Para enfrentar essa hiperglicemia, o pâncreas se vê obrigado a liberar maior quantidade de insulina no sangue (à exceção dos diabéticos, que apresentam deficiências na produção de insulina). A insulina estimula a metabolização da glicose pelas células do corpo até atingir níveis abaixo dos padrões normais, ocasionando a hipoglicemia (baixo nível de glicose no sangue) cujos sintomas são: cansaço, desânimo, transpiração, etc. Assim, um ataque de raiva gera no corpo físico o efeito semelhante a oito horas de trabalho regular. Se nos sintonizarmos com os Cinco Princípios e evitando a raiva não sobrecarregaremos o nosso organismo com a produção excessiva de adrenalina. A pressão arterial mantém-se mais equilibrada, o fígado não é tão exigido, ou seja, minimizamos o encadeamento de reações orgânicas prejudiciais à saúde, tão comum nos dias de hoje, especialmente no caso de habitantes de grandes cidades.

Pergunta: *O que a raiva pode gerar a nível emocional?*

Resposta: Ninguém pode ser feliz quando tomado pela raiva, pois são emoções antagônicas, opostas e inversamente proporcionais. A raiva gera infelicidade e é capaz de levar às aflições físicas e emocionais. A ambição e o medo são sementes da raiva e esta, por sua vez, é a semente do ódio.

"Sempre deixe a cabeça esfriar antes de falar."
Johnny De' Carli

Pergunta: *O que a raiva pode gerar a nível mental?*

Resposta: Quanto mais raiva, menos paz. A paz é a saúde da mente.

Pergunta: *O que a raiva pode gerar a nível espiritual?*

Resposta: A raiva é uma emoção totalmente desnecessária ao processo de evolução de nossa Consciência. Só serve para limitar nossa Consciência e percepção. É um estado negativo de espírito que produz formas-pensamento enfermiças.

Pergunta: *Que danos a raiva pode gerar à sociedade?*

Resposta: A raiva machuca os outros e a si mesmo. Uma ofensa verbal pode ser tão daninha quanto uma ofensa física. Ela ofusca o entendimento e cega a razão. Você pode fazer coisas das quais se arrependerá pela vida inteira. Aquele que aplica um castigo estando com raiva não corrige, vinga-se.

Pergunta: *Como a Meditação Gassho do Reiki pode nos ajudar a evitar a raiva?*

Resposta: A raiva não tem nada a ver com os eventos, é apenas a reação das pessoas a eles, logo, tudo depende de como reagimos. Você não pode mudar um evento exterior, mas pode transformar a experiência interior. Somente se enraivece quem não sabe usar a razão. Podemos atenuar nossas reações experimentando-as de um modo mais tranquilo. Não fique dizendo que você não está em paz porque os outros não deixam você em paz. A paz é um estado interior, ou seja, ninguém é culpado por nossas emoções ou por nossa raiva. A Meditação *Gassho* nos coloca em paz e faz com que reajamos positivamente aos eventos desagradáveis.

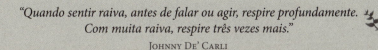

"Quando sentir raiva, antes de falar ou agir, respire profundamente. Com muita raiva, respire três vezes mais."
JOHNNY DE' CARLI

Pergunta: *Que conselho daria às pessoas que sentem raiva frequentemente?*

Resposta: É preciso apenas usar o raciocínio de maneira a canalizar a raiva para uma manifestação apropriada. Maomé dizia: *"A pessoa mais forte é aquela que sabe dominar-se na hora da cólera"*. Quando estamos zangados não podemos simplesmente desligar a raiva. O importante não é reprimir as emoções, mas dominá-las, porque a raiva constantemente reprimida se transforma em ódio. Emoções como essas precisam ter expressão física, caso contrário retêm a energia tão fortemente que formam uma armadura de músculos tensionados. Daí a importância da meditação, da atividade física, do Método Reiki, da massoterapia, do relaxamento, etc. Muitas vezes, no momento em que estivermos com raiva se procurarmos gritar à vontade ou esmurrar almofadas de areia, por exemplo, poderemos liberar essa energia de forma que não nos cause danos. É sábio sair de perto do que ou de quem nos atingiu até recuperarmos a calma, não reagindo impulsivamente. O ideal é sair e dar uma volta a fim de eliminar essas energias. É melhor ficarmos em silêncio e em segurança, pois o silêncio nunca nos trai. Sabermos aguardar e esperarmos o momento certo é uma receita quase sempre esquecida, mas de grande sabedoria.

"A nossa energia vai para onde está a nossa atenção. Devemos focar a energia nos objetivos, na vida e nunca nos problemas e dificuldades que surgem no nosso Caminho."
Johnny De' Carli

Shinpai suna – "Não se preocupe"
. . . .

Pergunta: *Prof. Johnny, a 'Usui Reiki Ryoho Gakkai' fez alguma menção oficial sobre o Princípio 'Não se preocupe'?*

Resposta: Sim, no manual *'Reiki Ryoho No Shiori'*, o *Sensei* Koshiro Fukuoka escreveu o seguinte: *"O homem é um animal emotivo e, instantaneamente, manifestam-se várias emoções. Em especial, quando surge algo que o preocupa o coração contrai, há uma baixa na atividade física, diminui a vitalidade de cada uma das células do corpo, não consegue fazer direito o seu trabalho, elimina urina com sangue, ficando predisposto às doenças. Além disso, é demasiado o medo de doenças. Enquanto estiver preocupado mais do que o necessário não tem como ter expectativa na saúde. Este 'NÃO SE PREOCUPE' refere-se a preocupações desnecessárias, ou seja, são várias aflições e tormentas que amarram o passado, o presente e o futuro. Na Associação, chamam de 'consideração' o planejamento de negócios, o planejamento de vida e o refletir sobre benefícios. E, em especial, a preocupação com o foco na doença é o mais prejudicial. Inicialmente, nós humanos existimos graças à bênção da Mãe Natureza, porém, mesmo com a nossa própria vontade não estamos livres da vida e da morte. É importante nos esforçarmos, e muito, para vivermos sempre com uma boa saúde. Somos de carne e osso. E ainda que, mesmo doentes, pensemos: 'de qualquer maneira, eu desejo ser salvo, eu desejo me curar rapidamente', 'de qualquer maneira, eu quero poder ajudar, eu quero poder curar rapidamente'. Mesmo tendo a nossa própria vontade, há vezes que não podemos fazer nada.*

> *"Dê o primeiro passo para a felicidade, troque suas preocupações por ocupações."*
> Johnny De' Carli

O destino da pessoa não pode ser modificado através da inteligência humana, não se pode fazer nada. Afinal, não há outro caminho, faça o melhor possível e depois espere pelo destino'. Quando você reflete nisso é um desperdício pensar na preocupação, no medo. Não há outra forma além do autocontrole. Enquanto estiver com medo da doença e ficar preocupado isso nunca vai melhorar. O medo tem o poder de chamar e a preocupação tem o poder de atrair. Se você chamar, com certeza, virá. Digamos que é sábio esforçar-se para não se preocupar. Preocupar-se sem nada ter acontecido é considerado como ansiedade, medo irracional sem motivo ou causa. No mundo, existem muitas pessoas que se preocupam desnecessariamente. A preocupação praticamente quebra a paz de espírito e engana o raciocínio sereno porque nos faz faltar esperteza, faz com que a cabeça não seja capaz de compreender uma coisa boa e inibe a coragem de realizar. Portanto, o ser humano, pelo próprio aperfeiçoamento espiritual, necessita de muito esforço para evitar a preocupação. Isso foi comprovado pelas experiências do Dr. Bettenkauhel".

Pergunta: *Como foram feitas essas experiências pelo Dr. Bettenkauhel?*

Resposta: No mesmo manual podemos ler: *"O Dr. Bettenkauhel, da Alemanha, grande cientista que estudou sobre microrganismos junto com seu assistente Emmich, com base nos vários resultados dos experimentos de pesquisas afirmou que a causa da doença tem a ver com as condições internas ou, por assim dizer, a maior parte da doença depende do estado psicológico. Exatamente nessa época, o bacteriologista alemão Dr. Koch descobriu a bactéria da cólera, provocando uma sensação no mundo da medicina. O Dr. Bettenkauhel, para provar a sua opinião e contrapor com outra teoria, bebeu a solução que continha a cultura de bactéria da cólera. As pessoas ao redor ficaram surpresas 'por mais que diga que a sua teoria não será distorcida, beber a bactéria da cólera é*

"As cargas mais pesadas nessa vida são as cargas emocionais; as feridas do passado, as preocupações sobre o futuro, iluminar a mente é libertá-la dessa carga."
Johnny De' Carli

algo imprudente'. Mas após o ocorrido ele não teve nenhuma alteração e não contraiu a doença, ou seja, a cólera. Por outro lado, seu assistente Emmich bebeu a bactéria da cólera no mesmo momento e, diferentemente do Dr. Bettenkauhel, bebeu com medo, vindo a ficar com cólera. A partir da diferença das crenças do Dr. Bettenkauhel e do assistente o resultado saiu diferente".

Pergunta: *Poderia nos falar algo sobre o Princípio do Reiki "Não se preocupe" (Shinpai suna)?*

Resposta: O prefixo "pré" significa anterioridade. Assim, preocupar-se é ocupar-se antes, é criar um raciocínio por meio de pensamentos dedutivos e suposições, ou seja, sofrer por antecipação. Preocupando-nos sofremos em vão se o problema não surge, ou sofremos duplamente quando ele acontece. Preocupar-se antes do tempo é ocupar-se duas vezes. É inútil.

Pergunta: *O que faz uma pessoa sentir preocupação?*

Resposta: Todo pensamento é energia, é alimento, é criativo. A preocupação surge de nossas perguntas acerca do futuro.

Pergunta: *O que a preocupação pode gerar a nível físico?*

Resposta: Ela produz reações bioquímicas que nos consomem. A excessiva preocupação com a vida e com a saúde cria a doença. Preocupação em excesso se transforma em medo, o medo em tristeza, e a tristeza em veneno para o nosso corpo. Nossa saúde melhora quase que imediatamente quando nossa preocupação acaba.

Pergunta: *O que a preocupação pode gerar a nível emocional?*

Resposta: Assim como a raiva bloqueia o chacra básico, a preocupação obstrui o chacra do plexo solar e o chacra do umbigo (ligado ao corpo emocional), responsável pela nossa alegria de viver.

> *"As doenças, em sua maioria, são as consequências das descargas energéticas das emoções inferiores pessoais."*
> Johnny De' Carli

Pergunta: *O que a preocupação pode ocasionar a nível mental?*

Resposta: A preocupação é uma das piores formas de atividade mental. É uma energia mental desperdiçada que nos deixa ansiosos de dia e tensos à noite.

Pergunta: *O que a preocupação pode ocasionar a nível espiritual?*

Resposta: Preocupar-se é estar inseguro na vida; é não confiar que todas as coisas acontecem de acordo com um propósito divino e universal. É uma atividade mental que não compreende nossa conexão com Deus. O ser humano é o que acredita ser: o que você teme, você cria. Você será perseguido pelo que mais teme, atrairá isso porque o medo atrai como um imã e é também o pior dos conselheiros.

Pergunta: *Que danos a preocupação pode gerar à sociedade?*

Resposta: A criança nasce feliz porque nasce sem preocupações, o adulto perde a felicidade quando as adquire. Há muita gente que passa tanto tempo se preocupando com a vida e com a saúde que não tem tempo de desfrutá-la. A preocupação com a imagem que vendemos de nós mesmos vem de nosso ego, que nos empobrece porque precisa sempre de alimento, pois ele é passageiro. Ele detesta duas coisas: ser contrariado e ser criticado. Um grande ego é sempre candidato a um grande sofrimento. Por trás de toda vítima há sempre um ego ferido, e sua dor é muito pior do que a dor física. O ego nos faz sofrer porque ele é pequeno e limitado. Morremos, sofremos e lutamos pelo ego e, depois, reclamamos da falta de felicidade. Enquanto houver ego, haverá violência entre as pessoas.

"A doença geralmente não existe, existem pessoas doentes."
JOHNNY DE' CARLI

Pergunta: *Que conselho poderia dar às pessoas que sentem preocupações frequentemente?*

Resposta: Selecione seus pensamentos, pois sua mente não é uma lixeira. Não devemos sobrecarregar nossos dias com preocupações desnecessárias. Tente não interferir na cronometragem universal da vida. Não pense que se preocupar com o futuro lhe dará melhores condições de vivê-lo. Espere o melhor da vida e quando acontecer algo negativo apenas aceite como uma lição. De alguma maneira, contribuímos para criar aquela situação para aprendermos algo. Ocupe-se com o momento presente para não se preocupar. Para ser feliz, nada melhor do que trocar as preocupações por ocupações e preparar o futuro sem questioná-lo. O futuro cabe a Deus, por que querer desvendá-lo? Para que nos preocuparmos com o passado ou interrogarmos o futuro se o presente está cheio de oportunidades que reclamam a nossa atenção? Viva o hoje. O tolo deseja saber tudo sobre o futuro, o sábio deseja apenas saber como ser feliz hoje para continuar a ser feliz amanhã. O tolo se preocupa, o inteligente se ocupa, o sábio apenas sorri. O mundo é um espelho: se sorrimos para ele, ele sorrirá para nós. Rir é um grande remédio e não custa nada. Você tem direito à sua felicidade, viva-a.

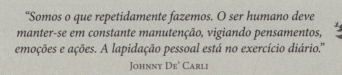

"Somos o que repetidamente fazemos. O ser humano deve manter-se em constante manutenção, vigiando pensamentos, emoções e ações. A lapidação pessoal está no exercício diário."
Johnny De' Carli

Kansha shite – "Seja grato"
....

Pergunta: *Prof. Johnny, a 'Usui Reiki Ryoho Gakkai' fez alguma menção oficial sobre o Princípio do Reiki 'Seja grato' (Kansha shite)?*

Resposta: Sim, no manual *'Reiki Ryoho No Shiori'*, o *Sensei* Koshiro Fukuoka escreveu o seguinte: "Aquele que possui o sentimento de gratidão por todas as coisas é uma pessoa feliz. Quem não possui esse sentimento entende-se que não consegue uma vida próspera, alegre. Isso é uma pena! Percebe-se que muitos pensam que a 'gratidão' é um termo usado quando alguém faz um favor ou quando recebem algo das pessoas. Claro, com certeza, nesses casos, mostra-se o sentimento da gratidão; porém, temporariamente, vamos pensar o seguinte: 'se não recebermos um favor, se não recebermos alguma coisa, não seremos gratos?' O 'Seja grato' pregado pela Associação não seria a gratidão de troca de bens e outros, mas sim um sentimento de gratidão para com a Mãe Natureza, para com todas as coisas do Universo. Como mencionado anteriormente, o ser humano é o senhor da criação e, pelo modo como está o seu aperfeiçoamento espiritual, pode tornar-se uma pessoa que esteja em nível tão elevado como Deus e Buda. Com isso, deve despertar o sentimento de gratidão. Não se pode deixar de agradecer do fundo do coração por uma vida abençoada com saúde e conforto. Ser grato também a todas as plantas, árvores, rios, montanhas, animais e à natureza. Nós estamos vivos sob a bênção do Universo. Portanto, devemos dar suporte uns aos outros, aperfeiçoarmo-nos espiritualmente senão a vida não irá

"Decida-se a ser saudável; acorde toda manhã com gratidão e não permita qualquer pensamento de doença. Nunca!"
Johnny De' Carli

realizar-se plenamente nesta sociedade. Até mesmo os ricos ou pessoas que pensam no status elevado só poderão realizar-se na vida se houver auxílio dos outros. Devemos ser gratos por essa ajuda mútua. A 'Usui Reiki Ryoho Gakkai' também, em seus ensinamentos, faz uso de uma velha canção que prega a gratidão pela comparação".

Pergunta: *O que diz essa velha canção?*

Resposta: *'Kyo Mo Mata Hoki Toru Teno Ureshishayo Hakanakunarishi Hitoni Kurabete'*, cuja tradução é: "Hoje também a alegria da mão pegar a vassoura em comparação aos que não mais varrem".

Pergunta: *A 'Usui Reiki Ryoho Gakkai' faz uso de exemplos das religiões que também pregam a gratidão em seus ensinamentos?*

Resposta: Sim, do Budismo e do Cristianismo.

Pergunta: *Qual é o ensinamento do Budismo?*

Resposta: No manual *'Reiki Ryoho No Shiori'* podemos ler: *"No Budismo ensinam-se as 4 valorizações: gratidão ao país; gratidão aos pais (antepassados); gratidão aos mestres e amigos; e gratidão à sociedade".*

Pergunta: *Qual é o ensinamento do Cristianismo?*

Resposta: No Cristianismo, ensina-se:

- a graça pela luz do raio do sol;
- a graça pela água regida pela lua;
- a graça pela generosidade da Mãe Terra.

> *"Tudo que você precisa lhe é dado. Ironicamente, quando você abre mão do que não tem e agradece verdadeiramente pelo que tem, começa a receber muito mais."*
>
> JOHNNY DE' CARLI

Pergunta: *A 'Usui Reiki Ryoho Gakkai' também prega a gratidão à Mãe Natureza em seus ensinamentos?*

Resposta: Sim, escreveram que: *"Quando os seres humanos que estão sobrevivendo agradecem à força da Mãe Natureza e a todas as coisas que estão à sua volta, verifica-se aí um passo ao reconhecimento e ao exercício de expressar a gratidão, aumentando a autoestima. Quanto mais aprofundados nesse sentimento de gratidão mais paz haverá na nação, na sociedade e no mundo, mais felicidade e prosperidade no lar. Ao mesmo tempo, obtém-se o seu próprio desenvolvimento ilimitado. Os seres humanos são sempre abençoados pela Mãe Natureza. Deve-se tentar ter sempre um sentimento de gratidão!"*

Pergunta: *Poderia nos falar algo sobre o Princípio do Reiki "Seja Grato" (Kansha shite)?*

Resposta: Gratidão é um sentimento de reconhecimento por uma ação ou benefício recebido, é uma espécie de dívida, significa que a energia recebida deve ser devolvida.

Pergunta: *Fala-se que o Princípio do Reiki "Seja Grato" (Kansha shite) é um dos mais difíceis de incorporar em nosso cotidiano. Poderia falar sobre isso?*

Resposta: Sim. Palavras de gratidão são doces de escutar e difíceis de pronunciar. São como joias raras que não estamos acostumados a usar. Daí ser este, provavelmente, o Princípio mais difícil de seguir. Ser grato por tudo que a vida nos oferece é certamente uma tarefa bastante difícil. Muitas pessoas acham que têm muito pouco ou nada para agradecer. Encaramos como óbvias muitas coisas que, na verdade, são presentes: a vida, o planeta, o sol que brilha e nos aquece, o ar que respiramos, os animais, as plantas que nos alimentam. Precisamos estar cientes das incontáveis dádivas que o Criador nos concedeu. Infelizmente, o ser

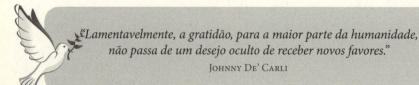

"Lamentavelmente, a gratidão, para a maior parte da humanidade, não passa de um desejo oculto de receber novos favores."
Johnny De' Carli

humano só dá valor às coisas depois que as perde, como afirma o dito popular: *"Enquanto o poço não seca, não conhecemos o valor da água"*.

Pergunta: *Como nasce a gratidão?*

Resposta: O significado das coisas não está nas coisas em si, mas na nossa atitude em relação a elas.

Pergunta: *Fala-se que a gratidão repercute positivamente a nível material. Poderia nos explicar melhor?*

Resposta: Sim, a gratidão nos coloca em sintonia com o princípio da abundância: viver em estado de gratidão é viver em abundância, que é nossa condição natural. É o primeiro passo para tornar a vida um campo de colheitas abundantes. Quando nos colocamos permanentemente em atitude de gratidão sentindo-nos gratos não apenas pelo que recebemos, mas pelo que somos, sabemos e começamos a atrair magneticamente a abundância, assim nada mais nos faltará.

Pergunta: *Fala-se que quando oramos com sentimento de gratidão a oração se torna muito mais potente. Poderia nos explicar melhor?*

Resposta: Sim, quando agradecemos antecipadamente ao Criador aquilo que desejamos reconhecemos a existência do objeto desejado e que isto está lá realmente. Por esta razão, a oração correta nunca deve ser de súplica, mas sim de gratidão. A postura correta não é de suplicar, mas de agradecer. Não devemos pedir nada em nossas preces porque não sabemos o que nos é útil e só Deus conhece as nossas necessidades. Devemos ter confiança: Deus nos ama mais do que amamos a Ele. Orar não é pedir, é a respiração da alma. A gratidão é a mais bela flor que brota da alma. Limpamos nossa mente e criamos à nossa volta uma egrégora de luz por meio do perdão e do agradecimento.

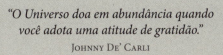

"O Universo doa em abundância quando você adota uma atitude de gratidão."
Johnny De' Carli

Pergunta: *Por que se recomenda que devemos agradecer até aos nossos "críticos"?*

Resposta: Não há dúvida de que é muito melhor ser perseguido do que ser perseguidor. Agradeça até aos seus inimigos, aos que te criticam, pois essas críticas são de grande utilidade. Muitas vezes, elas mostram verdades e defeitos nossos, conscientizando-nos do que precisamos melhorar. Alguns críticos são mestres a quem nada se paga. Agradeça por essa ajuda sem cobranças.

Pergunta: *Qual é a consequência para as pessoas que vivem reclamando?*

Resposta: Não há nada faltando neste planeta. É o sistema de distribuição que não funciona corretamente, primeiro, pela cobiça dos seres humanos; depois, pelas nossas ilusões sobre a "carência". No Egito, em 1945 foram descobertos textos de Nag Hammadi que contêm evangelhos mais antigos do que os do Novo Testamento. Felipe cita o Mestre Jesus dizendo: *"O que você vê você se tornará"*. Se você focaliza o que não tem continuará na carência. O pedido é uma afirmação de carência: quando dizemos que desejamos algo apenas produzimos essa experiência (o desejo).

Pergunta: *Que conselho poderia dar às pessoas ingratas?*

Resposta: Se as pessoas compreendessem mais, julgariam menos. Muitos erram reclamando de terem que ir trabalhar quando o correto seria agradecer por terem trabalho. Sentem tédio com o trabalho doméstico ao invés de agradecer por terem um lar. Reclamam da saúde ao invés de agradecer por estarem vivos. Reclamam dos pais por não terem dado tudo o que queriam ao invés de agradecer por terem nascido. Esquecem que há bem mais de nossos pais em nós do que supomos. Reclamam por estar chovendo ao invés de agradecer pela lavagem

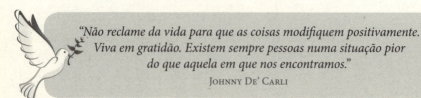

"Não reclame da vida para que as coisas modifiquem positivamente. Viva em gratidão. Existem sempre pessoas numa situação pior do que aquela em que nos encontramos."
JOHNNY DE' CARLI

da poluição e pela agricultura. Reclamam por não terem sapatos enquanto outros não têm sequer os pés. Sofrimento é carência de Deus, é um aprendizado do ser para que busque a verdadeira felicidade. Ao contrário de nos lamentarmos com os sofrimentos deveríamos aproveitá-los como grandes aprendizados. Deixe de pedir e reclamar e passe a agradecer, então, verá como as coisas mudarão e observará imediatamente mudanças positivas em sua vida.

> *"Agradeço às pessoas que me rejeitaram e me disseram não.*
> *Por causa delas, agi por mim mesmo e cheguei até aqui."*
> Johnny De' Carli

Gyo wo hage me –
"Seja dedicado ao trabalho"
•••••••••••

Pergunta: Prof. Johnny, a *'Usui Reiki Ryoho Gakkai'* fez alguma menção oficial sobre o Princípio do Reiki "Seja dedicado ao trabalho" *(Gyo wo hage me)*?

Resposta: Sim, no manual *'Reiki Ryoho No Shiori'*, o *Sensei* Koshiro Fukuoka escreveu: *"Aos seres humanos, quaisquer que sejam as pessoas, são dadas as funções conforme as suas capacidades de trabalho. Não só os seres humanos, mas todas as coisas que estão sob a influência da Mãe Natureza estão de acordo com a vontade de Deus e Buda, realizando o trabalho que corresponde a cada um. Portanto, se forem dedicados em suas profissões terão uma vida social adequada às suas capacidades e, eventualmente, serão abençoados na vida familiar. Isso é uma benção de Deus/Buda, a verdade. Fala que não é exagero dizer que uma mente preguiçosa é um infortúnio para a pessoa e que para a sociedade é um pecado. Uma vida sem a verdade é acompanhada de dificuldade. Existem pessoas que confundem preguiça com tirar um descanso, mas a preguiça torna a mente libertina, e o tirar um descanso serve para recarregar o vigor (energia). Para os seres humanos, não importa como envelheçam; fazendo o trabalho correspondente à idade, obtêm uma estabilidade física e mental e serão abençoados com a longevidade natural. Desde antigamente dizia-se que na água acumulada e parada geravam-se larvas de mosquitos, e no campo de cultivo que não recebia cuidados a grama crescia. Sempre use a cabeça e o corpo e realize com*

"Perder tempo é desperdiçar a vida e trabalhar é a melhor forma de ocupar o tempo. Faça do trabalho um hábito diário."
Johnny De' Carli

dedicação o seu trabalho, com o máximo esforço em qualquer tarefa para melhorar o metabolismo.

Pergunta: *O Princípio do Reiki "Seja dedicado ao trabalho" (Gyo wo hage me) faz referência ao trabalho. Poderia nos falar algo sobre isso?*

Resposta: O trabalho é um conjunto de atividades realizadas; é o esforço feito por indivíduos com o objetivo de atingir uma meta. As pessoas crescem e aprendem com o trabalho e a vida diária. Toda ocupação honesta é digna e sagrada e pode ajudá-lo em seu aperfeiçoamento.

Pergunta: *O que faz uma pessoa trabalhar?*

Resposta: A possibilidade de concretizar seus sonhos, atingir suas metas e objetivos de vida, além de ser uma forma de expressão. Para isso, cada um deve procurar a profissão que a sua vocação pede, fazer algo que lhe agrade, tentar ser o que gosta de ser. O desejo de vencer e uma atitude vitoriosa são meio caminho andado para o sucesso.

Pergunta: *O que o trabalho gera a nível material?*

Resposta: O trabalho é a fonte de toda a riqueza e cultura, afasta de nós a corrupção e a necessidade. Tudo que nasce dele é bom. É preciso aplicar-se em seu trabalho tenazmente com boa disposição e com entusiasmo, se quiser triunfar. A criação da riqueza não é um pecado, mas sim o amor ao dinheiro pode se tornar danoso.

Pergunta: *Que benefícios o trabalho honesto gera a nível emocional?*

Resposta: O trabalho afasta de nós o tédio. Quando a pessoa realiza um trabalho bem feito contribui para melhorar a sua autoestima, a satisfação pessoal e a realização profissional.

> *"O trabalho é, ainda, o melhor meio de viver a vida."*
> JOHNNY DE' CARLI

Pergunta: *O que a falta de trabalho pode gerar a nível mental?*

Resposta: O trabalho é fundamental, pois sem ele surge a neurose. Diz o ditado popular: *"Mente desocupada é oficina do demônio".*

Pergunta: *O que o trabalho pode gerar a nível espiritual?*

Resposta: A lei do carma é: *"O que plantarmos haveremos de colher"*. Se plantarmos um trabalho com energia honesta e produtiva, colheremos de volta a mesma energia. A honestidade é a primeira virtude necessária para o ser humano se ligar ao mundo angelical. Atos honestos são sagrados: só a justiça e a honestidade propiciam o amor. O dever espiritual reside na decisão do que fazer com o dinheiro.

Pergunta: *Que benefícios o trabalho honesto gera para a sociedade?*

Resposta: Tudo que fazemos e como trabalhamos tem um peso e afeta diretamente o outro e todos os níveis do Cosmo. Não somos uma entidade isolada que vive num mundo microcósmico separado; somos uma parte de todas as partes, uma parte da Soma, da Totalidade de Tudo. Numa organização, a forma como desempenhamos nossas tarefas diárias afeta diretamente os objetivos globais da empresa que concordamos apoiar. Assim também funciona o Universo. Uma sociedade saudável só se consolida com a cooperação de um grande número de pessoas. Nada há melhor do que ser útil. Essa qualidade é o elo que nos prende aos nossos semelhantes. O trabalho faz com que se aprenda a conviver com outras pessoas, com as diferenças, a não ser egoísta, a não pensar apenas em si.

Pergunta: *Que danos a falta de trabalho pode gerar à sociedade?*

Resposta: A ociosidade é a mãe de todos os vícios, ela é a estupidez do corpo. A mente ociosa é danosa para si mesma e para a sociedade.

> *"Trabalhe, a mente ociosa é danosa para si mesmo e para a sociedade."*
> Johnny De' Carli

Pergunta: *Que conselho o senhor poderia dar às pessoas que não gostam de trabalhar?*

Resposta: Devemos cumprir nosso dever, aconteça o que acontecer. Não devemos desperdiçar o tempo, pois ele é a pérola dada por Deus para a nossa realização. Devemos ocupar o nosso tempo crescendo, desenvolvendo nossas atividades e talentos. A preguiça é a maior inimiga do progresso. Não permita que ela se esconda em seu ser, pois o destruirá, já que mata homeopaticamente. Não podemos chegar às grandes realizações se não conquistamos as pequenas. Se vencermos a preguiça, damos o primeiro passo rumo ao trabalho produtivo. Em seguida, desenvolva o entusiasmo, pois ele é o motivador dinâmico que mantém as pessoas trabalhando com persistência em direção à sua meta. Tudo depende apenas da persistência, portanto, não espere por um bom emprego para começar a trabalhar.

Pergunta: *Que conselho o senhor poderia dar às pessoas que trabalham sem amor?*

Resposta: Todo trabalho realizado merece ser bem feito. As pessoas mais respeitosas e amorosas são sempre as mais respeitadas.

Pergunta: *Poderia nos falar algo sobre a desonestidade?*

Resposta: A reputação é como fogo: uma vez aceso, conserva-se bem, mas se apagar é difícil acendê-lo. A desonestidade cria infelicidade, ódio, guerra e inimizades. O fruto do roubo é sempre colocado num balde sem fundo. O que vem fácil, vai embora fácil. Disse o mestre de Reiki Fuminori Aoki que se o desonesto soubesse a vantagem de ser honesto, seria honesto mesmo por desonestidade.

> *"O amor pelo trabalho aprimora os feitos."*
> JOHNNY DE' CARLI

Pergunta: *Que conselho o senhor poderia dar às pessoas que trabalham de forma desonesta?*

Resposta: É muito mais fácil sermos bons do que justos e honestos. Torne sua existência saudável fazendo seu trabalho com honestidade. Não podemos transformar, comprar ou vender honestidade, podemos apenas vivenciá-la. Procure ser uma pessoa de valor em vez de procurar ser uma pessoa de sucesso. O bom não é ser importante, o importante é ser bom. Não se preocupe pelo fato de não lhe conhecerem, preocupe-se por não ser digno de ser conhecido. Não existe travesseiro tão macio como uma consciência limpa e tranquila, que ainda é o melhor remédio contra a insônia.

Pergunta: *Que conselho poderia dar às pessoas que trabalham compulsivamente?*

Resposta: Muitos fogem de seus problemas escondendo-se no trabalho compulsivo, perdem a saúde para juntar dinheiro e depois gastam dinheiro para recuperá-la. Trabalhe, mas não viva só para isso; tenha outras atividades paralelas. Não devemos confundir este importante Princípio achando que devemos viver só para o trabalho. O tempo dedicado à saúde, à família, ao estudo, ao esporte, à boa leitura, aos amigos e ao lazer nunca é perdido. Para se ter vida longa é preciso desacelerar. Temos de aprender a ser calmamente ativos. Nada é tão útil às pessoas como a resolução de nunca ter pressa: de nada vale correr, devemos partir com pontualidade. É preciso viver, não apenas existir. Desacelere, deixe a vida correr mais leve e suavemente. Devemos deixar o trabalho do dia seguinte para o dia seguinte, de maneira que possamos nos dedicar a outras atividades igualmente importantes.

"Só se retém o que se conquista com honestidade."
Johnny De' Carli

Hito ni shinsetsu ni –
"Seja gentil com as pessoas"
· · · · · · · · · · · ·

Pergunta: *Prof. Johnny, a 'Usui Reiki Ryoho Gakkai' fez alguma menção oficial sobre o Princípio do Reiki "Seja gentil com as pessoas" (Hito ni shinsetsu ni)?*

Resposta: Sim, no manual *'Reiki Ryoho No Shiori'*, o *Sensei* Koshiro Fukuoka escreveu o seguinte: *"O ensinamento da 'Usui Reiki Ryoho Gakkai' sobre "Seja gentil com as pessoas" refere-se à vida que levamos como membros da sociedade, e também como somos abençoados tanto por ela como pela natureza. Portanto, para nos tornarmos um grande membro dessa sociedade, antes de qualquer coisa, é importante nos autoestabelecermos. Qualquer pessoa, mesmo demonstrando toda a sua força, isoladamente não consegue firmar-se na vida. O autoestabelecimento ocorre, por vezes, com a ajuda mútua de todos os lados. Surge a partir de algo a ser sedimentado. Com isso se origina a sociedade, compondo um sistema de bem-estar social. Desse modo, prega-se que as pessoas que são extremamente egoístas são consideradas destruidoras para a sociedade. Se há a presença de outros é porque a sua presença começa a ser reconhecida, assim sendo, devemos ser gentis com os outros da mesma forma como somos gentis conosco. Aqui, a interpretação que se deve ter é que a gentileza é uma questão da alma. Prega-se que um bom conselho, um aviso, torna-se uma gentileza eficaz, maior que ajuda financeira. Prega-se ter em mente que é um dever como ser humano servir com gentileza às outras pessoas, pensando que a vida em comunidade social é um campo de troca de bondade mútua."*

> *"Faz aos outros o que gostarias que fizessem a ti mesmo; todas as dificuldades para criar um planeta de paz baseiam-se na nossa incapacidade de seguir essa simples instrução."*
>
> Johnny De' Carli

Pergunta: *O Princípio do Reiki "Seja gentil com os outros" (Hito ni shinsetsu ni) faz referência à gentileza. Poderia nos falar algo sobre o tema?*

Resposta: Quando o *Sensei* Usui pregou o Princípio *"Seja gentil com os outros"* teve o mesmo propósito do Mestre Jesus, quando esse disse: *"Fazei aos outros o que queres que te façam"* e *"Ama ao próximo como a ti mesmo"*. Este importante Princípio do Reiki, na verdade, está presente na doutrina das principais religiões: *"Tudo quanto queres que os outros façam para ti faze-o também para eles"*, no Cristianismo; *"De cinco maneiras um verdadeiro líder deve tratar seus amigos e dependentes: com **generosidade**, cortesia, benevolência, dando o que deles espera receber e sendo tão fiel quanto a sua própria palavra"* (o grifo é nosso), no Budismo; *"Não faças aos outros aquilo que, se a ti fosse feito, causar-te-ia dor"*, no Hinduísmo; *"Não faças ao teu semelhante aquilo que para ti mesmo é doloroso"*, no Judaísmo; *"Ninguém pode ser um crente até que ame ao seu irmão como a si mesmo"*, no Islamismo; *"Não faças aos outros aquilo que não queres que eles te façam"*, no Confucionismo; *"Considera o lucro do teu vizinho como teu próprio e o seu prejuízo como se também fosse teu"*, no Taoísmo; *"A Natureza só é amiga quando não fazemos aos outros nada que não seja bom para nós mesmos"*, no Zoroastrismo; *"Julga aos outros como a ti mesmo julgas, então participarás do Céu"*, no Sikhismo; e *"Na felicidade e na infelicidade, na alegria e na dor precisamos olhar para todas as criaturas assim como olhamos para nós mesmos"*, no Jainismo. A intenção dos grandes mestres é a de realmente orientar as pessoas a evitarem um mau futuro libertando-as da severidade do carma.

Pergunta: *O Sensei Mikao Usui foi um homem gentil?*

Resposta: Sim, no memorial construído pela '*Usui Reiki Ryoho Gakkai*', em fevereiro de 1927, o presidente *Sensei* Juzaburo Ushida

"A gentileza é uma forma de oração das mais elevadas."
JOHNNY DE' CARLI

escreveu: *"O Sensei Usui era de natureza **GENTIL** e prudente e não dava importância às aparências. Tinha corpo grande e vigoroso e **SUA FACE ESTAVA SEMPRE ILUMINADA COM UM SORRISO**"* (os grifos são nossos).

Pergunta: *Por que devemos ser gentis?*

Resposta: As pessoas respondem pelas consequências de suas ações, por isso devemos fazer o bem. Não existe algo mais obrigatório como o débito cármico.

Pergunta: *Afinal, o que vem a ser o carma?*

Resposta: O Mestre Jesus nos preveniu que *"pagaremos até o último ceitil"*. A palavra carma provém do sânscrito, um velho idioma hindu considerado sagrado em alguns templos iniciáticos. Procede do prefixo "kar", que significa fazer ou agir, e do sufixo "ma", que quer dizer efeito ou ação, desse modo, carma significa que toda causa gera um efeito semelhante, determinando o próprio destino das pessoas. Carma, portanto, é a causa e o efeito ou a justa reação a igual e idêntica ação. Mas não é bem a lei do "olho por olho e dente por dente" como muitos pensam; ela ajusta, mas não castiga.

Pergunta: *O carma seria uma lei punitiva?*

Resposta: Não é uma lei especificamente punitiva, pois também é generosa nas boas ações. Cada causa boa ou má do presente também produzirá um efeito bom ou mau no futuro. Daí as palavras de Jesus: *"A cada um conforme as suas obras"*. Não existem recompensas nem castigos, o que existe são consequências. Destino significa direção ou caminho e não estrada fixa que temos de simplesmente seguir. Sendo assim, sorte ou azar são consequências de nossos pensamentos

"O que você cria para os outros sempre volta para você."
Johnny De' Carli

e ações; podemos esperar de um o que fizermos ao outro. Todos os pensamentos, emoções, palavras e ações geram um tipo de carma para o futuro, seja ele bom ou mau. Uma das leis naturais mais importantes é a lei de causa e efeito: *"Tudo que você fizer o outro experimentar, um dia você experimentará"*. Em outras palavras, cada um colhe o que semeia. Somos donos de nossa vontade e do nosso livre arbítrio, livres para agir e semear em benefício ou prejuízo da coletividade, mas implacavelmente obrigados a colher o resultado da semeadura.

Pergunta: *Como devemos proceder para quitar nossos carmas?*

Resposta: Queimamos nossos carmas quando resgatamos as dívidas ou efeitos de culpas do passado, quando recebemos de volta o resultado do que fizemos e aceitamos esse resgate.

Pergunta: *Todo sofrimento é cármico?*

Resposta: Não, nem tudo o que parece ruim é ruim. O mofo, que é um fungo resultado do apodrecimento, era visto como uma coisa negativa, mas dele é possível retirar a penicilina, descoberta por Fleming, que vem salvando inúmeras vidas até hoje. As cobras, os escorpiões e outros animais peçonhentos com seus venenos já produziram, por meio da indústria farmacêutica, mais benefícios à humanidade do que vítimas.

Pergunta: *Ser gentil significa que temos sempre que concordar com as pessoas?*

Resposta: É preciso não confundir as coisas. Ser gentil com as pessoas não significa necessariamente deixá-las fazer o que querem, não significa apagar a palavra não de seu vocabulário. Aprenda a dizer não no momento certo. Muitos problemas acontecem quando você inadequadamente diz sim.

"Carma não é vingança; a vingança não espera a vítima crescer, nem se preocupa com sua melhoria."
JOHNNY DE' CARLI

Pergunta: *Qual é o primeiro passo para se tornar uma pessoa gentil?*

Resposta: Não espere um sorriso para sorrir e ser gentil. Seu sorriso será para o outro a certeza de que pode contar com você naquele momento, é a maneira mais barata de melhorar sua aparência e acrescenta muito à expressão de sua face. O rosto é o espelho da alma: conhecemos uma pessoa pelo seu riso. Se na primeira vez que o encontramos ele ri de maneira agradável, o íntimo é excelente. Consta em parte da inscrição da pedra do memorial ao *Sensei* Mikao Usui: *"... Era discreto e sempre tinha um sorriso nos lábios".*

Pergunta: *Poderia citar uma referência científica sobre o Princípio do Reiki "Seja gentil com os outros"?*

Resposta: Albert Einstein pregava o seguinte: *"A vida é como jogar uma bola na parede: se for jogada uma bola azul, ela voltará azul; se for jogada uma bola verde, ela voltará verde; se a bola for jogada fraca, ela voltará fraca e se a bola for jogada com força, ela voltará com força. Por isso, nunca jogue uma bola na vida de forma que você não esteja pronto a recebê-la. A vida não dá nem empresta; não se comove nem se apieda. Tudo quanto ela faz é retribuir e transferir aquilo que nós lhe oferecemos".* Se as pessoas soubessem das vantagens de ser bom seriam boas por egoísmo.

Pergunta: *Seguindo este Princípio do Reiki "Seja gentil com os outros" pode-se evitar as doenças físicas?*

Resposta: Sim, até evitar algumas doenças cármicas, como o câncer. Cada comportamento inadequado produz um fluido mórbido específico. O bacilo de Koch, responsável pela tuberculose, nutre-se de fluidos do egoísmo, cobiça ou apatia espiritual. A maledicência, a calúnia ou a magia verbal, mental ou física que geram prejuízos ao próximo criam

> *"Nessa vida, as pessoas colhem o que plantam. Plante o bem."*
> Johnny De' Carli

os fluidos que alimentam o ultravírus causador do câncer. De acordo com mestres orientais, o câncer é causado por um ultravírus ainda não identificado pela medicina que se alimenta de fluidos perniciosos gerados pela própria pessoa.

Pergunta: *Então, por que algumas crianças nascem com câncer?*

Resposta: Esses fluidos perniciosos podem ser gerados nesta ou em vidas anteriores. A causa real do câncer é o fluido enfermiço e negativo que desce da aura para o corpo físico. Colhemos hoje o que geramos no passado, o que explica o fato de pessoas abnegadas e virtuosas também desenvolverem o câncer e outras doenças. Tratam-se, nesses casos, de espíritos bastante endividados com a lei cármica.

Pergunta: *Como esses fluidos podem gerar câncer?*

Resposta: Explicam os mestres orientais que quando o fluido tóxico, proveniente de maus pensamentos, palavras e atos que acarretaram prejuízos ao próximo vertem para o corpo físico a taxa de *prana* sofre uma redução, a oxigenação diminui e o núcleo das células é lesado. No desespero da luta pela sobrevivência, essas células entram num processo de multiplicação desenfreada, tentando aproveitar o oxigênio deficiente. Posteriormente, por falta de nutrição adequada extinguem-se, exaustas. Justamente pelo fato de o câncer ser de origem mais fluídica e menos física, muitos casos respondem muito bem ao Método Reiki, ao Johrei, aos passes magnéticos e às orações.

Pergunta: *O que a gentileza gera a nível espiritual?*

Resposta: Nosso progresso espiritual depende de nosso modo de pensar, sentir, falar e agir no mundo material.

"A maneira de cultivar é que determinará o que colheremos."
Johnny De' Carli

Pergunta: *Que conselho daria para uma pessoa que não consegue ser gentil?*

Resposta: Há muito a se falar sobre esse tema:

a) Seja humilde. Devemos procurar respeitar a todos com humildade, pois é respeitando que se é respeitado;

b) Não despreze ninguém por estar malvestido. Você não é melhor do que ele em nada. Todas as pessoas são especiais. É pela alma, e não pelo corpo, que os seres humanos são irmãos;

c) Não existem raças inferiores, só existe uma raça, que é a humana. No íntimo do ser humano reside Deus. Todas as pessoas são "Uma Só";

d) Não podemos chamar ao Pai assim se não entendermos que todos, inclusive nossos concorrentes e inimigos, são criação da mesma Fonte. Nenhuma pessoa é nossa amiga ou inimiga, são todos nossos mestres de vida, são nossos irmãos. Por isso, o Mestre Jesus nos orientou a amar o próximo como a nós mesmos;

e) Não condene seu próximo, pois você não sabe o que faria no lugar dele. Quando você julga os outros não os define, mas define a si mesmo. Examinando os seus defeitos, você aprende a aceitar os dos outros;

f) Procure fazer aos outros o que gostaria que lhe fizessem. Buscando o bem de nossos semelhantes encontramos o nosso próprio bem. Essa é a verdade mais básica, contudo, é a que mais o ser humano ignora. Devemos dar na medida em que queremos receber. Enquanto houver egoísmo haverá sofrimento.

> *"Gentileza e humildade andam de braços dados."*
> Johnny De' Carli

Pergunta: *Que conselho poderia dar a uma pessoa que não seja gentil com os próprios pais?*

Resposta: Espere de seus filhos o que fizer com seus pais, pois ninguém é vítima sem antes ter sido algoz. Antes de magoar o coração de seus pais verifique o quanto está dentro dele. Seja gentil com eles. Lamentavelmente, muitos só reconhecem o amor dos pais quando também se tornam pais. Depois de Deus, nossos pais.

Pergunta: *Que conselho poderia dar a uma pessoa que não seja gentil com os idosos?*

Resposta: Pense em você amanhã. Seja gentil e tenha atenção com os mais velhos. Lamentavelmente, vê-se muito que os jovens seguem aos bandos, os adultos aos pares e os idosos, sozinhos.

Pergunta: *Que conselho poderia dar a uma pessoa que só sabe criticar?*

Resposta: Criticar é uma espécie de vício da mente. Quando nos ocupamos da vida alheia não nos concentramos em nossos próprios ideais. É, portanto, um enorme desperdício de energia. Nós não mudamos o mundo nem mesmo as outras pessoas dizendo-lhes o que fazem de errado. Não se iluda, não há críticas construtivas, o melhor é que procuremos, antes, cuidar de nossa própria vida.

Pergunta: *O Princípio do Reiki "Seja gentil com os outros" faz referência somente aos seres humanos?*

Resposta: Não, o Método Reiki é um Caminho para a sabedoria que nos ensina a respeitar a vida respeitando todas as criaturas. Esse Princípio do Reiki nos ensina que tudo está vivo, que tudo vibra, que toda criatura tem sua própria vida e é a expressão do Criador. A Mãe Terra está viva e respirando. Tudo que compõe o planeta Terra (água,

> *"A maior doença do idoso muitas vezes é a solidão.*
> *A velhice é sinal de sabedoria e nunca de discriminação."*
> JOHNNY DE' CARLI

ar, flora, fauna, solo, pessoas) são criações Divinas, somos energia coletiva de uma mesma Fonte. Só existe uma única energia que se individualiza em muitas partes: todas as criaturas provêm da mesma essência. Se destruirmos a natureza, destruiremos a nós mesmos. O mundo é uma unidade do ser humano com a natureza e com o Cosmo. Não se pode ser bom pela metade. Ser gentil com os outros implica amar e respeitar todas as formas de vida que existem na natureza. A união é a Verdade Máxima e a evolução é apenas outra palavra para o movimento em direção à Verdade.

Pergunta: *Poderia nos explicar melhor quando diz que "A Mãe Terra está viva e respirando"?*

Resposta: Não existem duas formas de processos evolutivos. Toda centelha criada por Deus evolui. Tudo se transforma evoluindo como expressão cada vez mais apurada, só conseguindo despertar em si a noção de existir após seu psiquismo realizar o curso total através dos reinos mineral, vegetal, animal e hominal. Aprendemos no Oriente que a base da vida espiritual é o psiquismo que dorme no mineral, sonha no vegetal, desperta no animal e vive no ser humano, ocorrendo uma gradação evolutiva em cada reino da natureza.

Pergunta: *Poderia explicar melhor como é a vida dos minerais?*

Resposta: Apesar de os minerais parecerem estáticos, em sua intimidade seus elétrons giram a uma velocidade superior a 200.000 km/s. Num trabalho lento e milenar, à medida que desenvolve sua Consciência individual desliga-se gradualmente do comando instintivo do espírito ou alma-grupo, responsável pelas características, temperamento, ações e reações de determinada espécie mineral que a comanda e transfere--se para uma espécie mais evoluída (vegetal e animal) até alcançar o ser humano.

> *"As coisas mais maravilhosas neste planeta não podem ser vistas; só podem ser percebidas na sutileza do coração."*
> JOHNNY DE' CARLI

Pergunta: *Os animais também evoluem?*

Resposta: Sim, no Oriente aprendemos a grande verdade de que o animal se transforma em ser humano e o ser humano se sublima em anjo. Isso representa a síntese de toda a escala evolutiva ou o refinamento final de todos os testes e experiências do psiquismo após as múltiplas passagens por todos os reinos da natureza. Deus está presente em tudo e em todos, é a grande energia que rege o Universo.

Pergunta: *Em respeito ao Princípio do Reiki "Seja gentil com os outros", como devemos lidar com a natureza?*

Resposta: Quando em contato com a natureza não devemos levar nada além de fotos e não deixar nada além de pegadas. Tente construir, não destruir. O artigo primeiro do Pacto pela Terra criado em encontros ecológicos internacionais diz o seguinte: *"Toda forma de vida é sagrada. Cada ser humano é parte única e íntegra da comunidade viva da Terra e tem responsabilidade de cuidar da vida em todas as formas"*.

Pergunta: *Que conselho poderia dar a uma pessoa que não respeita os animais?*

Resposta: Maltratar os animais é demonstrar covardia e ignorância. Nenhuma espécie de violência é justificável, principalmente se for praticada contra um ser indefeso. Saber o que é certo e não o fazer é a pior covardia. Propaguemos o amor e proteção pelos animais e teremos praticado uma das mais belas e nobres missões da nossa vida.

Pergunta: *Em respeito ao Princípio do Reiki "Seja gentil com os outros", como poderíamos associá-lo ao Reino Vegetal?*

Resposta: A humanidade recebeu tudo o que precisa para viver em harmonia, respeito, amor e Unidade. Os seres humanos precisam de

"Adquirir uma mercadoria originária de uma espécie animal ameaçada é patrocinar a sua extinção."
Johnny De' Carli

oxigênio para sobreviver. Para crescerem, os vegetais retiram o dióxido de carbono da atmosfera (lixo dos animais) e liberam o oxigênio (lixo dos vegetais). Todos os seres e todas as espécies são importantes, uma espécie não pode sobreviver sem a outra. Quem derruba uma árvore destrói uma parte de sua própria vida. Infelizmente, somente damos importância a seres com dinheiro, status e influência. Todavia, existem povos como os kahunas do Havaí, que não colhem uma flor ou erva, não matam nenhum animal para comer ou para usar sua pele sem antes pedir permissão à alma-grupo desse ser; curiosamente denominamos esses povos de primitivos.

Pergunta: *Ainda em respeito ao Princípio do Reiki "Seja gentil com os outros", por que se vê tanta agressão à natureza? Quais serão as consequências?*

Resposta: Em nosso egoísmo, a maior parte das pessoas não está harmoniosamente ligada à Mãe Terra, caso contrário não a trataríamos de forma tão brutal. Não podemos desfigurar a natureza sem sofrer as consequências de nossos atos inconscientes. Depois da última árvore sem frutos e do último rio envenenado o ser humano perceberá que dinheiro não se come. A vida é muito simples: o que damos recebemos.

Pergunta: *Os animais têm sentimentos e emoções como os humanos?*

Resposta: Os animais também se aperfeiçoam. Observa-se em algumas espécies mais evoluídas como cães, gatos, bovinos, equinos, elefantes e macacos a existência de um corpo mental e emocional, embora rudimentar, que lhes faculta manifestarem desejos e emoções. Os carneiros e as vacas derramam lágrimas ao verem seus filhotes sacrificados; os bois e os porcos gemem inquietos às vésperas da matança, gerando

"Dilua todas as diferenças em um Todo Maior, isso é evolução."
JOHNNY DE' CARLI

miasmas (energia gerada pelo medo que o animal sente ao morrer) que são transmitidos pela adrenalina contida na carne. Após a morte de Mozart, o cão do compositor recusou-se a abandonar o túmulo de seu dono, vindo a morrer de inanição. Numa boiada cada rês apresenta seu próprio temperamento diferenciado, corajoso ou covarde, mostrando uma capacidade de individualização na espécie. Essa particularidade não é observada em animais inferiores, como no caso da maioria dos animais marinhos.

Pergunta: *Existem registros de que o Sensei Usui, assim como o Mestre Jesus, se alimentava de peixe. Como explicar isso?*

Resposta: Os animais mais primitivos não têm uma Consciência individualizada. Seu agir está subordinado ao instinto de um espírito-grupo que determina seu comportamento em busca da sobrevivência, ou seja, todos os peixes de uma mesma espécie constituem vestimentas carnais da sua alma-grupo. Qualquer unidade do cardume age da mesma maneira seja no oceano Pacífico, Índico ou Atlântico. Na carne dos peixes, camarões, lagostas, mariscos, etc. não se encontra miasmas porque não há corpo emocional, bem como espiritualmente não há interferências na evolução da espécie. Para muitos orientais, pescar um peixe é como colher uma manga: a árvore permanece viva.

Pergunta: *Um vegetariano pode ser 100% saudável?*

Resposta: Sim; não precisamos da alimentação carnívora para sermos sadios e robustos. Basta ver os elefantes, gorilas e cavalos que se alimentam especificamente de vegetais e são mais robustos que os seres humanos. Deus nos deu as frutas, legumes, cereais e verduras, desse modo, não há necessidade de comermos nossos irmãos menores.

"Pode-se influenciar o tempo de vida em função de atitudes e fatores físicos, como a alimentação, o repouso, a atividade física, a prudência, a prevenção, etc."
Johnny De' Carli

Pergunta: *Quais são as vantagens de uma alimentação vegetariana?*

Resposta: Mudar a alimentação faz com que troquemos a vibração que emitimos para o mundo e também a forma como recebemos e reagimos aos impulsos externos. Uma dieta mais leve certamente nos ajuda a alcançar um nível de Consciência superior. Essa escolha deve estar alinhada a uma postura de vida. Não comer carne vermelha, por exemplo, é uma escolha pessoal e intransferível. É uma decisão que deve brotar de dentro da pessoa e jamais ser imposta por alguém.

Pergunta: *É fácil modificar hábitos alimentares?*

Resposta: Não é fácil mudar uma pessoa que sempre se alimentou de carne, e deixar de comê-la é apenas mais um passo dado no Caminho da Elevação. Muitas vezes, até chocamos as pessoas à nossa volta, que não estão preparadas para tanta transformação.

"É possível desenvolver um bom hábito de vida, incorporando-o, sempre que possível, à sua rotina."
Johnny De' Carli

O Método Reiki na saúde mental
·············

Pergunta: *Prof. Johnny, no Japão a técnica Reiki é destinada somente para tratar problemas físicos?*

Resposta: Não, para os japoneses o Reiki é uma terapia holística. Pode-se confirmar essa informação no seguinte trecho do memorial construído pela *'Usui Reiki Ryoho Gakkai'*, onde o presidente *Sensei* Juzaburo Ushida escreveu o seguinte: *"Revendo os fatos, entendo que* **A TERAPIA REIKI OBJETIVA NÃO SOMENTE TRATAR PROBLEMAS DE SAÚDE, MAS TAMBÉM CORRIGIR A MENTE** *através de uma habilidade espiritual enviada por Deus, mantendo o corpo saudável e desfrutando uma vida de bem-estar"* (o grifo é nosso).

Pergunta: *Procede a informação de que o Método Reiki prioriza a saúde mental?*

Resposta: Sim, no manual *'Reiki Ryoho Hikkei'*, na entrevista concedida o *Sensei* Usui disse: *"A técnica tem por* **OBJETIVO, PRIMEIRAMENTE, A SAÚDE DA MENTE** *e, secundariamente, a saúde física. Fortalece a mente e o físico"*. Disse ainda o *Sensei* Usui: *"Se a* **MENTE ESTIVER NO CAMINHO CORRETO E SAUDÁVEL** *o corpo físico será fortalecido naturalmente"*. E mais: *"...Sendo assim, será missão da 'Usui Reiki Ryoho' completar física e psicologicamente uma vida com* **PAZ** *e prazer, ajudando no tratamento de problemas de saúde de outros e promovendo, assim, a felicidade de si próprio e de terceiros"* (os grifos são nossos).

"Se gastarmos energia em tarefas cotidianas e não a repusermos, estamos sujeitos a enfrentar situações de desequilíbrio e poderemos vir a adoecer."
JOHNNY DE' CARLI

Pergunta: *Na mensagem talhada na grande pedra que compõe o memorial ao Sensei Mikao Usui, logo após os Cinco Princípios encontra-se a seguinte frase:* Asa yuu gassho shite kokoro ni nenji, kuchi ni tonaeyo. *O que quer dizer isso?*

Resposta: A tradução é: "De manhã e à noite, sente-se em posição Gassho e repita estas palavras em voz alta e para seu coração".

Pergunta: *Por qual motivo o Sensei Mikao Usui recomendava essa rotina?*

Resposta: O *Sensei* Usui sabia que a causa da maioria das enfermidades que afligem a humanidade está relacionada a uma origem mental e emocional, e que a recuperação de muitas enfermidades depende da mudança comportamental dos doentes, ou seja, de uma higiene mental e não apenas do consumo de produtos ou remédios dos laboratórios farmacêuticos.

Pergunta: *Poderia explicar melhor sobre a importância da saúde mental?*

Resposta: Todos os estados mentais se reproduzem. O Universo nada mais é do que uma grande máquina copiadora que reproduz nossos pensamentos. Devemos mudar nossos pensamentos em relação à vida para que ela melhore, pois eles criam nosso futuro. Não só os pensamentos, mas também as palavras e as ações são criativas. O ser humano nasceu com o poder criativo do Universo na ponta de sua língua (palavra): o que pensamos e falamos sempre nos acompanha. Cada um de nós produz suas próprias experiências pelos pensamentos e palavras que expressa.

> "Muitos males podem resultar da falta de harmonia interior.
> Os problemas são criados na mente.
> Mantenha-se em constante manutenção."
> Johnny De' Carli

Meditação

Pergunta: *Prof. Johnny, o que vem a ser a meditação?*

Resposta: Devemos acostumar-nos à ideia de que existe um Ser Superior tomando conta de nossa existência. Enquanto nas orações você procura falar com o Criador, na meditação deve procurar colocar-se num estado receptivo para ouvi-Lo. A verdadeira meditação é uma Sintonização Cósmica, uma afinação do receptor humano com o Emissor Divino.

Pergunta: *Os japoneses praticam a meditação?*

Resposta: Sim, os orientais estão mais acostumados a uma postura contemplativa e têm praticado a meditação desde o início dos tempos. Assim, conquistaram maior capacidade de introspecção.

Pergunta: *O que acontece quando meditamos?*

Resposta: A definição mais comum encontrada para a meditação é o cessar dos pensamentos. Consiste na ausência de qualquer atividade de pensamentos, desejos e emoções; sobretudo de mágoas e ressentimentos. Meditar é estar 0% pensante e 100% consciente. É deixar de ser ego pensante para poder ser Cosmo pensando: você esvazia seu ego de todos os obstáculos que o ligam à Fonte. A meditação é a única maneira de transcender a si mesmo. Mas muito simples de falar e extremamente difícil de alcançar.

"Na oração, fala-se com Deus; na meditação, ouve-se Deus."
Johnny De' Carli

Pergunta: *Meditação seria um tipo de concentração ou reflexão?*

Resposta: Não, meditação não é o mesmo que concentração ou reflexão. Estas últimas nos cansam, deixam-nos exaustos, já a meditação não cansa, mesmo se a praticarmos o dia todo não ficamos fatigados. Ela não é um esforço, e nada forçado é natural.

Pergunta: *Meditar é saudável?*

Resposta: Sim, o simples fato de os orientais continuarem a meditar diariamente, por meses e anos, é a melhor prova de sua eficácia.

Pergunta: *Por que a meditação é importante dentro do Método Reiki?*

Resposta: Os problemas são criados na mente, por isso a meditação é um mecanismo para acalmá-la e neutralizá-la.

Pergunta: *O que se observa no comportamento de uma pessoa que desenvolve o hábito de meditar?*

Resposta: A eficiência da meditação se revela numa gradativa mudança de atitude, o que é fundamental em face de todas as ocorrências da vida. Quem medita corretamente adquire perfeito autoconhecimento, que se revela em autorrealização. A meditação dá ao ser humano segurança e serenidade em todas as circunstâncias da vida, trazendo paz e felicidade permanente. Somente conservando o equilíbrio e a felicidade em nós somos capazes de proporcionar condições para que as pessoas também sejam mais equilibradas e felizes.

Pergunta: *O que se observa no corpo físico de uma pessoa que começa a meditar?*

Resposta: Na meditação o corpo inteiro muda: sua química se altera, o sistema imunológico se fortalece e os hormônios se equilibram. A meditação é um santo remédio. *"Mente sã, corpo são"*.

> *"Cultive o hábito da meditação e descobrirá tesouros escondidos."*
> Johnny De' Carli

Meditação Gassho

· · · · · · · · · · · ·

Pergunta: *Prof. Johnny, o que significa a Meditação Gassho?*

Resposta: *Gassho* significa: duas mãos se juntando, unidas ou em prece, à altura do chacra laríngeo. A pronúncia correta é "gáshô". A Meditação *Gassho* é um tipo de centramento e, segundo as orientações do Mestre Usui, é a primeira coisa que devemos fazer antes de aplicarmos a energia Reiki. É a primeira etapa de um tratamento com esse método. Esvaziar-se para receber é a condição primeira, pois assim vai ajudar para sintonizar-se com um estado mais apropriado antes da aplicação da energia Reiki, e no seu dia a dia.

Pergunta: *Por que ao longo de uma Meditação Gassho deve-se manter as mãos juntas na altura do chacra laríngeo?*

Resposta: A razão disso é que este chacra representa o início da comunicação com o Mundo Espiritual, responsável pelos *insights* do Reikiano ao longo de uma sessão.

Pergunta: *O Mestre Usui ensinava a Meditação Gassho?*

Resposta: Sim, era ensinada por ele já no *Shoden* (Nível 1 do Método Reiki). Ele mesmo a utilizava diariamente. Consta em seu memorial que orientava seus alunos a praticá-la da seguinte forma: "*de manhã e à noite, sente-se na posição Gassho e repita essas palavras* (os cinco Princípios do Reiki) *em voz alta e no seu coração*". O Mestre Usui pregava que o melhor preparativo para o amanhã é o uso certo do hoje.

"*Cresça pelo Caminho do seu coração, não pelo da sua mente.
Você nunca encontrará Deus na sua mente.*"
JOHNNY DE' CARLI

Pergunta: *Existe algum documento oficial sobre o Reiki que comprove que os membros da 'Usui Reiki Ryoho Gakkai' recomendem a prática diária da Meditação Gassho?*

Resposta: Sim, pode-se confirmar essa informação no seguinte trecho do manual *'Reiki Ryoho No Shiori'*, onde o *Sensei* Koshiro Fukuoka escreveu o seguinte: *"Ao se* **PRATICAR O SEIZA/GASSHO, DE 1 A 2 VEZES AO DIA** *(o melhor é fazer antes de ir dormir e ao acordar, por cerca de 15 a 30 minutos), percebe-se que a energia Reiki fica cada vez mais forte. Ao se praticar isso não só a energia Reiki se torna forte, mas também locais enfermos do corpo começam a ser curados e o cansaço do corpo começa a melhorar"* (o grifo é nosso).

Pergunta: *A Meditação Gassho pode ser feita em grupo?*

Resposta: É possível meditar sozinho, embora na meditação em grupo a energia envolvida seja mais poderosa. A Meditação Gassho, no entanto, é uma experiência individual, logo, deve ser ignorada a presença de outras pessoas ao redor.

Pergunta: *Existe algum documento oficial sobre o Reiki onde os membros da 'Usui Reiki Ryoho Gakkai' recomendem o melhor local e/ou condição para realizar a Meditação Gassho?*

Resposta: Sim, pode-se confirmar essa informação no seguinte trecho do manual *'Reiki Ryoho No Shiori'*: *"Se possível, deve-se fazer o Seiza/Gassho em local com pouca iluminação e sentar-se voltado para o lado mais escuro"*.

Pergunta: *Como devemos proceder para realizar a Meditação Gassho?*

Resposta: De preferência, escolha sempre um mesmo local e horário para meditar, pois nosso corpo e nossa mente têm um relógio biológico. Sentimos fome próximo ao horário que costumamos nos

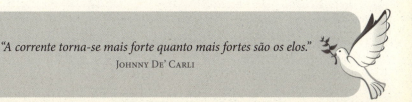

"A corrente torna-se mais forte quanto mais fortes são os elos."
Johnny De' Carli

alimentar, assim sendo, você passará a sentir fome de meditar no horário de costume.

Pergunta: *Existe um horário mais adequado para se realizar a Meditação Gassho?*

Resposta: Sim, conforme as orientações do Mestre Usui a melhor hora para realizar a Meditação Gassho é logo cedo, imediatamente após acordar. Quando a Terra está acordando existe uma energia despertadora. Muitas religiões pregam que devemos orar pela manhã bem cedo porque o nascer do sol irradia todas as energias da existência. Devemos, então, aproveitar esta oportunidade. Quando saímos do sono estamos, também, mais receptivos e o processo será muito mais profundo. Quando levantamos ainda não teremos recebido os impulsos externos nem começado a nos envolver totalmente pelos pensamentos, logo, estamos menos em nossa mente. O segundo melhor momento para realizar essa meditação é à noite, quando vamos nos recolher para que tenhamos uma boa qualidade de sono, pois nada melhor que uma bela noite de sono para restaurar as energias. Dormindo bem, no dia seguinte estamos melhores, com mais equilíbrio e aptos a ter uma melhor produção em nossas atividades. O cansaço natural do dia pode também nos auxiliar à noite no objetivo de silenciarmos nossa mente. De todo modo, procure encontrar o seu momento e aprenda a conviver consigo mesmo.

Pergunta: *Existem locais mais adequados para se realizar a Meditação Gassho?*

Resposta: Sim, a meditação promove um aumento na percepção de estímulos externos fazendo com que a pessoa se assuste com muita facilidade, logo, isso pode provocar tensão e deve ser evitado.

"Crie condições à sua volta para que o ambiente retribua, com alegria, seus esforços por um mundo melhor."
JOHNNY DE' CARLI

Os templos, igrejas e mesquitas foram criados para que as pessoas pudessem ter um local específico para oração e meditação. É bom procurar meditar num local privado, reservado; alimentado com energias naturais (terra, água, fogo e ar); quieto, sem portas batendo; com temperatura agradável e confortável, sempre que seja possível.

Pergunta: *Pode-se usar música numa Meditação Gassho?*

Resposta: Sim, a música auxilia no relaxamento. Ela deve ser contínua e sem mudança súbita de ritmo, pois esse fato pode gerar perturbação. Escolha, preferencialmente, uma música que contribua para um estado de profundo relaxamento.

Pergunta: *Existem recomendações e/ou cuidados antes de iniciar uma Meditação Gassho?*

Resposta: Sim, é aconselhável desligar o telefone, retirar do local as crianças e animais barulhentos, trancar a porta e colocar avisos externos de "não perturbe". As pessoas modernas perderam o prazer do silêncio. Assim, tudo ajuda para criar um clima favorável: a luz reduzida, um incenso queimando, uma postura adequada e uma roupa confortável são cuidados aconselháveis. Também é melhor estar de estômago vazio. Para realizar a técnica *Gassho* procure sentar-se o mais ereto possível, manter as costas eretas, pois além de ser menos cansativo permite que a energia flua melhor, mas caso prefira pode realizar a prática de pé. Muitos conseguem meditar deitados, porém a maioria tende a adormecer. De todo modo, encontre a posição mais confortável para você, pois do contrário terá dificuldade para relaxar. É bom apoiar as costas e relaxar os ombros. Para ajudar no processo recomenda-se fechar os olhos, respirar profundamente três vezes e manter as mãos relaxadas e unidas em frente ao peito ou à garganta,

> *"A boa música é o som do Universo."*
> JOHNNY DE' CARLI

com os dedos direcionados para cima. Nessa posição entra-se automaticamente em estado meditativo.

Pergunta: *Quanto tempo demora uma Meditação Gassho?*

Resposta: O tempo médio é de 15 a 30 minutos. Será possível estabelecer o tempo ideal de meditação à medida que a técnica for utilizada.

Pergunta: *Como devemos proceder ao longo de uma Meditação Gassho?*

Resposta: É fundamental concentrar a atenção no ponto onde os dedos médios se tocam, pois isso ajudará a manter o foco da Meditação *Gassho* sem grandes devaneios. Durante a meditação não se deve pensar, analisar ou discorrer mentalmente sobre qualquer assunto. Se sentir que a mente se desconcentra com o surgimento de pensamentos, o que é muito natural, principalmente nos iniciantes, não perca a tranquilidade mas procure esquecer tudo e se colocar numa atitude de aceitação e paciência. Até meditando a impaciência sempre nos faz perder as melhores coisas. Toda vez que se força o não pensar os pensamentos se intensificam. Assim, o ideal é simplesmente observá-los e eles logo irão embora. Quando você diz "não quero pensar nisso", na verdade, alimenta-os e eles permanecem. Uma técnica que pode facilitar é voltar sempre a atenção para o mesmo ponto, neste caso, onde os dedos médios se encontram.

Pergunta: *Por que devemos focalizar a atenção no ponto onde os dedos médios se tocam ao longo da Meditação Gassho?*

Resposta: Devemos entender o ser humano como um sistema energético no qual a energia Reiki flui através dos chacras. Cada um dos cinco dedos estão relacionados e têm condições de canalizar, pelos pequenos chacras das extremidades, as energias equitativas aos cinco elementos

"O grande segredo, para fazer sempre muitas coisas bem feitas ao longo de sua vida, está em concentrar toda a sua energia em apenas uma delas por vez."

Johnny De' Carli

da natureza: o polegar relaciona-se com o elemento fogo (chacra do plexo solar); o indicador, com o elemento ar (chacra cardíaco); o médio, com o elemento éter (chacra frontal, responsável pela intuição); o anular, com o elemento terra (chacra básico); e o mínimo, ao elemento água (chacra umbilical). Segundo as orientações do Mestre Mikao Usui, na Meditação *Gassho* é preciso concentrar a atenção no ponto onde os dedos médios se tocam para ativar a intuição através do chacra frontal, que está ligado ao elemento éter.

Pergunta: *É possível ter alguma sensação física ao longo de uma Meditação Gassho?*

Resposta: Sim, é possível ter sensações como calor nas mãos ou na coluna. O objetivo da técnica, no entanto, não é o de prestar atenção às sensações, mas simplesmente concentrar-se no todo, no vazio.

Pergunta: *O que mais deve ser feito ao longo de uma Meditação Gassho?*

Resposta: Ao final da meditação, quando sentir um bom nível de tranquilidade mental repita pausadamente, refletindo sobre suas palavras, significados e mensagens, os Cinco Princípios do Reiki ministrados pelo Mestre Usui como instrução máxima (*GOKAI*):

1. Não se zangue;
2. Não se preocupe;
3. Seja grato;
4. Seja aplicado e honesto em seu trabalho;
5. Seja gentil com os outros.

Recomenda-se repeti-los logo após a meditação porque ela pode nos ajudar a descondicionar hábitos que precisam ser modificados. Lembre-se de que toda palavra tem um efeito. Ao término, respire pausada e profundamente e depois abra lentamente os olhos.

"Destine diariamente algum tempo para reclusão e reflexão."
Johnny De' Carli

Pergunta: *Como devemos proceder para incorporarmos ao máximo os Cinco Princípios do Reiki em nossa vida?*

Resposta: O único modo de torná-los aplicáveis no dia a dia é envolver-se com o propósito deles. O *Sensei* Usui recomendava a repetição diária dos Princípios do Reiki. A perseverança é o fundamento da vitória. Repetindo-os diariamente você promove essas mudanças. É fundamental usá-los e adquirir consciência da importância de cada um deles, pois essa repetição lhe dá a chance de compreender. A mudança de comportamento gerada pode evitar ou minimizar as doenças, até mesmo aquelas causadas por agentes patogênicos.

Pergunta: *A repetição dos Princípios do Reiki deve ser diária?*

Resposta: Sim, o hábito é o melhor mestre de todas as coisas. Adote o hábito de dizer algo admirável ao pronunciar as primeiras palavras. Nada é permanente: tudo muda a todo instante e a todo o momento. Prometa a si mesmo melhorar e tente melhorar. Precisamos nos reeducar se quisermos educar o próximo. Dizendo de manhã alguma coisa alegre e construtiva você estabelece uma disposição mental para o dia todo, pois o som da palavra é um mergulho na eternidade.

Pergunta: *Há quem consiga viver literalmente "ao pé da letra" os Cinco Princípios do Reiki?*

Resposta: Não conheço, por enquanto, nenhum Reikiano que consiga seguir à risca em tempo integral os Cinco Princípios do Reiki.

Pergunta: *Que conselho você dá para seus alunos Reikianos já no Nível 1?*

Resposta: Reserve alguns minutos por dia para oração e meditação. A meditação é um desses presentes que a Nova Era trouxe para o Ocidente, portanto, cultive o hábito da Meditação *Gassho* e você descobrirá tesouros escondidos. Silencie-se.

"É bem melhor viver norteado por hábitos que por regras. Os hábitos não são impostos para você segui-los; você não precisa conservá-los, eles conservam você."
Johnny De' Carli

O futuro Reikiano

Pergunta: *Prof. Johnny, existem pessoas que não possam ser Reikianas?*

Resposta: Não, todos podem ser Reikianos. O Método Reiki encontra-se ao alcance até mesmo de crianças, anciãos e pessoas doentes. Pode-se confirmar essa informação no seguinte trecho do memorial, onde o *Sensei* Juzaburo Ushida escreveu o seguinte: *"Essa é a razão pela qual a terapia Reiki pode ser facilmente* **ENSINADA PARA QUALQUER PESSOA***"* (o grifo é nosso).

Pergunta: *O que o Sensei Mikao Usui falava sobre a as potencialidades terapêuticas do ser humano?*

Resposta: No manual *'Reiki Ryoho No Shiori'*, o *Sensei* Koshiro Fukuoka escreveu o seguinte: *"O Sensei Usui disse que: Se você tentar aplicar isso ao Reiki, a grande natureza ensina que* **TEMOS UMA FORÇA VALIOSA DE CURA NATURAL E QUE DEVEMOS USAR QUANDO NECESSÁRIO.** *Quanto às pessoas que vivem sem saber utilizá-la, é algo lamentável"* (o grifo é nosso).

Pergunta: *Um analfabeto pode ser Reikiano?*

Resposta: Sim, a energia canalizada por uma pessoa com baixa escolaridade não difere em nada da energia canalizada por um profissional com diplomas de mestrado e doutorado. A beleza do Método Reiki está na sua simplicidade, que o torna acessível a qualquer pessoa, com qualquer estilo de vida. O Método Reiki é a democratização da saúde,

"Todo Reikiano procura o equilíbrio físico, emocional, mental e espiritual através do uso correto dessas ferramentas maravilhosas que denominamos mãos."
Johnny De' Carli

o equilíbrio ao alcance de todos, portanto, qualquer um pode ser um canal de energia Reiki.

Pergunta: *Qual é o principal motivo que inspira uma pessoa a se tornar um Reikiano?*

Resposta: Todos nós, em determinados momentos de nossas vidas, passamos por situações difíceis de sofrimento, estejamos ou não direta e pessoalmente envolvidos. Pode ser um sofrimento físico e material, emocional e, em algumas ocasiões, espiritual. Surge, então, o desejo de eliminá-lo ou, pelo menos, minimizar a dor, proporcionando alívio para nós mesmos e para quem nos cerca, mas nos sentimos completamente impotentes. Quantas vezes pensamos que se pudesse dispor de algo para interagir e ajudar a aliviar os sofrimentos, a vida poderia ser melhor? Então, de alguma forma, chega ao nosso conhecimento que a inesgotável energia Reiki está disponível.

Pergunta: *Qual deve ser o primeiro passo depois de tomada a decisão de se tornar um Reikiano?*

Resposta: Nesse feliz momento faz-se necessário procurar um mestre de Reiki habilitado e participar de um ritual de Sintonização.

Pergunta: *O mestre de Reiki é quem "cria" o Reikiano?*

Resposta: Não, o Reikiano não é criado pelo mestre, é apenas despertado. Por isso denominamos o Nível 1 de "O Despertar". Somos Reikianos em potencial, já nascemos com os canais. O ser humano pode ser comparado a uma instalação elétrica completa, cuja lâmpada não acende por estar desatarraxada. O que o mestre de Reiki faz é ajustar o contato da lâmpada.

"O primeiro estágio para ser uma pessoa do bem é a decisão firme de não ser uma pessoa do mal."
Johnny De' Carli

O REIKI E AS CRIANÇAS

· · · · · · · · · · · ·

Pergunta: *Prof. Johnny, as crianças podem ser Reikianas?*

Resposta: Todos podem ser Reikianos. As crianças, de preferência, a partir dos seis anos completos de idade, quando os chacras ficam plenamente formados podem ser Iniciadas. Mas já iniciei bebês HIV positivos, e em um deles o vírus "misteriosamente" desapareceu (foi um caso isolado).

Pergunta: *O senhor já ensinou o Reiki para crianças?*

Resposta: Sim, muitas crianças foram nossas alunas. Elas vinham ao curso acompanhadas de seus pais e/ou avós.

Pergunta: *Os seus filhos foram Iniciados no Reiki quando ainda eram crianças?*

Resposta: Sim, minhas filhas foram Iniciadas no Nível 1 antes de mim, pela Dra. Claudete França, quando tinham apenas 5 e 7 anos de idade, respectivamente. Daniel, meu caçula, fez comigo os Níveis 1 e 2 quando era pré-adolescente.

Pergunta: *Qual é o efeito da Sintonização do Reiki numa criança?*

Resposta: Observações demonstram que a Sintonização torna uma criança mais feliz. Disse Albert Einstein: *"A palavra progresso não terá qualquer sentido enquanto houver crianças infelizes"*.

"As crianças estão ligadas a Deus pela pureza de seus corações."
JOHNNY DE' CARLI

Pergunta: *O ensino do Reiki para crianças é idêntico ao dos adultos?*

Resposta: Não, é importante utilizar técnicas didáticas e material compatível com a faixa etária; é o que fazemos.

Pergunta: *No ensino do Reiki para crianças qual é o material didático recomendado por você?*

Resposta: Utilizamos o livro "Reiki para Crianças", de minha autoria. Recomenda-se um curso mais prático que teórico para esse público.

"O amor das crianças é universal, aprendamos com elas."
Johnny De' Carli

A energia Reiki

Pergunta: *Prof. Johnny, há algum documento oficial que fale que o Método Reiki trabalha com a Energia Primordial Cósmica, e não com a nossa energia pessoal?*

Resposta: Sim, no memorial o Juzaburo Ushida, escreveu o seguinte: *"Ele começou, de um modo novo, um método de aperfeiçoar o corpo e o espírito* **BASEADO NA ENERGIA REIKI DO UNIVERSO***"* (o grifo é nosso).

Pergunta: *Há mais alguma menção oficial da 'Usui Reiki Ryoho Gakkai' sobre qual é o veículo que o Método Reiki utiliza?*

Resposta: Sim, no manual *'Reiki Ryoho No Shiori'* podemos ler: *"A Energia Vital Universal"*.

Pergunta: *A 'Usui Reiki Ryoho Gakkai' fez alguma menção oficial sobre qual seja o maior benefício dessa energia?*

Resposta: Sim, no manual *'Reiki Ryoho No Shiori'* lemos que: *"Essa energia propicia que levemos a vida em harmonia. Por meio da Energia Vital Universal o ser humano pode aumentar a sua capacidade de autocura"*.

Pergunta: *Qual é o significado do termo Reiki?*

Resposta: *Rei* significa universal e refere-se ao aspecto espiritual, à Essência Energética Cósmica que permeia todas as coisas e circunda tudo quanto existe. *Ki* é a energia vital individual que flui em todos os organismos vivos e os mantém. Quando a energia *ki* sai de um corpo,

> *"Tudo é feito de energia, que se apresenta de diferentes formas, o Cosmo é energia."*
> Johnny De' Carli

este deixa de ter vida. A energia Reiki é um processo de encontro dessas duas energias: a Energia Universal e a nossa energia física.

Pergunta: *Como ocorre o encontro dessas duas energias: a Energia Universal e a nossa energia física?*

Resposta: Ocorre depois da Sintonização feita por um mestre de Reiki habilitado.

Pergunta: *A 'Usui Reiki Ryoho Gakkai' fez alguma menção oficial sobre onde a energia Reiki esteja presente?*

Resposta: Sim, no mesmo manual vemos: *"todas as coisas do Universo, tudo quanto existe no Céu e na terra possui a energia Reiki, sem exceção. Todas as coisas que existem no Universo têm vida porque possuem a energia Reiki. Isso quer dizer que se trata de uma existência real imaterial".*

Pergunta: *A 'Usui Reiki Ryoho Gakkai' fez alguma menção oficial sobre o que dizem outras correntes sobre a energia Reiki?*

Resposta: Sim, no manual: *"Desde o surgimento de todas as coisas que existem no Universo, a energia Reiki é uma força que nos foi concedida pela verdade da Mãe Natureza. No Budismo, é a força da sabedoria extraordinária; no Cristianismo, o Deus da criação; na ciência, a Energia Universal".*

Pergunta: *Os membros da 'Usui Reiki Ryoho Gakkai' fazem algum paralelo entre a energia Reiki e o que é pregado em outros países, ou mesmo no Japão?*

Resposta: Sim, no manual está escrito: *"em todos os países do mundo a denominação da energia Reiki e o seu funcionamento tem a sua própria peculiaridade, mas, em geral, dizem ser uma capacidade de o corpo irradiar energia; citam:*

"Tudo no Universo emite reflexos de amor. A essência principal
da energia Reiki é o amor, uma energia que não discrimina,
não julga e não critica."
Johnny De' Carli

a) *Índia (Brahman/Yoga): prana;*

b) *Áustria (Mesmer): biomagnetismo;*

c) *Estados Unidos (Ghooms): eletricidade animal;*

d) *Japão (Tanaka Taireido): éter".*

Pergunta: *Há mais denominações sobre a energia transmitida pelas diferentes culturas?*

Resposta: Sim, os polinésios a chamam de *mana*; os índios iroqueses americanos, de *orenda*; *ruach* em hebraico; *barraka* nos países islâmicos; *chi* na China; e de energia bioplasmática pelos russos.

Pergunta: *Como você definiria a energia Reiki?*

Resposta: A energia Reiki é uma das maiores forças deste planeta para a evolução das pessoas; um Caminho de harmonização interior com o Universo. É uma energia confortadora vinda de Deus, do Criador; vem do Macrocosmo para o microcosmo. É uma energia de paz e libertação com a qual o Criador abençoa o planeta. Ajuda a deter a violência e tendências autodestrutivas. É um poderoso antídoto contra o cigarro, o alcoolismo e as drogas que degeneram a humanidade.

Pergunta: *Quem pode ter acesso à energia Reiki?*

Resposta: Todos nós temos acesso à energia Reiki, e utilizá-la é nosso direito inato. Reiki é um presente poderoso, uma oportunidade para o Iniciado crescer e transformar-se.

Pergunta: *A 'Usui Reiki Ryoho Gakkai' fez alguma menção oficial sobre por onde a energia Reiki é emitida pelo Reikiano?*

Resposta: Sim, no manual podemos ler: *"A energia Reiki é emitida pelo corpo todo, mas a emissão é mais forte pela boca, olhos e na palma*

"Podemos comparar um Reikiano a uma mangueira de jardim, só que, em vez de água, o que jorra é a Energia Cósmica de Amor."
JOHNNY DE' CARLI

da mão. Na mão seria na segunda articulação do dedo médio, mas dependendo da pessoa há também as que irradiam melhor pela palma da mão".

Pergunta: *A 'Usui Reiki Ryoho Gakkai' fez alguma menção oficial sobre como atua o Reiki?*

Resposta: Sim, consta no manual: *"Atua sobre o subconsciente do ser humano oferecendo um forte auxílio no processo natural de autocura, na capacidade que cada pessoa possui em seu próprio corpo de prevenir e tratar doenças".*

Pergunta: *Procede a informação de que nem o* Sensei *Mikao Usui conseguiu explicar racionalmente o Reiki?*

Resposta: Sim, no manual *'Reiki Ryoho Hikkei'* o *Sensei* Usui disse o seguinte: *"**NÃO SEI COMO EXPLICAR ESTE FENÔMENO** através da medicina moderna, mas existem fatos que não são ficção. Se alguém vivenciar um tratamento conseguirá compreendê-lo. Ninguém pode ignorar os fatos".* Noutra passagem disse ainda: *"Esta técnica não me foi transmitida por ninguém, nem a pesquisei para obter a capacidade de trabalhar com o Espírito Universal (Rei). Durante a prática do jejum tive contato com a Atmosfera Universal e recebi uma sensação espiritual descobrindo, assim, uma capacidade espiritual terapêutica. Deste modo, **EU MESMO SINTO DIFICULDADE PARA EXPLICAR CLARAMENTE O FENÔMENO"*** (os grifos são nossos).

Pergunta: *A energia Reiki é explicada pelos membros da 'Usui Reiki Ryoho Gakkai'?*

Resposta: Não, no manual *'Reiki Ryoho No Shiori'* o *Sensei* Koshiro Fukuoka escreveu: *"Em cada país do mundo que possui a ciência*

"Reiki existe, é tão real, misterioso e natural quanto à eletricidade e ao magnetismo."
Johnny De' Carli

moderna desenvolvida ainda não se chegou a uma explicação certa da energia Reiki em si, o que seria e que forma possui. Pregam que entre os estudiosos também existem muitas pessoas que estão tentando descobrir e levando muito a sério a energia Reiki. Acreditam que, uma vez que a ciência moderna está passando por progressos verdadeiramente surpreendentes, pode-se dizer que está próximo o dia em que a existência da energia Reiki será explicada cientificamente. Somente aqueles que aprendem este método podem conhecer esta satisfação, esta alegria".

Pergunta: *A energia Reiki foi explicada pela ciência após a transição do Sensei Usui?*

Resposta: Não, no manual *'Reiki Ryoho No Shiori'* podemos ler: "*Com base nas pesquisas científicas, nos estudos moleculares, atômicos e eletrônicos, o Reiki começou a ser desvendado. No meio de estudiosos e cientistas existem pessoas que se empenham no novo campo do estudo dessa energia não visível, não palpável, o éter*".

Pergunta: *A 'Usui Reiki Ryoho Gakkai' fez alguma menção oficial sobre o que percebe a pessoa que recebe a energia Reiki?*

Resposta: Sim, consta no manual: "*Quando alguém recebe essa terapia, mesmo na primeira vez, surpreende-se com o excelente resultado*".

Pergunta: *Como a palavra Reiki é comumente escrita em japonês?*

Resposta: Pode ser escrita com ideogramas japoneses que, assim como os algarismos romanos, não exprimem letra ou som e sim uma ideia.

Pergunta: *Em alguns casos, esses ideogramas encontram-se reforçados com pequenas formas na parte inferior. O que significam?*

Resposta: Representam grãos de arroz, que simbolizam a vida.

"A Ciência é o caminho para se chegar a Deus pela razão."
Johnny De' Carli

Pergunta: *Que ideia pode nos transmitir o ideograma do Reiki?*

Resposta: Segundo o contexto, esse ideograma pode ter várias leituras com os seguintes significados:
- a) Chuva maravilhosa de energia vital;
- b) Chuva maravilhosa que dá vida;
- c) A ideia de algo que vem do Cosmo e que seu encontro com a Terra produz o milagre de vida;
- d) Chuva maravilhosa que produz o milagre da vida;
- e) A comunhão de uma Energia Superior com uma terrena que se pertencem mutuamente;
- f) Uma Energia maravilhosa que está acima de todas as demais e, além disso, está em você e você pertence a ela.

Pergunta: *Os ideogramas do Reiki são traçados com alguma cor?*

Resposta: Sim, recomenda-se que sejam feitos em dourado, pois essa é a cor Cósmica. Essa cor, assim como o amarelo, está associada ao sol, à abundância (riquezas) e ao poder. Também se associa aos grandes ideais, à sabedoria, à essência do espírito divino, à abertura espiritual, ao sobrenatural e aos conhecimentos. É uma cor que revitaliza a mente, as energias e a inspiração.

Pergunta: *A energia Reiki tem alguma correlação simbólica com cores?*

Resposta: Sim, a cor simbólica da energia Reiki é o verde, a cor da saúde física, haja vista sua correlação com o chacra cardíaco, responsável pelo nosso amor incondicional e sistema imunológico.

Pergunta: *Existe energia Reiki ruim?*

Resposta: Energia é energia. Não há energia ruim, mas tão somente bem ou mal dirigida.

"As palavras nunca são capazes de explicar totalmente o inexplicável."
Johnny De' Carli

O Reiki e o equilíbrio energético

Pergunta: *Prof. Johnny, como se comporta uma pessoa desequilibrada energeticamente?*

Resposta: Uma pessoa que apresenta um desequilíbrio energético com predominância de energia *Yang* pode acabar desenvolvendo impaciência, intolerância, irritabilidade, agressividade, hiperatividade etc. Outra, com predominância de energia *Yin* pode desenvolver comportamentos como apatia, tristeza, melancolia, desânimo e depressão.

Pergunta: *Todas as terapias naturais equilibram a energia do receptor?*

Resposta: Não, existem terapias polarizadas que podem potencializar os efeitos do desequilíbrio, com resultados negativos em quem as recebe.

Pergunta: *O Reiki é uma terapia polarizada?*

Resposta: Não, o Reiki é um método não polarizado. A energia Reiki é una, de tripla atividade, ou seja, encerra em si mesma a polaridade positiva *(Yang)*, a negativa *(Yin)* e a neutra.

> "Três atitudes bloqueiam o ser humano:
> o negativismo, o julgamento e o desequilíbrio."
> JOHNNY DE' CARLI

A AÇÃO DA ENERGIA REIKI

• • • • • • • • • • •

Pergunta: *Prof. Johnny, como se processa a cura com a energia Reiki?*

Resposta: Depois de Sintonizados, passamos a ser canais dessa Energia Cósmica e podemos direcioná-la para a zona afetada emitindo vibrações que diluem os bloqueios prejudiciais. Dessa forma, passamos efetivamente a intervir na matéria, em outros campos de energia e na Consciência levando a um estado natural de bem-estar, plenitude, harmonia e equilíbrio. A energia Reiki faz efeito ao passar pela parte afetada de nosso campo energético, elevando nosso nível vibratório dentro e fora do nosso corpo físico, onde pensamentos e emoções estão alojados na forma de nódulos energéticos que funcionam como barreiras do nosso fluxo normal de energia vital.

Pergunta: *Esses nódulos energéticos nocivos são comuns?*

Resposta: Sim, muitos são os que convivem com essas barreiras ao longo de toda uma vida, minimizando a qualidade da vida.

Pergunta: *O Reiki cura doenças crônicas?*

Resposta: Sim, mas há de ser perseverante. No manual *'Reiki Ryoho Hikkei'* o *Sensei* Usui disse o seguinte: *"Nos casos de **DOENÇAS CRÔNICAS, A RECUPERAÇÃO NÃO É MUITO FÁCIL**. Esses casos exigem algumas sessões de tratamento, mas mesmo assim, já no início o receptor sentirá alívio"* (o grifo é nosso).

"Numa aplicação de Reiki, misteriosamente, a energia agirá automaticamente, por si mesma, indo à causa do desequilíbrio, sem que você precise saber o que o causou."

JOHNNY DE' CARLI

Pergunta: *Como a energia Reiki pode interferir positivamente em órgãos doentes?*

Resposta: A física quântica, por meio de pesquisas sobre o átomo e a energia nuclear, demonstra que em nível mais ínfimo a matéria é energia. Os cientistas modernos analisam o mundo com um incrível grau de sofisticação. O mundo material é dividido em partículas cada vez menores e, ao final, o que encontramos são ondas de energia *(quanta)*. Essa visão do mundo, nova no Ocidente e antiquíssima no Oriente, declara ser energia tudo o que existe. Então, essa é a realidade básica que se condensa, equilibra-se e forma a matéria. Com a fórmula de Albert Einstein ($E=mc^2$) ficou provado cientificamente que matéria e energia são conversíveis e intercambiáveis: pode-se também transformar energia em matéria (como a multiplicação de pães e peixes realizados por Jesus), pois são dimensões da mesma realidade. Registros dos tempos das medicinas chinesa, tibetana, indiana e mesmo na época dos alquimistas medievais, técnicas milenares nos ensinam que matéria efetivamente se transforma e pode ser moldada pela intervenção de uma Energia Maior.

Pergunta: *O tratamento com o Reiki é destinado somente a situações do momento presente?*

Resposta: Não, a energia Reiki pode ser enviada para um trauma do passado (assalto, estupro, briga, demissão, etc.) minimizando o dano emocional, bem como pode ser programado para atuar num evento futuro (audiência, entrevista de emprego, viagem aérea, ida ao dentista, etc.). A energia Reiki é multidimensional, atua na quarta dimensão na qual o fator tempo/espaço deixa de ser um atributo fundamental, pois ali temos um *continuum* onde não há passado, presente nem futuro.

> "Reiki é amor. Toda energia de cura é, obrigatoriamente, uma energia de amor."
> JOHNNY DE' CARLI

Pergunta: *É possível acessar conscientemente essa realidade da quarta dimensão onde não há passado, presente nem futuro?*

Resposta: Sim, mas não com o Reiki. Isso explica como os grandes profetas, como Michael de Notre Dame (Nostradamus), que viveu na França há quinhentos anos, conseguiam revelar fatos que ainda iriam acontecer.

"O tempo caminha em velocidade diferente."
JOHNNY DE' CARLI

A escolha do mestre de Reiki adequado
• • • • • • • • • • •

Pergunta: *Prof. Johnny, quais são as dúvidas mais comuns entre os pretendentes a um curso de Reiki?*

Resposta: Abaixo vemos algumas das perguntas mais comuns entre os interessados no Método Reiki:

a) Como escolher um mestre de Reiki para me iniciar?
b) Existem diferenças entre os mestres de Reiki?
c) As linhagens que levam ao *Sensei* Usui são importantes?
d) O ideal é um mestre independente ou um que esteja vinculado a uma escola, instituição ou organização nacional ou internacional?
e) Quem garante o profissionalismo ou a idoneidade dos mestres de Reiki?
f) Qual é o conteúdo básico ideal para cada Nível de treinamento?
g) O que encontrarei será suficiente para garantir uma prática competente?

Pergunta: *Qual é a primeira coisa que devo observar no mestre de Reiki antes de me inscrever em seu curso?*

Resposta: Certifique-se de que o mestre não seja viciado em drogas ou qualquer outro vício pernicioso, o que refletiria num desequilíbrio prejudicial ao aprendizado.

> "Nossas dúvidas são as sementes rumo à sabedoria."
> Johnny De' Carli

Pergunta: *Atualmente essa grande oferta de cursos de Reiki é benéfica?*

Resposta: Em parte sim, a multiplicação de mestres do Método Reiki beneficia o planeta e a humanidade.

Pergunta: *Essa grande oferta de cursos de Reiki não complica?*

Resposta: Sim, à medida que a oferta de seminários cresce, os leigos podem sentir dificuldades em escolher o mais adequado para si. Não é fácil avaliar qual deva ser o conteúdo básico ideal de um treinamento, e se o que irá encontrar será suficiente para garantir uma prática eficaz. Há, ainda, uma tendência de alguns mestres quererem melhorar ou aprimorar o Método Reiki, mesclando conhecimentos esotéricos e holísticos com a prática original. Não havendo critérios oficiais que sirvam como referência, para o iniciante fica ainda mais difícil avaliar o que é e o que não é o Método Reiki.

Pergunta: *Qual é a melhor dica na escolha de um mestre de Reiki?*

Resposta: Uma indicação de amigos é um ótimo critério para a escolha de um mestre. Ouça também a sua "voz interior": use a intuição.

"As escolhas que fazemos são de nossa responsabilidade."
Johnny De' Carli

O mestre de Reiki

Pergunta: *Professor Johnny, lê-se nos livros de Reiki que o Mestre Mikao Usui, muitas vezes, recebe o tratamento de "Sensei". Qual é o real significado desse termo?*

Resposta: Esta palavra tem erroneamente assumido significados diversos no Ocidente. Quando escrito em japonês, utilizando-se os ideogramas, esta palavra é composta por duas ideias distintas:

- 先 - *Sen (Saki)*: "antes, à frente, precedente, prévio".
- 生 - *Sei (Umareru)*: "viver, nascer".
- 先生 *Sensei*

Conclui-se que *Sensei* (先生), em japonês, literalmente significa "aquele que nasceu/viveu antes, que tem o conhecimento".

Pergunta: *No Japão, quando se usa o termo "Sensei"?*

Resposta: É um termo utilizado com muito respeito e designado apenas àqueles que o merecem. O termo *Sensei* não significa uma profissão e sim um título, provido de muita responsabilidade, onde a pessoa é considerada um exemplo para a sociedade, alguém a ser seguido. Não é um termo exclusivamente para professores, mas também para médicos, advogados e para pessoas que detêm grande conhecimento em determinada área. No Japão, é extremamente comum referir-se às pessoas mais velhas, devido o respeito que se tem por elas, pela designação *Sensei*. Essa denominação é, em grande parte, uma medida de comparação entre indivíduos que possuem uma arte em comum

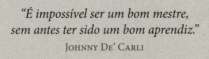

"É impossível ser um bom mestre, sem antes ter sido um bom aprendiz."
Johnny De' Carli

e, neste aspecto, define o respeito que ambas têm entre si. O grau de conhecimento da cultura japonesa determina a utilização do termo dentro de círculos restritos de conhecimentos "internos" (independentemente dos níveis de Sintonização no Reiki que possuem).

Pergunta: *Poderia nos dar um exemplo prático de quando não se usa o termo "Sensei" no Japão?*

Resposta: Sim, uma pessoa com certa idade, com família para sustentar e que seja Nível 1 ou 2 de Reiki *(Shoden ou Okuden)* ser obrigado a tratar um mestre de Reiki mais jovem que ela pela denominação *"Sensei"* é ir muito além do que este termo representa; e é uma falha grosseira de etiqueta tradicional japonesa (onde os mais jovens devem respeitar aos mais velhos).

Pergunta: *Então, no Ocidente o termo "Sensei" não é bem compreendido?*

Resposta: Sim, no Ocidente não há termo japonês mais utilizado e, possivelmente, menos entendido do que o termo *Sensei*. A tradução mais comum é professor, devido a sua utilização indiscriminada com infinitos significados no meio das artes marciais japonesas (judô, karatê, kendô, aikidô, sumô etc.) ensinadas aqui.

Pergunta: *Nem todo mestre de Reiki pode ser considerado um "Sensei"?*

Resposta: Exatamente. Muitos imaginam que recebendo a Sintonização no Nível 3-B (Mestrado de Reiki) já é um *Sensei*. Ocorre que uma Sintonização não é "formatura", não é o final; é exatamente o inverso, é o primeiro passo rumo ao verdadeiro conhecimento do "Caminho do Reiki" (Reiki-Dô). Uma pessoa sem vivência, sem maturidade, sem conhecimento técnico e não dotada de bons costumes não pode e não deve ser considerada um *Sensei*.

"Lamentavelmente, é bem mais fácil parecer do que ser um bom Mestre de Reiki."
Johnny De' Carli

Pergunta: *Vê-se que os alunos de certas versões de Mestrado de Reiki recebem o título de "Shihan". Qual é o real significado desse termo?*

Resposta: O ideograma para o termo *"Shihan"* é composto por duas partes: **Shi** (師) que significa "professor", "mestre", ou "pessoa de caráter exemplar"; e Han (範), que significa "bom exemplo". Assim, de modo tradicional **Shihan** (師範) é um termo de tratamento dirigido a uma pessoa a quem se vê como um exemplo a ser seguido.

Pergunta: *O que significa o título de mestre de Reiki?*

Resposta: É simplesmente um instrutor que é chamado no Ocidente de mestre, e no Japão de *Sensei*. O termo, no caso, não tem conotação de pessoa Iluminada, livre do carma, alguém que tenha poder sobre os demais, que seja melhor que os alunos; nem de hierarquia superior. Ele é uma pessoa capacitada a iniciar outras e não pode nem deve ser tomado como um exemplo do ponto de vista moral, ético ou espiritual, pois é qualquer pessoa que desperta em nós a capacidade que já possuímos. O mestre de Reiki é um instrutor que escolheu e aceitou a grande responsabilidade de passar aos interessados o conhecimento que adquiriu.

Pergunta: *Possuir um certificado de mestre de Reiki é importante?*

Resposta: Para alguns, sim. Num mundo ávido por *status*, para muitas pessoas um certificado significa autoridade. É o que elas aprenderam a respeitar.

Pergunta: *É difícil conseguir um certificado de mestre de Reiki?*

Resposta: Não, hoje em dia está muito fácil, rápido e barato conseguir um título de mestre de Reiki. Por isso, no meio do Reiki há muitos Iniciados para poucos "acabados".

> *"Nem sempre as pessoas nos dão a importância que acreditamos ter."*
> Johnny De' Carli

Pergunta: *A energia Reiki funciona bem com todos os mestres de Reiki?*

Resposta: Sim, é uma característica da energia Reiki funcionar em todos, independentemente da evolução de sua Consciência.

Pergunta: *Todos os mestres de Reiki estão preparados para exercer essa atividade?*

Resposta: Infelizmente não. Ser Iniciado como mestre de Reiki não é uma garantia da compreensão do método e da aquisição da experiência didática necessária. Ter recebido a Sintonização do Mestrado não garante que o novo professor esteja pessoalmente orientado. Há quem comece a lecionar sem saber o suficiente sobre o assunto. Para a compreensão efetiva, muita prática da técnica e certa maturidade são tão importantes quanto a Sintonização como mestres.

Pergunta: *O que representa um certificado de mestre de Reiki na sua concepção?*

Resposta: Os certificados que entrego a todos os alunos funcionam como documentos comprobatórios de que eles se submeteram ao Processo Iniciático e de que estamos inseridos em linhagens que nos levam até o *Sensei* Usui. Um certificado de Mestrado em Reiki não faz um mestre em Reiki, mas sim atesta a capacidade para transmitir e ensinar a técnica.

Pergunta: *No momento das Sintonizações há diferenças entre os mestres de Reiki?*

Resposta: No momento das Sintonizações todos os mestres de Reiki são iguais. A variação ocorre na capacidade didática de passar os conhecimentos teóricos que se fazem necessários.

"O ser humano é o que é,
não o que quer ou presume ser."
Johnny De' Carli

Pergunta: *O que é ser um bom mestre de Reiki na sua concepção?*

Resposta: Um bom mestre não é aquele que tem mais conhecimento, mas aquele que transmite mais conhecimento a seus alunos. O bom mestre de Reiki é aquele que cria bons Reikianos.

Pergunta: *O que é necessário para uma pessoa se tornar um bom mestre de Reiki?*

Resposta: Se alguém quiser ser um bom mestre de Reiki precisa investir o seu tempo nisso, precisa se comprometer e obter um treinamento sério, sólido e extenso.

Pergunta: *É possível formar um mestre de Reiki num único dia?*

Resposta: Lamentavelmente, há mestres de Reiki formados em seminários de apenas algumas horas, num único dia, o que não garante qualidade de formação profissional.

Pergunta: *Como é a formação de um mestre de Reiki em sua escola?*

Resposta: O treinamento extensivo do Mestrado em Reiki do Instituto Brasileiro de Pesquisas e Difusão do Reiki implica em pelo menos 16 horas de aulas mensais durante 7 meses.

Pergunta: *Um Reikiano é obrigado a realizar todos os Níveis do Reiki com o mesmo mestre de Reiki?*

Resposta: Não, o fato de termos recebido um Nível de determinado mestre não cria a obrigatoriedade de realizarmos os demais Níveis com esse. Nenhum estudante do Método Reiki precisa continuar em contato com seu mestre depois de um seminário nem dele é dependente. Os alunos são absolutamente livres e não têm nenhum grau de compromisso com relação ao mestre ou à instituição a que possam pertencer. Nunca se deve tornar os alunos dependentes, retendo informações.

> *"Ocupe seu tempo evoluindo,*
> *ampliando suas habilidades e competência."*
> Johnny De' Carli

Pergunta: *Um mestre de Reiki tem alguma autoridade sobre seus discípulos?*

Resposta: Negativo. O mestre de Reiki não exerce poder sobre seus alunos.

Pergunta: *Um mestre de Reiki é obrigatoriamente um ser humano melhor, se comparado aos seus discípulos?*

Resposta: Negativo. O mestre de Reiki não pode ser considerado, obrigatoriamente, melhor ou mais evoluído que eles.

Pergunta: *Você já conheceu muitos mestres de Reiki. O que mais lhe chamou a atenção sobre eles?*

Resposta: Em minha atividade de lecionar o Método Reiki já encontrei todo tipo de profissional. Existem mestres que causam boa impressão, mas que não foram treinados corretamente por seus mestres. O seminário, mesmo tendo sido bom, acaba não alcançando os resultados esperados do processo de Sintonização e o suposto Iniciado acaba se afastando da técnica.

Pergunta: *Todos os mestres de Reiki Iniciam corretamente?*

Resposta: Não, inclusive há mestres que mesmo tendo sido treinados corretamente, por displicência ou relaxamento, cometem erros ao Sintonizarem seus alunos.

Pergunta: *Na escolha de meu mestre de Reiki, o que devo procurar saber sobre ele antes?*

Resposta: O futuro Reikiano deve procurar conhecer o mestre antes de realizar um seminário com ele. Procure saber sobre o trabalho desenvolvido pelo mestre, quantos anos de prática possui, quem foi o mestre dele, onde foi treinado, quanto tempo durou seu treinamento.

"Não se encontra o que é correto com meios incorretos."
JOHNNY DE' CARLI

Faça perguntas práticas ao mestre, tais como o preço do seminário, o porquê das diferenças de preços dos outros, a duração do seminário, se haverá acompanhamento posterior, o conteúdo do seminário.

Pergunta: *O que você considera realmente importante na escolha de um mestre de Reiki?*

Resposta: Um aspecto importante a observar na prática de um mestre é que ele esteja acessível para tirar dúvidas que surjam após o seminário. Existem mestres itinerantes que passam por diversas cidades ensinando o Método Reiki e, posteriormente, surgindo a necessidade de consulta, os alunos devem poder localizá-los seja pela internet, pelo telefone celular ou por outro meio de comunicação qualquer. Deve ser avaliada a facilidade com que alguns mestres Iniciam outros mestres sem muitas limitações, inclusive em cidades onde não residem e estejam de passagem. O verdadeiro líder não é aquele que tem mais seguidor, mas aquele que forma mais líderes.

> *"As escolhas são nossas e devemos responsabilizar-nos por elas."*
> Johnny De' Carli

O ensino do Método Reiki

Pergunta: *Prof. Johnny, ensinar o Método Reiki é uma atividade complexa?*

Resposta: É muito fácil ensinar o Método Reiki. A grande maioria das pessoas pode ser um mestre de Reiki, desde que receba o treinamento específico.

Pergunta: *O Sensei Usui fez do Reiki um método de ensino complexo e enigmático?*

Resposta: Não, muito pelo contrário. Pode-se confirmar essa informação no seguinte trecho do memorial onde o *Sensei* Juzaburo Ushida escreveu o seguinte: *"Por esse processo,* **ele tornou seu propósito de ensinar CLARO e acurado.** *Além disso,* **tentou tornar sua orientação tão FÁCIL e SIMPLES quanto possível, de maneira que NADA FOSSE DIFÍCIL DE SER ENTENDIDO"**. Noutra passagem, disse também o *Sensei* Juzaburo Ushida: *"Essa é a razão pela qual* **a terapia Reiki pode ser FACILMENTE ENSINADA para qualquer pessoa***"* (os grifos são nossos).

Pergunta: *Preliminarmente, foi divulgado aqui no Ocidente que a introdutora do Reiki no mundo ocidental, a* Sensei *Hawayo Takata, teve dificuldades de aprender a técnica, pois a mesma somente poderia ser ensinada ao povo japonês. Existe algum registro oficial que diga que o Reiki não possa ser ensinado em algum país ou cultura?*

"Aprendas bem e ensinarás sem medo."
JOHNNY DE' CARLI

Resposta: Não, essa informação não procede. E pode-se confirmar no seguinte trecho do memorial: *"O Mestre Usui enfatizava: Este é seguramente o processo desconhecido para trazer a boa sorte e, também,* **LEVAR À HUMANIDADE** *um milagroso bálsamo para todos os tipos de problemas de saúde".* Num outro trecho: *"Felizmente podemos ter êxito em* **DIFUNDIR A TERAPIA REIKI EM TODOS OS LUGARES** (os grifos são nossos)".

Pergunta: *Procede a informação de que o Sensei Mikao Usui era contra manter segredos no Reiki?*

Resposta: Sim, no manual 'Reiki Ryoho Hikkei', o *Sensei* Usui disse o seguinte: *"Desde a Antiguidade as técnicas secretas são transmitidas somente para os descendentes de seus descobridores como se fossem um tesouro da família. Acredito que a prática de manter técnicas em* **SEGREDO** *é hábito do passado.* **NÃO PODEREI ADMITIR TAL COMPORTAMENTO** *no mundo moderno, no qual a felicidade e o progresso social são fundamentados na coexistência da humanidade".* Noutra passagem, o *Sensei* Usui disse: *"Seu uso objetiva a* **LIBERAÇÃO PARA O CONHECIMENTO DO PÚBLICO**, *a fim de que* **TODOS** *recebam seus benefícios, obtendo bem-estar oferecido pelo Céu".* Disse também: *"Nossa* **TÉCNICA SERÁ ABERTA E TRANSMITIDA PARA O PÚBLICO** *com o objetivo de salvar as pessoas de disfunções na saúde e angústias do mundo atual, onde há necessidade de melhorias e reformulações"* (os grifos são nossos).

Pergunta: *Na atualidade o ensino do Reiki no Japão segue padronizado?*

Resposta: Não, no Japão atualmente também existem diferentes correntes da técnica Reiki, cada uma com suas particularidades. Na capital japonesa, um grupo de monges budistas utiliza a energia Reiki associada

> *"Os segredos são como as nuvens, olha-se e estão de um jeito, olha-se novamente e já estão de outro jeito."*
> Johnny De' Carli

a exercícios de respiração e meditação; outros a combinam com a macrobiótica; outros com o Xintoísmo; e assim por diante. O Método Reiki se adapta às habilidades e interesses daqueles que o praticam.

Pergunta: *O Sensei Mikao Usui ensinava o Reiki apenas por tradição oral?*

Resposta: Não, um manual com o título de *'Reiki Ryoho Hikkei'* era entregue aos seus alunos quando lecionava. Foi escrito, portanto, quando ele ainda estava vivo, antes de 1926, em *kanji* arcaico (utilizado no Japão antes da Segunda Guerra Mundial). Posteriormente, também foi encontrada a apostila que era entregue pelo Dr. Chujiro Hayashi. Esses são documentos que comprovam que o Método Reiki não teve apenas uma tradição oral, como foi preliminarmente divulgado no Ocidente.

Pergunta: *Um mestre de Reiki precisa disponibilizar apostilas para os seus discípulos?*

Resposta: Sim, o bom professor precisa oferecer apostilas adequadas, que sirvam como boa fonte de consulta e estudo aos alunos.

Pergunta: *Como um bom mestre de Reiki deve lidar com a questão financeira?*

Resposta: A beleza do Método Reiki está em ensinar em sua plenitude, de forma humilde e amorosa, ficando o aspecto financeiro como consequência de um trabalho de regeneração planetária.

Pergunta: *Em quais situações um bom mestre de Reiki não deveria cobrar por uma Sintonização no Reiki?*

Resposta: Não existem regras. Os mestres que trabalham pautados no amor costumam não cobrar de pessoas que tenham doenças graves, como tumores malignos ou outras doenças sérias e degenerativas.

"Dinheiro sem objetivo é inutilidade.
Use o dinheiro para tornar a sua vida mais alegre,
saudável, abundante, produtiva e maravilhosa."
Johnny De' Carli

Pergunta: *O ensino do Método Reiki está vinculado à alguma religião?*

Resposta: Não, a prática de religião ou persuasão religiosa deve ser evitada, pois o Método Reiki, apesar de ter base no Zen Budismo e no Xintoísmo, não se vincula a religião nenhuma.

Pergunta: *No ensino do Método Reiki, o que mais deve ser evitado pelo mestre além de religião?*

Resposta: O mestre deve aprender a não emitir opiniões nos seminários com relação às crenças pessoais políticas, filosóficas e ideológicas dos alunos, pois a energia Reiki harmoniza-se perfeitamente com todas elas tornando-as, inclusive, mais fortes e claras em alguns casos. Assuntos polêmicos devem ser evitados, tais como aborto, racismo, pena de morte, prática de esportes, eutanásia etc.

Pergunta: *No ensino do Método Reiki, o que você considera antiético?*

Resposta: Não é ético o mestre de Reiki se envolver em relacionamentos eróticos/sexuais com seus alunos explorando, muitas vezes, um momento de fragilidade emocional deles. É também fundamental que a confidencialidade das informações pessoais dos alunos seja respeitada.

Pergunta: *No ensino do Método Reiki, o que você considera realmente importante para todos os mestres de Reiki?*

Resposta: Todo mestre deve sempre orientar seus alunos a recomendarem um médico, em caso de dúvida sobre alguma doença durante o exercício do Método Reiki. Deve também recomendar que nunca emitam diagnósticos (caso não sejam formados em medicina). A promessa da cura também é um comportamento irresponsável. O mestre deve deixar claro que não é o dono da verdade, que não irá transmitir a sabedoria absoluta e que tampouco é o dono da energia

> *"Ligando-se em Deus, liga-se em todo Bem,*
> *seja qual for a sua religião."*
> Johnny De' Carli

Reiki ou o único a transmitir o verdadeiro método. É fundamental ao novo professor considerar e respeitar o trabalho realizado por todos os mestres, principalmente os que o antecederam.

Pergunta: *No ensino do Método Reiki existe concorrência entre os diferentes mestres de Reiki?*

Resposta: Infelizmente, como em todos os negócios, observa-se acirrada concorrência entre os mestres de Reiki. O ideal seria que as pessoas não lecionassem o Método Reiki antes de eliminar os padrões pessoais de competição por meio de terapias de evolução de suas Consciências.

Pergunta: *Os cursos de Reiki são padronizados?*

Resposta: Não, existe um grande número de seminários de Reiki sendo oferecidos pelos meios de comunicação. Cada mestre tem uma metodologia de ensino, mas os seminários são sempre baseados no Sistema Usui. Atualmente, estão sendo feitos esforços para estabelecer critérios mundialmente válidos para o ensino do Método Reiki, de modo a comprometer os professores com a prática original.

Pergunta: *É possível fazer o curso de Nível 1 do Reiki com mais de um mestre de Reiki?*

Resposta: Sim, o aluno poderá assistir a diferentes seminários de Nível 1 a título de reciclagem, geralmente pagando uma taxa de participação, a fim de melhor selecionar um mestre para o Nível 2.

Pergunta: *Você é comprometido no ensino do Método Reiki com a prática original?*

Resposta: Sim, preocupado com esse aspecto estive no Japão em quatro diferentes ocasiões: em novembro de 1998; em janeiro de 2002;

"O bom uso do que se conhece chama-se sabedoria."
Johnny De' Carli

em setembro de 2011 e em novembro de 2018. Reavaliei meu método de ensino com o *Sensei* Fuminori Aoki, presidente da Associação *'Reido Reiki'* (Tóquio), e com o *Sensei* Doi Hiroshi, presidente da Associação *'Gendai Reiki Healing Kyokai'* (Kyoto). Nessas ocasiões, recebi novas iniciações *(Reiju)* no Sistema Tradicional de Reiki Japonês e fui autorizado a dar continuidade às linhagens espirituais das instituições criadas por ambos.

Pergunta: *É possível pedir o conteúdo de um curso de Reiki previamente?*

Resposta: Sim, caso você esteja pensando em cursar um determinado seminário não hesite em pedir ao mestre responsável o conteúdo do mesmo. Seria de grande valia que todos os seminários anunciados apresentassem uma lista do conteúdo abordado, facilitando aos aspirantes a escolha do mestre mais adequado.

Pergunta: *Qual é o conteúdo de seu curso de Nível 1 do Reiki?*

Resposta: Apresento a seguir o "Conteúdo de Referência para o Nível 1", que considero fundamental para o treinamento:

1) Entrega de apostilas e certificado de participação sem qualquer custo adicional;
2) Apresentação da(s) linhagem(s) das quais o aluno passa a fazer parte;
3) Conteúdo programático:
    3.1) Como funciona o Método e a energia Reiki;
    3.2) A história do Método Reiki:
      a) Antecedentes da sua descoberta;
      b) O descobridor Mikao Usui;
      c) A meditação de Mikao Usui;
      d) Mikao Usui e os primeiros resultados do Método Reiki;

> "O conteúdo é mais importante do que a forma.
> A forma não é essencial, o conteúdo sim."
> JOHNNY DE' CARLI

e) O Método Reiki e o início da sua divulgação;
f) Os Cinco Princípios do Reiki;
g) Chujiro Hayashi e a continuidade do trabalho;
h) Hawayo Takata e o Método Reiki no Ocidente;

3.3) Simbolismo do Reiki: o ideograma, a cor e o bambu;

3.4) Como tornar-se um canal de energia Reiki:
  a) O futuro Reikiano;
  b) O ritual de Sintonização;
  c) Os 21 dias de limpeza energética;
  d) Os sistemas e escolas do Método Reiki;

3.5) A divisão do Método Reiki: Níveis 1, 2, 3-A e 3-B;

3.6) A visão holística do corpo humano: aura e chacras;

3.7) Como e onde aplicar a energia Reiki;

3.8) As posições para aplicação;

4) Ritual de Sintonização energética;

5) Algumas noções de legislação para praticantes não-médicos.

"Devemos procurar o conhecimento constantemente, somos eternos aprendizes."
Johnny De' Carli

O processo de Sintonização no Reiki

Pergunta: *Prof. Johnny, a 'Usui Reiki Ryoho Gakkai' fez alguma menção oficial sobre qual seria o primeiro passo, aos seus membros, de como aperfeiçoarem o próprio espírito e receberem a Energia Espiritual do Universo?*

Resposta: Sim, no manual *'Reiki Ryoho No Shiori'* o *Sensei* Koshiro Fukuoka escreveu: *"Começam por receber uma Sintonização"*.

Pergunta: *A Sintonização no Reiki é realmente necessária?*

Resposta: Sim, na origem da humanidade nós mantínhamos nossos canais de energia intactos, gerando felicidade e harmonia. Com o processo de esquecimento dessa origem e em face da extrema individualização, além da evolução do egoísmo e do orgulho, nós enfraquecemos esses canais de ligação. Deixamos de usá-los e passamos a não receber toda a energia necessária para o nosso bem-estar. Retivemos somente a energia vital *(ki)*, indispensável ao sustento do nosso processo bioquímico. Mikao Usui descobriu como nos Religar à Energia Primordial do Universo.

Pergunta: *Assim sendo, não se pode aprender o Método Reiki através de livros?*

Resposta: Exatamente, pois as Sintonizações são justamente o cerne do Método Reiki, tornando-o diferente de outras práticas terapêuticas que podem ser assimiladas pela leitura de livros, apostilas etc.

> *"Antes de tentar aplicar Reiki, procure um Mestre de Reiki para Sintonizá-lo adequadamente na frequência da Energia."*
> Johnny De' Carli

Pergunta: *Como é conhecida essa Sintonização com a Energia Primordial do Universo?*

Resposta: Primeiramente, foi dado o nome de *Reiju* no Japão. Hoje recebe várias denominações como Iniciação, Ativação Energética, Sintonização ou *Attunement* (pôr em harmonia), como é usado nos Estados Unidos.

Pergunta: *Uma Sintonização no Reiki seria um tipo de ritual?*

Resposta: Sim, durante o ritual o mestre utiliza uma técnica específica do Método Reiki que liga o indivíduo a níveis mais elevados de Consciência e à Fonte Ilimitada da Energia Universal.

Pergunta: *O que acontece no receptor durante a Sintonização no Reiki?*

Resposta: No processo todos os canais de força do corpo, responsáveis pela captação e distribuição da nossa energia, são ativados para funcionarem nos moldes originais proporcionando a condição de tratar e harmonizar não somente a nós mesmos, como a todos que toquemos. Uma vez estabelecida a ligação, as mãos irradiam energia quando colocadas sobre as partes doentes aliviando dores, estancando sangramentos etc.

Pergunta: *Metaforicamente a que se pode comparar uma Sintonização no Reiki (Reiju)?*

Resposta: No livro *"Living Reiki: Takata's Teachings"* (Mendocino, CA, Life Rhythm Press, 1992), a mestre de Reiki Fran Brown faz referência à *Sensei* Hawayo Takata, que costumava comparar a Sintonização de um Reikiano a de um aparelho de rádio ou TV: para assistir a um determinado canal faz-se necessário que sintonizemos o aparelho na frequência da rede transmissora. O mesmo ocorre com os indivíduos:

"O processo de Sintonização é irreversível e passa a acompanhá-lo por toda a existência, mesmo que você não o pratique assiduamente."
Johnny De' Carli

para se conectarem à Energia Universal devem estar Sintonizados com ela. Desse modo, o Reikiano passa a funcionar como uma "pirâmide viva" na captação da Energia Universal.

Pergunta: *A Sintonização no Reiki ocorre em que região do corpo?*

Resposta: Há uma Ativação no chacra coronário (glândula pineal), fazendo com que nossa vibração e frequência aumentem e transformem-se passando a níveis mais elevados, num verdadeiro salto orbital eletrônico e quântico. A Sintonização cria um canal para a Energia Cósmica fluir e ativa além do chacra coronário, o cardíaco e os das palmas das mãos para usá-los na canalização da energia Reiki.

Pergunta: *Quem está apto a executar uma Sintonização no Reiki (Reiju)?*

Resposta: Elas são muito precisas e só podem ser transmitidas por um mestre de Reiki devidamente treinado, pois este recebeu uma série de transmissões de energia e está apto a aplicá-la, ensiná-la e ativá-la em outros.

Pergunta: *Há como saber se um aluno não foi bem Iniciado no Reiki?*

Resposta: Sim, com um pouco de experiência um mestre consegue avaliar, principalmente intuitivamente, se um aluno foi Iniciado corretamente, mas para os leigos essa tarefa se torna bastante difícil.

Pergunta: *Um Reikiano que fique um período sem utilizar a energia Reiki precisará de nova Sintonização?*

Resposta: Não, mesmo um longo período sem utilizar a energia Reiki não leva à necessidade de nova Ativação Energética para o mesmo Nível. A Sintonização é um presente divino que fica profundamente enraizada no Iniciado. Um dom que, uma vez recebido, não é perdido e

*"Tudo que merece ser feito, merece ser bem feito.
Nada louvável se obtém sem esforço."*
JOHNNY DE' CARLI

nos acompanhará por toda a vida trabalhando corpo, mente e espírito. Os canais permanecerão abertos por toda a existência do Reikiano e eles podem tornar-se mais fortes com a prática ou enfraquecer por falta de uso, entretanto, nesse último caso poderão ser reativados pela simples volta à prática.

Pergunta: *Faz diferença ser Iniciado no Reiki e receber a energia Reiki?*

Resposta: Sim, sabemos por experiência própria que a qualidade de vida que uma pessoa estabeleceu inicialmente para si mesma será elevada depois da Sintonização no Reiki. O processo de Sintonização além de ampliar nossa Consciência, gera uma transformação proveniente do deslocamento de nosso centro de equilíbrio energético do chacra do plexo solar para o chacra cardíaco. Assim, ficamos mais amorosos, humildes e tolerantes.

Pergunta: *Percebe-se algum tipo de mudança na energia pessoal de um Iniciado no Reiki?*

Resposta: Sim, a Sintonização acende uma luz num ambiente escuro despertando dons que um dia foram universais, mas que hoje estão praticamente esquecidos. O Método Reiki amplia nosso campo áurico. Por meio de um medidor específico (aurímetro), numa pessoa não Iniciada podemos detectar a presença da energia da aura a uma distância de um metro, já num Reikiano de Nível 3-A essa energia pode ser percebida a mais de dois metros de distância.

Pergunta: *Que benefícios podem nos trazer uma expansão no campo áurico?*

Resposta: Uma expansão no campo áurico produz uma transformação indiscutível de Consciência em qualquer pessoa.

"Cada ser humano é responsável pela sua própria evolução, esta é a base da Lei do Livre-Arbítrio."
Johnny De' Carli

Pergunta: *O que muda na vida de uma pessoa após a Sintonização no Reiki?*

Resposta: A partir do momento da Sintonização abre-se dentro da pessoa uma porta que, uma vez transposta, a introduz em uma nova realidade. Abre-se um mundo totalmente novo que, a princípio, não acreditávamos que existisse. Quando nos convertemos em canal de energia Reiki tornamo-nos um meio pelo qual a Energia Universal é conduzida. Reiki é uma energia de amor canalizada por intermédio do nosso chacra cardíaco: o Iniciado converte-se num verdadeiro canal, ou seja, terá sempre contato com essa Energia Universal e poderá aplicá-la quando quiser. Damo-nos conta do quanto somos capazes de nos ajudar e de proporcionar conforto ao próximo que precise de ajuda, fazendo fluir a Energia Universal Cósmica espontânea e ilimitada com um simples gesto, bastando impor as mãos. É tão simples que resistimos a crer que seja real.

Pergunta: *O que muda nas pessoas que já trabalhavam com imposição de mãos após a Sintonização no Reiki (Reiju)?*

Resposta: Recebi relatos de alunos que trabalhavam com imposição de mãos antes do Método Reiki, mas que em alguns minutos se sentiam totalmente exauridos. Depois da Sintonização sentiram que passaram a trabalhar não mais com a própria energia *(ki)*, e sim com a Energia Cósmica captada, que passou a percorrê-los durante as sessões.

Pergunta: *Na época do Sensei Mikao Usui como eram as Sintonizações no Reiki (Reiju)?*

Resposta: As Sintonizações *(Reiju)* ocorriam com pouca luz (penumbra), com os alunos sentados de olhos fechados e em silêncio profundo, costas eretas, em posição tradicional *Seiza* de sentar-se

> *"Renove diariamente os seus pontos de vista em busca da evolução."*
> JOHNNY DE' CARLI

sobre os calcanhares, as palmas das mãos ficavam juntas em posição de oração *(Gassho)*. Para maior conforto, e pelo frio, utilizavam-se assentos baixos japoneses *(zabutons)*. O mestre *(Shihan)* utilizava quimono formal. Durante as Sintonizações, que duravam cerca de cinco minutos, todos recitavam em uníssono três vezes os Cinco Princípios do Reiki *(Gokai-no-sho)* que se encontrava escrito em um pergaminho pendurado na parede. O *Sensei (Shihan)* contava com a ajuda de professores-assistentes *(Shihan-kaku)* e declamava os poemas escritos pelo Imperador Meiji. Após a Sintonização todos se sentavam em círculo, de mãos dadas formando uma corrente *(Reiki Mawashi)*.

Pergunta: *Há diferenças nos rituais de Sintonização (Reiju) entre as escolas de Reiki?*

Resposta: Sim, conheci diferentes técnicas para dar Sintonizações no Reiki, e todas são eficientes.

Pergunta: *De onde vem o ritual de Sintonização no Reiki adotado pelo senhor?*

Resposta: O processo que adotei é o mesmo usado pelo *"The International Center for Reiki Training"* em Michigan, EUA, onde realizei um seminário avançado *(Advanced)* e um curso de Mestrado com seu dirigente e fundador, mestre William Lee Rand. Esse processo é proveniente de diferentes sistemas, nos quais os símbolos do Reiki Tibetano são adicionados aos símbolos tradicionais do Sistema Usui.

Pergunta: *Por que o senhor adotou o ritual do "The International Center for Reiki Training"?*

Resposta: Esse método é rápido, eficiente e simples, pois não fazemos as quatro Iniciações separadamente, como ocorre no tradicional Sistema Usui.

"Somente você pode decidir o que é bom para você.
Ouça sua voz interior e siga-a."
Johnny De' Carli

Pergunta: *O ritual de Sintonização no Reiki adotado pelo senhor difere em que do sistema tradicional?*

Resposta: Alunos que receberam Sintonizações de ambas as formas consideraram esse processo mais intenso.

Pergunta: *Quais os cuidados que o mestre de Reiki deverá ter durante um ritual de Sintonização no Reiki?*

Resposta: O momento da Sintonização é sagrado, portanto, não pode ser interrompido. Alguns cuidados práticos nesse momento são essenciais: campainha, telefone convencional ou celular deverão ficar desligados.

Pergunta: *Realizar muitos rituais de Sintonização no Reiki num mesmo dia é cansativo para o mestre?*

Resposta: Sim, quando executado em muitas pessoas em um mesmo dia, o processo pode ser muito cansativo.

Pergunta: *Há alguma preparação necessária por parte do aluno para o ritual de Sintonização no Reiki?*

Resposta: Sim, para que o corpo se torne mais sensível e perceba melhor o Processo Iniciático o ideal é que não esteja sobrecarregado com substâncias que diminuem a capacidade perceptiva, como carne vermelha, álcool e drogas. Dessa forma, a Sintonização poderá ser vivenciada conscientemente e as mudanças serão percebidas com mais intensidade.

Pergunta: *O que poderia acontecer se o aluno consumisse carne vermelha ou bebidas alcoólicas antes do ritual de Sintonização no Reiki?*

Resposta: A Sintonização ocorrerá mesmo que a pessoa tenha ingerido alimentos mais pesados e consumido bebidas alcoólicas nas horas que

> *"Nada que é sagrado pode ser obtido por meio da negação."*
> JOHNNY DE' CARLI

antecederam ao seminário, mas poderá haver uma menor percepção por parte do Iniciado e um processo de limpeza de 21 dias bem mais intenso.

Pergunta: *Como os envolvidos devem se comportar durante uma Sintonização no Reiki?*

Resposta: A energia Reiki vem diretamente da mais alta Fonte Espiritual e as Sintonizações devem, portanto, ser tratadas com o maior respeito. Esse momento é um presente, um verdadeiro milagre. Quando um novo Reikiano é despertado ocorre um ritual sagrado de grande beleza.

Pergunta: *Durante um ritual de Sintonização no Reiki, como o aluno deverá se posicionar?*

Resposta: Deverá estar sentado numa cadeira com o espaldar reto e com os pés descalços no chão. As mãos deverão permanecer unidas em posição de prece na altura do peito, pois serão tocadas e trabalhadas pelo mestre.

Pergunta: *Durante um ritual de Sintonização no Reiki os alunos podem ficar com os olhos abertos?*

Resposta: Não, os iniciandos deverão permanecer durante todo o processo com os olhos fechados. Dessa forma, poderão perceber melhor o que ocorre nesse momento único, pois isso se tornaria mais difícil se ficassem questionando o porquê de cada gesto do mestre.

Pergunta: *Ao longo um ritual de Sintonização no Reiki que sensações relatam os alunos?*

Resposta: Muitos consideraram o momento Iniciático um marco vivencial dos mais importantes e significativos. A Sintonização, a exemplo do amor, tem de ser vivenciada, não pode ser descrita racionalmente. Afeta cada pessoa de forma diferente, dependendo de seu momento e de seu padrão vibratório. Durante o processo a

"No Reiki o lema é outro: quando o mestre está pronto, os alunos é que aparecem."
Johnny De' Carli

pessoa que está sendo Ativada poderá experimentar uma série de sensações e emoções, tais como intensa paz e harmonia, um calor agradável, um profundo relaxamento, calor nas mãos, tristeza, choro ou amor. A pessoa também poderá visualizar mestres, ver luzes e cores, como azul-celeste, violeta, dourado e até mesmo projetar-se para o passado. Já tivemos oportunidade de ouvir relatos de muitas pessoas que visualizaram parentes desencarnados. Outras, todavia, não percebem nada nem durante a cerimônia nem nas primeiras semanas após terem sido Iniciadas, ou mesmo durante as aplicações, pois seus sensores ainda não foram devidamente educados. Ou seja, não há garantias de que a percepção de sensações venha a ocorrer no princípio da prática do Método Reiki.

Pergunta: *Quanto tempo demora um ritual de Sintonização no Reiki?*

Resposta: A Sintonização de uma única pessoa não demora mais do que quinze minutos.

Pergunta: *Há algum preparativo para um ritual de Sintonização no Reiki na 'Usui Reiki Ryoho Gakkai'?*

Resposta: Sim, no manual *'Reiki Ryoho No Shiori'* está escrito: *"Sim, há um preparativo prévio"*.

Pergunta: *Existe algum documento oficial do Reiki que explique como deve ser feito o preparativo para um ritual de Sintonização realizada pelos membros da 'Usui Reiki Ryoho Gakkai'?*

Resposta: Sim, no manual *'Reiki Ryoho No Shiori'* o *Sensei* Koshiro Fukuoka escreveu o seguinte:

"a) *Entoam-se os poemas do Imperador Meiji, visando afastar todos os pensamentos ociosos um momento antes dos preparativos da Sintonização;*

> *"A maneira mais fácil de crescer é cercar-se de pessoas mais preparadas do que você."*
> JOHNNY DE' CARLI

b) *Senta-se em Seiza juntando os dedões dos pés. Nos homens, joelhos abertos a 45º, e nas mulheres ajusta-se deixando um pouco aberto. Além disso, manter as costas e o pescoço eretos numa posição correta. Fecham-se levemente os olhos e se concentra no Tanden (uma região que fica a 5 cm ou 3 dedos abaixo do umbigo). Nessa hora relaxa-se todo o corpo, pois é importante manter o mais natural possível, não podendo ficar todo duro e tenso. Manter levemente o maxilar inferior sem ajustar com força. Adota-se uma postura na qual se tira a força dos ombros de modo bem natural (contrai-se o períneo). As pessoas que não podem sentar dessa maneira devem manter somente a postura correta, podendo ser com as pernas cruzadas (Agura), ou podem sentar-se em cadeiras;*

c) *Faz-se o Kenyoku (banho a seco). O sentimento de banhar-se é uma forma de representar a limpeza da mente, a purificação do coração, do corpo, das mãos, sendo uma atividade a ser feita antes da meditação. Primeiro, coloca-se a palma da mão direita sobre o ombro esquerdo, alinhar na gola, e escorregar a mão de cima para baixo para o lado direito. Em seguida, com a palma da mão esquerda sobre o ombro direito e escorregar a mão no sentido do ombro direito para frente do corpo, embaixo da axila. Repetir o mesmo procedimento com a mão direita sobre o ombro esquerdo. Logo após, esfrega-se (como se estive puxando) com a palma da mão direita a palma da mão esquerda, e com a palma da mão esquerda a palma da mão direita e, por fim, com a palma da mão direita novamente esfregar a palma da mão esquerda;*

d) *Joshin-Kokyuu-Ho (respiração para purificar a mente): Quando se encerra o Kenyoku, em seguida realiza-se o Joshin-Kokyuu-Ho. Com ambas as mãos colocadas sobre os joelhos, cada mão apertando levemente e formando um círculo. Acalma-se a mente na região no*

"Em hipótese alguma, insista para que qualquer um receba Reiki. Diríamos que esta é a principal restrição. É impossível unir-se a alguém que não deseja."

JOHNNY DE' CARLI

Tanden, respirando silenciosamente. Quando isso progride a respiração torna-se tão tranquila que você nem percebe que está respirando e acaba sentindo como se estivesse respirando pelos poros. Tem uma sensação de conforto e o corpo fica mais leve como se estivesse flutuando no ar. Após respirar 2, 3 vezes, juntar as mãos em prece;

e) Gassho (palmas das mãos em prece): Colocam-se as mãos levemente juntas em frente do peito sem colocar força;

f) Meditação ou concentração mental: Na postura de Seiza e Gassho, direcionando a mente no Tanden faz-se a meditação. A meditação é recomendada para afastar os pensamentos ociosos e atingir um estado de desprendimento, mas para isso pode levar cerca de 2 semanas, se for rápido. Quanto mais você tenta afastar os pensamentos ociosos, mais eles voltam a apresentar-se. Se ficar no sentimento de "não me importo, tanto faz isso" mostra-se mais capaz de meditar ou concentrar-se mais depressa. No início, é eficaz contar de 1 a 10 mentalmente, entoar os poemas e evitar os pensamentos ociosos. Quando aparece um pensamento surge outro relacionado com esse, e vem um atrás do outro. Isso é uma prova de que não se concentrou. Dispersando o pensamento ocioso a pressão do sangue na cabeça começa a baixar, a mente e o corpo ficam reconfortantes e o corpo fica leve. Fecham-se levemente os olhos. No início pode parecer sombrio, mas cada vez que se avança fica claro;

g) Nessa situação, o mestre faz a Sintonização".

Pergunta: *O que se percebe no ambiente durante um ritual de Sintonização no Reiki?*

Resposta: A temperatura da sala sofre um aumento considerável durante o processo, ficando energizada por um bom tempo ainda depois do ritual.

> *"Se o receptor não pede ajuda, permanece fechado."*
> Johnny De' Carli

Pergunta: *O senhor permite que as pessoas assistam aos seus rituais de Sintonizações no Reiki?*

Resposta: Sim, permito que meus alunos assistam à Sintonização desde que permaneçam em silêncio. Nos meios mais tradicionais do Método Reiki não é permitido assistir.

Pergunta: *Existe algum documento oficial do Reiki que explique sobre o procedimento que ocorre imediatamente após uma Sintonização?*

Resposta: Sim, no manual *'Reiki Ryoho No Shiori'* está escrito: "Quando finalizada a Sintonização entoam-se 3 vezes os Cinco Princípios. Na primeira vez, o mestre orienta. Na segunda vez, todos entoam em uníssono. Na terceira vez, entoam em uníssono tendo a intenção de que se cumprirão com excelência os Cinco Princípios e, uma vez terminado, ora-se para a saúde e a felicidade nossa e a dos outros, para a paz da humanidade, e para os Deuses/Buda/Cristo nos quais nós habitualmente cremos".

Pergunta: *A 'Usui Reiki Ryoho Gakkai' fez alguma menção oficial sobre quando o Reiki começa a funcionar após a Sintonização?*

Resposta: Sim, no manual *'Reiki Ryoho No Shiori'* o *Sensei* Koshiro Fukuoka escreveu o seguinte: "A terapia Reiki, até mesmo nas pessoas que recebem a Sintonização pela primeira vez, já pode fluir muito forte no início. Mas o importante é que, na realidade, devemos praticar bastante e adquirir nossas próprias experiências".

Pergunta: *O que acontece com os chacras inferiores após uma Sintonização no Reiki?*

Resposta: Embora a abertura do canal de passagem da energia Reiki aconteça entre os chacras cardíaco e o coronário, os chacras inferiores são igualmente importantes e ajustam-se à frequência vibratória correspondente aos chacras superiores.

"Reiki não é milagre, funcionará apenas se você usá-lo."
Johnny De' Carli

Pergunta: *Há quem tema receber uma Sintonização no Reiki?*

Resposta: Sim, muitos têm medo quando se defrontam com uma situação desconhecida. Entretanto, nada no Método Reiki, incluindo o Processo Iniciático, pode prejudicar alguém.

Pergunta: *A Sintonização no Reiki não poderia vir a influenciar de forma negativa a personalidade da pessoa?*

Resposta: Sim, precisamos ficar alertas para não permitir que esse conhecimento estimule negativamente o nosso ego, o que atrapalharia nosso processo evolutivo.

Pergunta: *Se uma pessoa se arrepender haverá como desfazer a Sintonização no Reiki?*

Resposta: Não, esse processo maravilhoso o tornará definitivamente, de forma irreversível, um canal de energia Reiki e muda para sempre a vida do Iniciado, de maneira muito positiva e profunda.

Pergunta: *Na sua opinião, é possível realizar uma Sintonização de Reiki em animais?*

Resposta: Sim, tive conhecimento de mestres que realizaram Sintonizações em animais com resultados satisfatórios.

> *"No mundo material, quando uma coisa acontece não há como 'desacontecer'."*
> Johnny De' Carli

Sintonizações de Reiki à distância

Pergunta: *Prof. Johnny, o Instituto Brasileiro de Pesquisas e Difusão do Reiki realiza oficialmente Sintonizações de Reiki à distância?*

Resposta: Sim, inclusive na ocasião do isolamento social, proveniente da pandemia de 2020 (COVID-19), recomendamos nas redes sociais que todos os mestres de Reiki, que se sentissem em condições, iniciassem imediatamente o ensino do Método Reiki à distância.

Pergunta: *Você está seguro de que as Sintonizações de Reiki à distância funcionam bem?*

Pergunta: Sim, fui buscar respostas na ciência e posso lhe assegurar que as Sintonizações de Reiki à distância funcionam muito bem, apesar de alguns, não sei por qual motivo, pregarem que não. A ciência diz que funciona, para comprovar deve-se ler sobre o Paradoxo E.P.R. (Paradoxo de Einstein-Podolsky-Rosen): https://pt.wikipedia.org/wiki/Paradoxo_EPR.

Contestar esse importante tratado científico seria tarefa apenas para pessoas com uma base acadêmica muito sólida como, por exemplo, um pós-doutor em Física Quântica.

Pergunta: *O que lhe motivou a incentivar o ensino do Método Reiki à distância?*

Resposta: Há estudos científicos publicados na Universidade de São Paulo (USP) que comprovam que o Reiki é uma poderosa ferramenta

"As pessoas fariam muito mais coisas, se acreditassem que muitas delas são possíveis."
Johnny De' Carli

para o fortalecimento do sistema imunológico. Com a triste realidade do coronavírus (COVID-19), mais do que nunca, temos que estar conectados e ensinando o Método Reiki.

Pergunta: *O que você teria a dizer às pessoas que se posicionam contrárias às Sintonizações de Reiki à distância?*

Resposta: O cientista Albert Einstein foi considerado por duas das maiores revistas científicas americanas como a personalidade do século passado. Disse ele: *"Triste época! É mais fácil desintegrar um átomo do que um preconceito"*. Fico triste quando encontro pessoas preconceituosas ensinando o Reiki. Uma pena! Alguns considero bons mestres, mas, por puro preconceito, ficarão sem ensinar nesse momento turbulento de isolamento social (COVID-19).

Pergunta: *No que você se baseou para essa nova atividade?*

Resposta: Procuro ficar sempre do lado da ciência. Nos anos de 1998/99, Rita e eu fizemos um trabalho social com o Reiki no Triângulo Mineiro, mais especificamente em Ituiutaba (Lar Pouso do Amanhecer). Chico Xavier ainda estava vivo, e me recordo que, numa de suas entrevistas, quando foi questionado por um jornalista: *"Chico, e se a ciência provar que você está equivocado?"*; ele, com toda aquela humildade, respondeu: *"Fiquem SEMPRE do lado da ciência"*. A ciência é o caminho para se chegar a Deus pela razão; devemos ficar sempre do lado dela.

Pergunta: *Procede a informação de que alguns mestres de Reiki treinados por você já vinham realizando Sintonizações de Reiki à distância?*

Resposta: Sim, passados poucos anos, dois de meus mais dedicados alunos de Mestrado em Reiki, mais especificamente o *Sensei* Antônio

> *"Quando não acreditarem em você, basta que você acredite, e isso já será o suficiente."*
> JOHNNY DE' CARLI

Carlos Bernardes Pereira de Melo (Zanon) e a *Sensei* Claudia Secassi, iniciaram o ensino do Reiki com Sintonizações à distância. Interessei-me pela novidade e fui visitar o amigo e aluno mestre Zanon, em seu apartamento em Copacabana para aprender como estava fazendo. Ele gentilmente me explicou, e fiquei encantado. Abençoei o trabalho pioneiro dele e expliquei que no Instituto de Reiki os nossos cursos seguiriam presenciais, por ser a nossa predileção. Gosto de abraçar meus alunos, de olhá-los nos olhos.

Pergunta: *Estes alunos chegaram a sofrer críticas?*

Resposta: Sim, como em tudo na vida que envolve dinheiro, se envolvem disputas. Zanon Mello e Claudia Secassi começaram a sofrer pesadas críticas sobre a idoneidade de seus trabalhos.

Pergunta: *Como você se posicionou perante estas severas críticas?*

Resposta: No ano de 2016, há exatos cinco anos, a fim de ampará-los profissionalmente coloquei no novo site do Instituto Brasileiro de Pesquisas e Difusão do Reiki um vídeo de uma aula de Mestrado em Reiki de 2016, onde ensinei meus alunos numa prática a Sintonizar à distância. Vejam o link: https://reikiuniversal.com.br/iniciacao-de-reiki-a-distancia/.

Pergunta: *Você ensina aos seus alunos a realizarem Sintonizações de Reiki à distância?*

Pergunta: Sim, em 2003 comecei a ensinar aos meus alunos de Mestrado a como realizar as Sintonizações de Reiki à distância, apesar de eu, habitualmente, não as fazer até então.

"Não perca seu tempo respondendo a quem o critica."
JOHNNY DE' CARLI

Pergunta: *Após o Instituto Brasileiro de Pesquisas e Difusão do Reiki oficializar as Sintonizações de Reiki à distância os seus alunos acataram a ideia?*

Resposta: Sim, meu coração se encheu de alegria quando, na mesma semana, outra aluna muito dedicada e competente, a mestre de Reiki Cristine Di Lorenzo, me informou que havia se adaptado à realidade da pandemia e havia Sintonizado pela primeira vez pessoas à distância.

Pergunta: *Atualmente há mestres de Reiki renomados realizando Sintonizações de Reiki à distância?*

Resposta: Sim, há muitos. Entre eles, destaco o mestre de Reiki William Lee Rand, dirigente e fundador do *"The International Center for Reiki Training"* em Michigan, EUA, que é reconhecidamente a maior autoridade em Reiki do Ocidente na contemporaneidade.

Pergunta: *Quando foi que o mestre William Lee Rand começou a realizar as Sintonizações de Reiki à distância?*

Resposta: Começou oficialmente no dia 4 de abril de 2020, em função da pandemia causada pelo coronavírus (COVID-19).

Pergunta: *Que argumento o mestre William Lee Rand utilizou para começar a realizar as Sintonizações de Reiki à distância?*

Resposta: Disse o mestre William Lee Rand em seu site: *"As Sintonizações precisavam ser dadas pessoalmente no passado, mas os Irmãos e Irmãs da Luz viram os problemas que o coronavírus estava criando e formularam uma energia Reiki de frequência mais alta que permite ensinar on-line"*.

"Se algo é incontestavelmente certo, faça-o."
Johnny De' Carli

Pergunta: *Onde se pode encontrar a informação oficial de que o mestre William Lee Rand esteja realmente realizando Sintonizações de Reiki à distância?*

Resposta: Em seu site oficial, no seguinte endereço: https://www.reiki.org/store/miscellaneous/holy-fire-online-reiki-master-training-recording.

Pergunta: *O mestre William Lee Rand limita a quantidade de participantes em seus cursos on-line?*

Resposta: Sim, suas turmas ficam limitadas a 49 (quarenta e nove) alunos.

Pergunta: *Com relação aos preços dos seminários on-line, o que o mestre William Lee Rand recomenda aos seus alunos?*

Resposta: Ele cobra e sugere que seja cobrado o mesmo valor das aulas presenciais.

Pergunta: *Onde você busca novos conhecimentos sobre o Reiki?*

Resposta: Agreguei muito conhecimento com mestres de Reiki ocidentais, a quem lhes serei eternamente grato, mas o Reiki é um método nascido no Japão. Com a graça de Deus, Rita e eu estivemos em 4 (quatro) diferentes anos naquele país, sempre pesquisando o Reiki. O renomado cientista Isaac Newton escreveu em 1675: *"Se eu vi mais longe, foi por estar sobre ombros de gigantes"*. Após ler críticas não só das Sintonizações à distância, de renomados mestres de Reiki ocidentais, por ser o Reiki uma prática japonesa resolvi "apontar a agulha da minha bússola para o Japão". Meus gigantes onde me apoio, de alguns anos para cá, são o *Sensei* Doi Hiroshi (membro da *'Usui Reiki Ryoho Gakkai'*); *Sensei* Noriko Ogawa e Fuminori Aoki (fundadores da *'Reido Reiki'*, de Tóquio) e o *Sensei* Hyakuten Inamoto (monge budista que vive em Kyoto).

"Fazendo a coisa certa, não se importe com o que os outros fiquem pensando."
JOHNNY DE' CARLI

Pergunta: *No Japão há relatos de Sintonizações de Reiki à distância realizadas pelo Sensei Usui?*

Resposta: Sim, mas não são oficiais. Recebi a informação de que no terremoto de 01 de setembro de 1923, em Tóquio, o *Sensei* Usui tenha feito uso de um tipo de Sintonização *(Reiju)* diferenciado, coletiva e à distância, para conseguir Sintonizar às pressas centenas de colaboradores.

Pergunta: *As Sintonizações de Reiki à distância ferem os preceitos e princípios filosóficos do Reiki?*

Resposta: De forma alguma. O *Sensei* Usui só não ensinava o Reiki à distância pelo fato de a internet ter Iniciado em 1993 (o *Sensei* faleceu em 1926); mas ele era flexível. O que fere os preceitos e princípios do Reiki é criticar e julgar o trabalho alheio, afinal, disse o Mestre Jesus: *"Não julgueis para que não sejais julgados"* (Mateus 7:1).

Pergunta: *Há relatos de Sintonizações de Reiki à distância realizadas pelos mestres pioneiros e mais tradicionais de Reiki?*

Resposta: Sim, recentemente foram encontrados documentos originais que comprovam que a *Sensei* Hawayo Takata, introdutora do Método Reiki no Ocidente, realizou Sintonizações de Reiki e ensinou à distância.

Pergunta: *Que documentos originais são estes?*

Resposta: Tratam-se de cartas, de próprio punho, escritas pela *Sensei* Hawayo Takata destinadas a Sra. Doris Duke, Reikiana de Níveis 1 e 2, e que comprovam que essa pessoa aprendera o Nível 2 do Reiki por telefone e por cartas, tendo recebido a Sintonização à distância. A principal carta tem o carimbo dos correios datado de 19 de dezembro de 1978.

"A melhor sala de aula está aos pés de uma pessoa que ofereça bons exemplos. De nada adiantam teorias e explicações se não formos bons modelos."
Johnny De' Carli

Pergunta: *Onde se encontram estas cartas escritas pela Sensei Hawayo Takata?*

Resposta: Encontram-se nos arquivos da "David M. Rubenstein Rare Book and Manuscript Library", na Duke University, uma universidade privada, fundada em 1924, localizada em Durham, no estado da Carolina do Norte, nos Estados Unidos da América.

Pergunta: *Quem localizou estes arquivos?*

Resposta: O Dr. Justin Stein, um Ph.D. da Universidade de Toronto, quando estava escrevendo sua dissertação sobre a história da prática do Reiki. Segue o link de Justin Stein: https://www.nycreikicenter.com/2020/05/18/a-century-of-reiki-with-dr-justin-stein/.

Pergunta: *Quem primeiro divulgou esta descoberta?*

Resposta: O mestre de Reiki Robert Fueston, pesquisador licenciado, com mestrado em biblioteconomia e ciência da informação, divulgou essa informação no dia 17 de abril de 2014. Ele é um estudioso de Reiki muito respeitado e tem pesquisado a história do método desde 1996.

Pergunta: *Qual é o teor das cartas escritas pela Sensei Hawayo Takata?*

Resposta: Em uma das cartas destinada à Sra. Duke, a *Sensei* Hawayo Takata explicou que às vezes ensinava através do telefone (não existia internet) e dava Sintonizações à distância. Na correspondência, com o carimbo do correio datado de 19 de dezembro de 1978, a *Sensei* Takata reitera que, em um telefonema anterior, explicara como desenhar um dos símbolos do Nível 2 do Reiki. Escreveu que tal símbolo não funcionaria sem a Sintonização, e que ela poderia realizá-la à distância. Mais tarde, em outra carta, a *Sensei* Takata adicionou uma

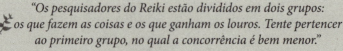

"Os pesquisadores do Reiki estão divididos em dois grupos: os que fazem as coisas e os que ganham os louros. Tente pertencer ao primeiro grupo, no qual a concorrência é bem menor."
Johnny De' Carli

cópia dos três símbolos do Nível 2 do Reiki para a Sra. Duke, detalhando a sequência de traços para cada um deles. E explicou que somente realizava as Sintonizações à distância quando lhe parecia realmente necessário. Numa dessas cartas, a *Sensei* Takata afirmou que deu Sintonizações à distância quando a pessoa receptora estava internada num hospital ou estava longe e com óbvia necessidade, sendo essa única maneira de ajudar em circunstâncias específicas.

Pergunta: *Esta descoberta chegou a ser confirmada pelos pesquisadores do Método Reiki ocidentais?*

Resposta: Sim, a renomada escritora e mestre de Reiki Pamela Miles, reconhecida internacionalmente, confirmou e publicou a informação no dia 24 de janeiro de 2015, em seu site: https://reikiinmedicine.org/takata-stories/takata-and-remote-initiation/?fbclid=IwAR2F6t6t6ayYwv0ysvTxMqfHW0SWAkS0swb9KwaoS9USZ_cd1tnbn6gunFY.

Pergunta: *Como você tomou conhecimento das cartas escritas pela* Sensei **Hawayo Takata?**

Resposta: Mantenho o contato permanente com mestres de Reiki estrangeiros, que são verdadeiros "gigantes" na pesquisa do tema. A informação me chegou através do competente mestre argentino Gustavo Duringer, o qual tive o privilégio de conhecer num congresso de Reiki que participamos juntos, na Espanha.

Pergunta: *Que mensagem você destinaria para os críticos das Sintonizações de Reiki à distância?*

Resposta: Aos que criticam, deixo as palavras do Mestre Jesus: *"Pai, perdoa-lhes porque não sabem o que fazem"* (Lucas 23:34).

> *"Na prática do Método Reiki, quando não julgamos ou criticamos o comportamento das pessoas, vemos o lado divino, puro e maravilhoso que existe dentro de cada um."*
> Johnny De' Carli

Os 21 dias de limpeza energética
· · · · · · · · · · ·

Pergunta: *Prof. Johnny, após um ritual de Sintonização no Reiki é verdade que poderão ocorrer algumas reações no corpo do novo Reikiano?*

Resposta: Sim, as toxinas e impurezas, consideradas como lixo energético, são armazenadas no ser humano desde o nascimento e minimizam nossa qualidade de vida. Após a Sintonização pode parecer que nossa condição piorou ou ficou mais grave, mas, na verdade, estaremos passando por um processo de limpeza que não pode ser evitado. Esse processo pode comportar graves crises, pois antigos bloqueios energéticos estarão sendo expurgados e os nossos corpos físico, emocional, mental e espiritual serão purificados.

Pergunta: *Após um ritual de Sintonização no Reiki por onde ocorre esse processo de limpeza?*

Resposta: A limpeza ocorrerá principalmente por meio das fezes, urina, secreções e suor.

Pergunta: *Durante o processo de limpeza o Reikiano terá somente reações físicas?*

Resposta: Não, o Reikiano, após cada Sintonização em diferentes Níveis do Reiki poderá sentir reações emocionais (raiva/amor), magnéticas (rejeição/atração), mentais (pensamentos/confusões) e espirituais (construção/destruição).

*"Temos de nos purificar
antes de querermos purificar o próximo."*
Johnny De' Carli

Pergunta: *Nessa limpeza física, quanto tempo demanda todo o processo?*

Resposta: Esse processo durará de quatro a, no máximo, 21 dias. A limpeza na passagem do chacra coronário para o chacra cardíaco leva mais ou menos três dias. Por serem mais densos e de vórtices menos velozes, nos centros inferiores leva aproximadamente 18 dias, totalizando 21 dias.

Pergunta: *Após esse processo de limpeza como se sentirá o Reikiano?*

Resposta: Após a remoção desses sedimentos, o corpo estará apto a funcionar de forma mais harmoniosa e positiva.

Pergunta: *Como deve proceder o Reikiano ao longo deste processo de limpeza?*

Resposta: Nesse período de eliminação é imprescindível que seja feita a autoaplicação diariamente para facilitar o processo de limpeza, principalmente nas posições 1 e 4 da cabeça, 1 e 3 da frente e 3 e 4 das costas (ver no livro "Reiki, Apostilas Oficiais", na página 161). É aconselhável, nessas três semanas, evitar ou pelo menos minimizar o consumo de bebida alcoólica, carne vermelha e enlatados. Procure ingerir bastante água, frutas, legumes, verduras e alimentos com alto teor de fibras.

> *"A recuperação da saúde deve sempre implicar na remoção daquele erro básico que cometemos."*
> Johnny De' Carli

A Linhagem do Reiki

Pergunta: *Prof. Johnny, o que significa "Linhagem do Reiki"?*

Resposta: O Método Reiki é uma prática de natureza espiritual e sagrada, fundada pelo *Sensei* Mikao Usui. Após a Sintonização, todo Reikiano devidamente Iniciado, por força das circunstâncias, obrigatoriamente passa a pertencer a uma determinada Linhagem ou "Árvore" do Reiki, que é uma sequência de nomes de mestres que nos leva sempre, em qualquer Linhagem ou escola, ao *Sensei* Mikao Usui. Buda dizia: *"Milhares de velas podem ser acesas a partir de uma única vela, e a vida da vela não diminui com isso"*. Assim funciona o Método Reiki, a cada novo mestre Iniciado a cadeia se expande, um mestre Inicia muitos outros.

Pergunta: *A "Linhagem do Reiki" é importante?*

Resposta: Sim, considero fundamental que o Reikiano tenha conhecimento da cadeia de mestres a qual passa a pertencer. O Reikiano deve honrar sua Linhagem, conforme nos ensinam os Cinco Princípios do Reiki.

Pergunta: *Pode-se fazer parte de mais de uma "Linhagem do Reiki"?*

Resposta: Sim, eu particularmente cursei 11 Cursos de Mestrado em Reiki, em Linhagens distintas, além de pertencer pelas Sintonizações dos Níveis 1, 2 e 3-A à Linhagem da Dra. Claudete França, a primeira mestre de Reiki nascida no Brasil.

"Devemos seguir o nosso caminho, mas sem esquecer as nossas origens. Tenha sempre gratidão aos seus pais e mestres."
Johnny De' Carli

Pergunta: *Pode nos dar um exemplo de uma de suas "Linhagens do Reiki"?*

Resposta: Sim, em novembro de 1998 fui Iniciado em Tóquio (Japão), no Nível de Mestrado do Sistema Tradicional Japonês, passando a pertencer à seguinte Linhagem de mestres: Mikao Usui > Juzaburo Ushida > Kanichi Taketomi > Houichi Wanami > Kimiko Koyama > Doi Hiroshi > Fuminori Aoki > Johnny De' Carli > meus alunos.

Pergunta: *Existem diferentes Sistemas de Reiki?*

Resposta: Sim, o mais conhecido no Ocidente é o Sistema Usui *(Usui Reiki Ryoho)*, ensinado pela *Sensei* Hawayo Takata. Mas existem outros Sistemas de Reiki ou de utilização da mesma energia. Podemos destacar o Sistema Reido Reiki; o Sistema Gendai Reiki; o Sistema Osho Neo-Reiki e o Sistema Usui/Tibetano.

> *"Se esquecermos das nossas origens, esqueceremos quem somos. Nossas raízes são muito importantes."*
> JOHNNY DE' CARLI

O Reikiano
• • • • • • • • • • •

Pergunta: *Prof. Johnny, somente Reikianos conseguem curas com as mãos?*

Resposta: Não, existem pessoas que possuem habilidades pessoais utilizando ou não as mãos (os chamados paranormais). A essas pessoas recomendamos que entrem em contato com o Método Reiki a fim de potencializar e direcionar a energia, acrescentando poder ao que a natureza já lhes deu.

Pergunta: *Que tipo de energia o Reikiano faz uso?*

Resposta: A técnica Reiki utiliza-se de Energia Primordial, da qual todo o Universo é constituído. É essa energia original de tudo e de todos os seres que captamos e veiculamos após a Sintonização.

Pergunta: *A 'Usui Reiki Ryoho Gakkai' fez alguma menção oficial sobre a ciência admitir a possibilidade de o ser humano irradiar essa energia?*

Resposta: Sim, no manual *'Reiki Ryoho No Shiori'* o *Sensei* Koshiro Fukuoka escreveu o seguinte: *"A ciência afirma que o corpo humano possui essa capacidade de irradiar energia"*.

Pergunta: *A 'Usui Reiki Ryoho Gakkai' fez alguma menção oficial sobre a possibilidade de se perceber a energia irradiada por um Reikiano?*

Resposta: Sim, no manual *'Reiki Ryoho No Shiori'* lemos o seguinte: *"A energia Reiki, em geral, é difícil de ser vista; entretanto, na 'Usui Reiki Ryoho Gakkai', quando recebemos a orientação de usar o Hatsurei-Ho, sem dúvida pode-se admiravelmente perceber a energia Reiki saindo de cada pessoa. Provavelmente, é a capacidade de o corpo humano*

"Aceite o Reiki como uma parte integrante de sua vida."
Johnny De' Carli

irradiar energia. Essa capacidade, ou seja, a energia Reiki, comum a todas as coisas que existem no Universo, refere-se à vida presente nas pessoas e nos seres vivos".

Pergunta: *Qualquer pessoa pode ser um Reikiano?*

Resposta: Sim, o Reiki adapta-se a qualquer cultura, raça, credo, seita ou idade.

Pergunta: *A 'Usui Reiki Ryoho Gakkai' faz alguma distinção com relação à idade ou ao gênero dos Reikianos ou algo que possa ser prejudicial?*

Resposta: Não, no manual *'Reiki Ryoho No Shiori'* o *Sensei* Koshiro Fukuoka escreveu o seguinte: *"A terapia Reiki pode ser praticada por idosos, jovens, homens ou mulheres, sem distinção alguma, todos podem utilizá-la, não sendo prejudicial".*

Pergunta: *Um analfabeto pode se tornar um bom Reikiano?*

Resposta: Sim, no manual *'Reiki Ryoho Hikkei'* o *Sensei* Usui disse o seguinte: *"Sem dúvida, independentemente de ser homem ou mulher,* **INTELECTUAL OU NÃO, QUALQUER PESSOA** *normal pode obter a capacidade espiritual de tratar perfeitamente a si mesmo e às outras pessoas, em pouco tempo. Até agora, já transmiti a técnica a mais de mil e algumas centenas de pessoas com total sucesso e, somente com o Shoden (primeiro Nível do Método Reiki), todos obtiveram a capacidade espiritual de tratar difíceis problemas de saúde em pouco tempo. Esta é a característica de nossa técnica com a Energia Universal"* (o grifo é nosso).

Pergunta: *A 'Usui Reiki Ryoho Gakkai' fez alguma menção oficial sobre a energia Reiki funcionar para todos os Iniciados?*

Resposta: Sim, no manual *'Reiki Ryoho No Shiori'* lemos: *"Os membros da 'Usui Reiki Ryoho Gakkai' pregam que de todas as pessoas que*

> *"Ninguém precisa ser um profissional na área de saúde para ser eficiente na terapia Reiki."*
> Johnny De' Carli

receberam a Sintonização na Associação, não houve uma sequer em que a energia Reiki não fluísse. Porém, apesar de a energia Reiki estar fluindo se, com muita frequência, não se pratica os Cinco Princípios e não se determina quanto a melhoria da alma, repentinamente o Reiki enfraquece. Todas as coisas do Universo têm alcançado a evolução ou a expansão da criação através do grande Poder Espiritual que está abundante no grande Universo. Os seres humanos são considerados como microcosmo porque recebem o grande Poder Espiritual desse Macrocosmo, e todos detêm uma parte dessa grande Energia Espiritual dentro do corpo. Portanto, é muito importante sempre ter em mente aperfeiçoar o próprio espírito e receber bastante a grande Energia Espiritual do Universo".

Pergunta: *Todos os Reikianos são iguais?*

Resposta: Não, quanto mais um Reikiano usa a energia, mais aumenta sua capacidade de canalização, pois seus canais de condução de energia se abrem como consequência da prática.

Pergunta: *A 'Usui Reiki Ryoho Gakkai' fez alguma menção oficial sobre qual seja o segredo para um Reikiano progredir nessa arte?*

Resposta: Sim, no manual *'Reiki Ryoho No Shiori'* o *Sensei* Koshiro Fukuoka escreveu o seguinte: "A autoconfiança é a chave importante para o progresso do Reiki".

Pergunta: *A 'Usui Reiki Ryoho Gakkai' fez alguma menção oficial sobre como os Reikianos podem desenvolver a confiança?*

Resposta: Sim, no manual *'Reiki Ryoho No Shiori'*: "Recomenda-se, sempre que possível, colocar as mãos em doentes realizando os tratamentos, de forma que se aumente a confiança pela experiência. Recomendam esvaziar-se, desconectar-se da teoria e acumular o aperfeiçoamento espiritual".

"Aos olhos de Deus, nenhum Reikiano neste planeta, nem ninguém, é melhor do que você."

Johnny De' Carli

Pergunta: *A 'Usui Reiki Ryoho Gakkai' fez alguma menção oficial sobre como um Reikiano adquire experiência?*

Resposta: Sim, no manual *'Reiki Ryoho No Shiori'*, lemos: *"Se possível, realizando o trabalho por si próprio, sem a necessidade de ajuda e sem depender de outros veteranos".*

Pergunta: *A 'Usui Reiki Ryoho Gakkai' fez alguma menção oficial sobre se existem Reikianos incrédulos?*

Resposta: Sim, no manual *'Reiki Ryoho No Shiori'* podemos encontrar a resposta: *"Certamente, no início do aprendizado muitos são geralmente incrédulos e, conforme vão vivenciando, a fé e a convicção tornam-se mais fortes. Pregam que ser cético é algo não muito bom, não traz qualquer vantagem".*

Pergunta: *Para ministrar o Johrei é necessário que o Messiânico (membro da Igreja Messiânica) esteja portando uma medalha, o Ohikari. O Reiki também utiliza Ohikari?*

Resposta: Negativo, o Reikiano não utiliza talismãs ou quaisquer instrumentos auxiliares.

Pergunta: *Em muitas escolas de Reiki os Reikianos são estimulados a abraçar. Há algum estudo nesse sentido?*

Resposta: Sim, um abraço entre duas pessoas tem a duração média de 3 segundos, mas os pesquisadores descobriram que quando dura em média de 20 segundos, há um efeito terapêutico sobre o corpo e mente. A razão é que um abraço sincero produz um hormônio chamado oxitocina, também conhecido como o hormônio do amor. Esta substância tem muitos benefícios na nossa saúde física e mental e ajuda-nos, entre outras coisas, a relaxar, a se sentir seguro e a acalmar

> *"O abraço fala a língua universal, sua linguagem nos ajuda a falar com o coração. Um abraço caloroso é a maior recompensa por um momento especial."*
> JOHNNY DE' CARLI

nossos medos e ansiedade. Este bálsamo confortador é oferecido de forma gratuita cada vez que temos uma pessoa carinhosamente em nossos braços.

Pergunta: *Qual é a postura ideal dos Reikianos para com o Sensei?*

Resposta: Devemos muito respeito a nossos "verdadeiros" *Senseis*, que nos ensinaram não apenas seus conhecimentos técnicos, mas também sua filosofia de vida através de seus bons exemplos. Se hoje nos tornamos o que somos é graças não somente aos nossos próprios esforços, e sim às pessoas que nos deram parte de si e que foram essenciais em nossa formação. Por nós e por nossos *Senseis*, o verdadeiro Reikiano deve trabalhar duro para transformar o mundo em um lugar melhor.

Pergunta: *A 'Usui Reiki Ryoho Gakkai' fez alguma menção oficial sobre se a simples presença de um Reikiano interfere de alguma forma nos ambientes?*

Resposta: Sim, no manual *'Reiki Ryoho No Shiori'*, o *Sensei* Koshiro Fukuoka escreveu o seguinte: *"Se num lar houver uma pessoa que saiba sobre a terapia Reiki a 'sombra energética' causadora de doença é cortada, trazendo harmonia ao lar. Portanto, nunca é demais fortalecer o Poder Espiritual fazendo com que as nossas casas tenham uma bela aparência e, se for possível, conseguir repelir essa 'sombra energética' tendo, assim, cada vez mais prosperidade".*

"Crie condições à sua volta para que o ambiente retribua, com alegria, seus esforços por um mundo melhor."
JOHNNY DE' CARLI

Aprendizado do Reiki

· · · · · · · · · · ·

Pergunta: *Prof. Johnny, o aprendizado do Método Reiki é demorado?*

Resposta: Não, trata-se de um método de uso imediato. Não requer meses de estudo, nem mesmo uma vasta compreensão intelectual. Um estudante de acupuntura estuda e pratica durante anos para estar realmente apto a trabalhar com as agulhas e seus efeitos sobre a nossa energia vital. Deve aprender, antes de qualquer coisa, muito sobre si mesmo e sobre a técnica. Já o iniciante no Método Reiki participa de um seminário de Nível 1 e com apenas um dia de aula pode aplicar a técnica com sucesso, pois desde o início se aprende a lidar com a energia.

Pergunta: *Na época do Sensei Mikao Usui haviam aulas teóricas após as Sintonizações?*

Resposta: Sim, após a Sintonização as aulas eram dadas pelo *Sensei* (*Shihan*) que, utilizando um quadro negro, repassava as explicações teóricas de fácil entendimento para todos. Abordava-se a responsabilidade que todos deveriam assumir e deixava-se patente que o Reiki fortalece o poder natural de cura que todos possuem.

Pergunta: *Na época de Mikao Usui haviam aulas práticas após as Sintonizações?*

Resposta: Sim, tanto o *Sensei* Usui como o *Sensei* Hayashi priorizavam as práticas. Pregavam que dessa forma tudo era mais fácil de ser entendido. Nas práticas eram utilizadas camas de ratã (palha de

"Nada substitui a persistência para se obter êxito no caminho do aprendizado."
Johnny De' Carli

palmeira) como macas, que tinha uma altura aproximada de quarenta centímetros, adequada para os Reikianos que se sentavam no chão em *Seiza*.

Pergunta: *O que é Seiza?*

Resposta: *Seiza* é a forma tradicional japonesa de sentar-se sobre os calcanhares e manter uma postura sem tensão. Dobram-se as duas pernas, mantendo a coluna ereta.

Pergunta: *O aprendizado do Reiki tem fim?*

Resposta: Não, o aprendizado nunca termina. O Reikiano deve tornar-se um aprendiz para a vida toda mantendo-se renovado e vibrante, aprendendo algo novo todos os dias.

"Torne-se um aprendiz para a vida toda. Mantenha-se renovado e vibrante, aprendendo algo novo todos os dias."
JOHNNY DE' CARLI

A DIVISÃO DO MÉTODO REIKI

Pergunta: *Prof. Johnny, o Método Reiki originalmente é dividido em quantos Níveis de ensino?*

Resposta: Na apostila que o *Sensei* Usui entregava a seus alunos, ele informava a divisão da técnica Reiki em três Níveis denominados pelo próprio *Sensei* Usui como: *Shoden* (Nível 1), *Okuden* (Nível 2) e *Shinpiden* (Professor ou Mestre). Esses Níveis eram subdivididos.

Pergunta: *Como o Sensei Mikao Usui subdividia os três Níveis de ensino do Reiki?*

Resposta: O *Shoden* (representa o Nível 1 do Sistema de Reiki ocidental) é dividido em quatro partes, começando do sexto Grau até o terceiro (de trás para frente). O Grau seguinte, o *Okuden* (representa o Nível 2 do Reiki ocidental), é dividido em duas partes, *Okuden Zenki* e *Okuden Koki*. O último Grau, *Shinpiden*, que poucos alcançavam, é dividido em duas partes: *Shihan-Kaku* (professor) e *Shihan* (mestre).

Pergunta: *A 'Usui Reiki Ryoho Gakkai' fez alguma menção oficial sobre a divisão do ensino do Método Reiki?*

Resposta: Sim, no manual *'Reiki Ryoho No Shiori'*, o *Sensei* Koshiro Fukuoka, membro da *'Usui Reiki Ryoho Gakkai'*, escreveu o seguinte: "Primeiramente a pessoa receberá o Shoden, que significa transmissão inicial dos ensinamentos. Com entusiasmo na terapia Reiki e com um

> "A aprendizagem decorre ao longo de uma existência inteira. Somos eternos aprendizes."
> JOHNNY DE' CARLI

aproveitamento notável será Iniciada e instruída no próximo Nível, o Okuden".

Pergunta: *Procede a informação de que o Sensei Mikao Usui somente Iniciava no Nível 2 os Reikianos que tivessem um bom caráter?*

Resposta: Sim, no manual *'Reiki Ryoho Hikkei'*, na entrevista concedida o *Sensei* Usui disse o seguinte: *"O Okuden consiste em um conjunto de técnicas: Hatsurei-Ho, Dashu-Ho, Bushu-Ho, Oshite-Ho, Enkaku-Ho, Seikaku-Ho e outras. Transmitimos primeiramente o Shoden, e às pessoas que alcançaram bons resultados e **TÊM BOA PERSONALIDADE** transmitimos o Okuden"* (o grifo é nosso).

Pergunta: *Como o Sensei Mikao Usui denominava o último Nível do Reiki posterior ao Okuden (Nível 2)?*

Resposta: No manual *'Reiki Ryoho Hikkei'*, na entrevista concedida o *Sensei* Usui disse o seguinte: *"Há o **Shinpiden**"* (o grifo é nosso).

Pergunta: *Há algum outro documento oficial que faça referência ao Shinpiden?*

Resposta: Sim, no manual *'Reiki Ryoho No Shiori'* lemos o seguinte: *"Após a conclusão no Okuden é concedida a Iniciação no Shinpiden, que significa transmissão dos mistérios e enigmas".*

Pergunta: *A 'Usui Reiki Ryoho Gakkai' fez alguma menção oficial sobre o título conferido a quem recebe a Sintonização no Shinpiden?*

Resposta: Sim, no manual *'Reiki Ryoho No Shiori'* observa-se: *"Conforme já dito, quando concluído com a aprovação dos Shihans, são conferidos três diferentes títulos: Shihan-kaku (significa professor); Shihan (significa mestre) e Daishihan (significa Grande Mestre)".*

"O poder infelizmente muda o fraco e sem personalidade."
Johnny De' Carli

Pergunta: *No Shinpiden, quanto tempo precisava o Shihan-Kaku (professor-assistente) para chegar ao estágio de Shihan (professor)?*

Resposta: Entre esses níveis, na época de Mikao Usui aguardava-se um período aproximado de seis meses.

Pergunta: *No Shinpiden, um Shihan-Kaku já era autorizado a realizar Reiju (Sintonizações)?*

Resposta: Ainda não, o *Shihan-Kaku* realizava somente *Reiju-Kai* (um tipo de Iniciação de cura). As Sintonizações *(Reiju)* eram feitas somente no Grau de *Shihan*.

Pergunta: *No Ocidente o Método Reiki é sempre dividido em três Níveis de ensino?*

Resposta: Não, muitos sistemas ocidentais do Método Reiki apresentam quatro Níveis, sendo que alguns estão subdivididos em cinco Níveis ou mais.

Pergunta: *A fragmentação do Nível 3 do Reiki é válida?*

Resposta: Sim, vários mestres hoje dividem o terceiro Nível do Reiki em dois subníveis (mestre interior ou 3-A e professor ou 3-B).

Pergunta: *O que motivou essa fragmentação do ensino do Nível 3 do Reiki?*

Resposta: Essa forma de ensinar parte do princípio de que para aplicar o símbolo do Mestrado (Dai Koo Myo) em sua vida pessoal o aluno não obrigatoriamente deve submeter-se ao demorado (aproximadamente sete meses) e caro treinamento de um Professor. Assim, ensinam o chamado Nível 3-A em seminários rápidos, e em seminários mais longos o denominado Professor, como o Nível 3-B.

> *"Quanto mais aprendemos, melhor empreendemos."*
> Johnny De' Carli

Pergunta: *Existe a necessidade de uma Sintonização para cada Nível de ensino?*
Resposta: Sim, todos os Níveis são ativados com Sintonizações.

Pergunta: *No Ocidente qual é a duração do ensino de cada Nível do Reiki?*
Resposta: Os seminários básicos do Reiki são passados em períodos de aula que variam de 8 a 16 horas, de acordo com a quantidade de alunos e da capacidade didática do mestre.

Pergunta: *No Japão quanto tempo precisava um principiante para chegar ao Grau seguinte, o Okuden?*
Resposta: Pessoas que recebem o Reiki se tornam mais receptivas. O *Okuden* era passado para as pessoas que conseguiam perceber com as mãos as áreas problemáticas *(Byosen)*. Esse período durava de três a doze meses.

Pergunta: *No Japão quanto tempo precisava um aluno para avançar nos dois estágios do Okuden?*
Resposta: As duas partes (*Okuden Zenki* e *Okuden Koki*) podiam ser passadas em seminários intensivos de cinco dias.

Pergunta: *No Ocidente há um tempo entre cada Nível de ensino?*
Resposta: Não há regras rígidas no Reiki. Alguns mestres recomendam um tempo não inferior a três meses entre o Nível 2 e o Nível 3-A. Outros professores, como a mestre norte-americana Lori George, que mora em Northpend, EUA, prega o Reiki intensivo: todas as Iniciações originais são feitas numa só Ativação; todos os recursos do Método Reiki são colocados à disposição do aluno numa só Sintonização e fica a critério do Iniciado a rapidez com que vai avançar.

*"Na vida, não ir avante sensatamente
é o mesmo que ficar para trás."*
JOHNNY DE' CARLI

Pergunta: *Avançar rapidamente nos diferentes Níveis do ensino do Reiki pode trazer algum prejuízo ao aluno?*

Resposta: Não, a energia Reiki não vai prejudicá-lo, mas o processo de limpeza energética de 21 dias pode, dependendo do caso, tornar-se penoso para o aluno, além de ele não ter tido tempo suficiente para entender o significado profundo de cada Nível.

Pergunta: *Quem faz o Nível 1 do Reiki é obrigado fazer o Nível seguinte?*

Resposta: Não, o Nível 1 do Reiki é completo em si mesmo. O aluno que o recebe, de acordo com sua conveniência, pode parar ou aprender outros Níveis e se aprofundar nos estudos.

> *"Não há como prejudicar alguém com a energia Reiki, amor que vem de Deus."*
> JOHNNY DE' CARLI

Nível 1 do Reiki
(O Despertar ou *Shoden*)

Pergunta: *Prof. Johnny, qual é a pré-condição para ser Sintonizado no Nível 1 do Reiki?*

Resposta: Qualquer pessoa pode receber o Nível 1 do Reiki, não havendo uma condição prévia especial. Os conhecimentos são simples e poucos: o que se ensina basicamente são as posições das mãos, por isso não são necessários conhecimentos especiais para aprender a técnica Reiki.

Pergunta: *Como se comportam os alunos de Nível 1 do Reiki antes da Sintonização?*

Resposta: Nos seminários de Nível 1 quase sempre observamos o mesmo fenômeno de comportamento dos participantes: iniciam o seminário com uma atitude bastante cética, não conversam entre si, não exteriorizam suas emoções, como se estivessem isolados do mundo. Após a Sintonização, começam a conversar, sorrir, brincar e, no final, agem como se fossem amigos há anos, abraçam-se e trocam telefones. Observo, inclusive, que muitos voltam a encontrar-se posteriormente.

Pergunta: *Existe alguma recomendação para o Reikiano logo após ele ser Sintonizado no Nível 1?*

Resposta: Sim, é recomendável a troca de energia Reiki entre Reikianos, visando limpar os canais energéticos abertos nas ativações;

"Qualquer idade é boa para aprender.
Parar de estudar seria o mesmo que andar para trás."
JOHNNY DE' CARLI

mas isso não é uma regra. Essa troca trará mais segurança ao praticante, que vivenciará também a experiência de receptor de energia Reiki.

Pergunta: *Procede o fato de o Nível 1 do Reiki ser conhecido também de "Físico"?*

Resposta: Sim, o Nível 1 também é chamado de Físico, pois a transmissão da energia Reiki se produz por contato físico através das mãos do Reikiano para o receptor.

Pergunta: *Um Reikiano Sintonizado no Nível 1 do Reiki fica habilitado a quê?*

Resposta: As pessoas Sintonizadas no Nível 1 estão capacitadas a canalizar a Energia Primordial Cósmica pelas mãos pelo simples fato de colocá-las sobre aqueles que devem ser harmonizados, inclusive elas próprias, animais e plantas.

Pergunta: *O que mais se aprende no Nível 1 do Reiki?*

Resposta: No primeiro seminário o Reikiano aprenderá também a história do Reiki.

Pergunta: *É possível um Reikiano Sintonizado somente no Nível 1 conseguir curas complexas?*

Resposta: Sim, é possível. No manual *'Reiki Ryoho Hikkei'*, na entrevista concedida o *Sensei* Usui disse o seguinte: *"Sem dúvida, independentemente de ser homem ou mulher, intelectual ou não, qualquer pessoa normal pode obter a capacidade espiritual de tratar perfeitamente a si mesmo e às outras pessoas, em pouco tempo. Até agora, já transmiti a técnica a mais de mil e algumas centenas de pessoas com total sucesso e,* **SOMENTE COM O SHODEN (*primeiro Nível do Método Reiki*),**

"Aprender errado é pior que ignorar."
Johnny De' Carli

TODOS OBTIVERAM A CAPACIDADE ESPIRITUAL DE TRATAR DIFÍCEIS PROBLEMAS DE SAÚDE EM POUCO TEMPO. Esta é a característica de nossa técnica com a Energia Universal" (o grifo é nosso).

Pergunta: *O Reikiano Sintonizado no Nível 1 precisa de quanto tempo para um tratamento completo de Reiki?*

Resposta: O tempo de um tratamento completo, em si mesmo ou em outra pessoa, leva em torno de 70 minutos.

Pergunta: *Como um Reikiano Sintonizado no Nível 1 do Reiki deve iniciar a prática?*

Resposta: É conveniente começar consigo mesmo diariamente e, posteriormente dar tratamento a familiares e amigos. Essa prática enriquecerá sua bagagem de conhecimentos com relação a tempos e posições, que visam alcançar os centros energéticos mais importantes: chacras, meridianos e órgãos em busca de uma harmonização completa.

Pergunta: *Um Reikiano Sintonizado no Nível 1, para canalizar a energia Reiki, precisa ficar pensando em algo específico?*

Resposta: Não é necessário direcionar a mente, concentrar-se, acreditar ou desejar a recuperação. A energia Reiki não precisa da nossa aprovação para agir.

"Aquele que se atreve a atender,
jamais deveria cessar de aprender."
Johnny De' Carli

O USO DA ENERGIA REIKI

Pergunta: *Prof. Johnny, procede a informação de que o Sensei Mikao Usui, além das mãos, aplicava a energia Reiki pelos olhos e pela boca?*

Resposta: Sim, no manual *'Reiki Ryoho Hikkei'*, na entrevista concedida o *Sensei* Usui disse o seguinte: "...*Todas as partes do corpo,* **PRINCIPALMENTE OLHOS, BOCA E MÃOS** *emitem energia e luz. Assim,* **FIXANDO O OLHAR CORRETAMENTE** *dois ou três minutos,* **SOPRANDO** *ou passando a mão na região enferma as dores cessarão e desaparecerá a tumefação oriunda de dor de dente, estômago, intestino, nervos, traumas, cortes e queimaduras*". Noutra passagem, disse o *Sensei* Usui: "Nunca utilizamos medicamentos nem aparelhos médicos. O tratamento é feito através de **FIXAÇÃO DO OLHAR, SOPRO**, carícia, toque e batidas leves com as mãos". Disse ainda: "Utilizamos a Energia Espiritual (Rei) que ultrapassa a ciência moderna. Assim, a técnica não está baseada na medicina. Simplesmente **SE FAZ O TRATAMENTO ATRAVÉS DA FIXAÇÃO DO OLHAR, SOPRO**, toque e carícia com a mão na parte enferma como, por exemplo, na cabeça, estômago ou olhos. Não há necessidade de tomar medicamentos desagradáveis nem de suportar dores, conseguindo a recuperação da saúde em pouco tempo, o que constitui a originalidade desta técnica que se utiliza da Energia Espiritual (Rei)" (os grifos são nossos).

"Quanto mais você ousar, mais você conseguirá."
JOHNNY DE' CARLI

Pergunta: *Há um horário ou um dia mais adequado para a aplicação de Reiki?*

Resposta: Não, a energia Reiki está à disposição do usuário vinte e quatro horas por dia, e pode-se usá-la todos os dias.

Pergunta: *A quantidade de energia Reiki transmitida é sempre a mesma?*

Resposta: Não, em uma sessão de Reiki a quantidade de energia recebida é determinada pelo próprio receptor; o terapeuta Reikiano apenas direciona a energia. O Provedor – o Cosmo – doa ilimitadamente.

Pergunta: *O Reiki exige um ambiente especial ou uma postura física?*

Resposta: Não, nem um ambiente nem uma postura física, como no caso do yoga. Pela simplicidade da técnica pode-se usá-la em todos os lugares.

Pergunta: *Para a aplicação da energia Reiki é exigido algum objeto ou equipamento?*

Resposta: Não, só o toque das mãos do Reikiano em seu próprio corpo ou no de outra pessoa. Pode-se aplicar Reiki também com os olhos (a partir do Nível 2) e através do sopro (Nível 1, no Japão).

Pergunta: *A aplicação da energia Reiki exige sempre um contato físico?*

Resposta: Não, ao contrário das terapias mais conhecidas – massoterapia, shiatsu, do-in, quiroprática, cromoterapia e outras –, nas quais há o condicionante do contato físico, a energia Reiki também pode ser enviada à distância (a partir do Nível 2) com sucesso, num processo similar ao da emissão de ondas radiofônicas.

"Aprender a aplicar Reiki é mais fácil do que aprender informática ou dirigir. Não há milagre, o milagre é a própria vida criada por Deus."
JOHNNY DE' CARLI

O autotratamento com o Reiki

Pergunta: *Prof. Johnny, um Reikiano pode tratar a si mesmo?*

Resposta: Sim, na maioria das terapias holísticas é impossível, ou fica muito difícil, o terapeuta utilizar a técnica em si mesmo. Um dos maiores benefícios do Método Reiki é a possibilidade do autotratamento.

Pergunta: *Que benefícios acarreta o autotratamento diário do Reiki?*

Resposta: É uma prática extremamente efetiva para a liberação da tensão, para o relaxamento e da redução do estresse. Amplia a energia vital propiciando equilíbrio aos corpos sutis e físico. Possibilita também a liberação de toxinas e bloqueios de energia provenientes de emoções retidas.

Pergunta: *O autotratamento do Reiki deve ser feito em que tipo de ambiente?*

Resposta: Uma pessoa pode autoaplicar a energia Reiki em qualquer lugar, seja numa sala de espera, no avião, no ônibus, no metrô, no táxi, na cama, ao acordar ou antes de dormir.

Pergunta: *O Sensei Usui recomendava o autotratamento com o Método Reiki?*

Resposta: Sim, no manual *'Reiki Ryoho Hikkei'*, o *Sensei* Usui disse o seguinte: *"... Sendo assim, será missão da 'Usui Reiki Ryoho' completar física e psicologicamente uma vida com paz e prazer, ajudando no*

"Uma das doutrinas do Reiki é aceitar a responsabilidade sobre sua própria saúde."
Johnny De' Carli

*tratamento de problemas de saúde de outros e promovendo, assim, a felicidade de **SI PRÓPRIO** e de terceiros*". Noutra passagem, disse ainda o *Sensei* Usui: *"Como podemos tratar problemas de saúde de terceiros se não conseguimos **TRATAR A NÓS MESMOS?**"* (os grifos são nossos).

"A alegria não se encontra fora, mas dentro de nós mesmos."
Johnny De' Carli

O RECEPTOR DA ENERGIA REIKI

· · · · · · · · · · · ·

Pergunta: *Prof. Johnny, como é a energia de uma pessoa saudável?*

Resposta: Em uma pessoa sadia a energia vital *(ki)* passa livremente pelo corpo físico, fluindo por todos os "caminhos": chacras, meridianos energéticos e *nadis*. Também circunda o campo energético a sua volta, o qual chamamos de aura. Essa força energética nutre seus órgãos e células e regula as funções vitais.

Pergunta: *O que ocorre energeticamente nas pessoas enfermas?*

Resposta: Em virtude de excessos físicos, emocionais e mentais liberamos energias, e essas liberações geram "nós" ou bloqueios energéticos que interrompem ou impedem o fluxo normal da energia vital *(ki)*, causando a disfunção em razão do deficiente ou mau funcionamento dos órgãos e das glândulas.

Pergunta: *A energia Reiki traz algum benefício aos chacras do receptor?*

Resposta: Sim, a energia Reiki é um ótimo recurso para equilibrar os sete principais chacras (centros energéticos), localizados da base da coluna ao topo da cabeça.

Pergunta: *Por que muitas pessoas seguem infelizes mesmo após as mudanças que desejavam?*

Resposta: A felicidade do ser humano depende mais de si mesmo. Se não for fácil achar a felicidade em nós mesmos, será impossível

> *"No caso de qualquer expressão clara de recusa, mesmo sob a forma de um gesto de reprovação inequívoco, não aplique a energia Reiki, seria um tempo perdido."*
> JOHNNY DE' CARLI

achá-la em qualquer outro lugar. Uma verdadeira reforma interior deve processar-se primeiro na intimidade da própria alma. A montanha a ser escalada encontra-se dentro de nós. Esta é a importância da alquimia interior: a transformação do nosso chumbo interior (orgulho e egoísmo) em ouro (amor, humildade e tolerância). A saúde é o pensamento em harmonia com a Lei de Deus.

Pergunta: *Pode ocorrer de uma pessoa não querer se curar?*

Resposta: Sim, aqui fica mais fácil compreender o ensinamento de Jesus: *"Não jogue pérolas aos porcos"*. Não adianta dedicar um tempo valioso aplicando energia Reiki naqueles que ainda não estão em condições de recebê-la e valorizá-la. Muitos se agarram à doença como recurso para fugirem de suas próprias responsabilidades na vida material. Há pessoas que cultivam a doença da mesma forma que um agricultor cultiva uma planta, dando força ao provérbio popular *"Namora a doença e te casarás com ela"*. O maior enganado é aquele que engana a si próprio.

Pergunta: *O Reiki funciona mesmo em pessoas céticas?*

Resposta: Sim, no manual *'Reiki Ryoho Hikkei'*, o *Sensei* Usui disse o seguinte: *"Sim, diferentemente das técnicas terapêuticas psicológicas e hipnóticas, nossa técnica não utiliza nenhuma sugestão. Sendo assim,* **NÃO É NECESSÁRIO ACREDITAR. PODE-SE DUVIDAR OU ATÉ MESMO NÃO ACREDITAR NO TRATAMENTO**. *Normalmente, não chega a uma entre dez pessoas que procuram pela primeira vez nosso tratamento já acreditando no resultado. A maioria começa a ter confiança depois de conhecer seus efeitos, após a primeira sessão"* (o grifo é nosso).

"O receptor não precisa acreditar no Método Reiki, mas precisa pedir."
Johnny De' Carli

Pergunta: *É necessário despir o receptor para aplicar o Reiki?*

Resposta: Não, para uma aplicação de energia Reiki não precisamos despir o receptor. A energia atravessa sem problemas qualquer material, inclusive o gesso e o metal. Muitas técnicas eficazes obrigam o terapeuta a despir seu cliente, o que poderá colocá-lo em situação embaraçosa.

Pergunta: *É necessário retirar os adornos do receptor para aplicar o Reiki?*

Resposta: De preferência sim, em função de poder haver interferência no campo eletromagnético (aura) do receptor e do Reikiano recomenda-se a retirada de pulseiras, relógios, brincos, anéis, fivelas etc., na hora da aplicação.

Pergunta: *Como se sente uma pessoa ao final de uma sessão de Reiki?*

Resposta: Geralmente, ao receber uma aplicação de energia Reiki o corpo do receptor relaxa e o batimento cardíaco atinge o seu nível de repouso, assim como diminui a frequência respiratória. Alguns receptores se sentem como que acordando depois de uma noite longa de sono.

Pergunta: *Quais os resultados mais frequentes observados após um tratamento prolongado com o Método Reiki?*

Resposta: Os receptores liberam tensões intensificando as habilidades do corpo. As pessoas vencem dores que as atormentavam durante anos, fazendo-as sentirem-se mais amorosas, felizes e receptivas. A energia Reiki melhora o sistema imunológico, desintoxica, equilibra e amplia nossa energia. Face à renovação constante de nossos tecidos, a energia Reiki muda a estrutura química do corpo ajudando a restaurar os músculos, os nervos, o esqueleto e a regenerar órgãos. Age em tudo

"No Reiki, os resultados melhoram quando se melhora a precisão."
Johnny De' Carli

que precisa ser modificado nos corpos físico e etérico. Observamos melhoras em casos difíceis de prisão de ventre, com poucas aplicações. Atua na origem dos problemas que, em geral, são emocionais. Ajuda a liberar emoções bloqueadas e acaba com traumas emocionais do presente e do passado; promove calma e bem-estar.

Pergunta: *Por que, muitas vezes, as pessoas tratadas com o Reiki acabam tendo recaídas?*

Resposta: Muitos buscam uma solução fácil e miraculosa para seus males e incômodos. Mostram-se apáticos e indiferentes aos conselhos e advertências que sugerem modificações em suas condutas comportamental, mental, emocional e moral. Assim, pessoas tratadas com medicamentos, outras terapias ou mesmo com a energia Reiki acabam tendo recaídas. A queixa, muitas vezes, reincide e ainda há os que saem criticando o trabalho do profissional, julgando-o ineficaz. Muitos acham que um Reikiano tem a obrigação de eliminar efeitos nocivos dos que sofrem devido a exageros na alimentação, no sedentarismo, na falta de repouso, no consumo de bebidas alcoólicas, de cigarro etc. Tenta conseguir na sessão de Reiki a saúde que eles mesmos arruínam, sem precaução. Muitos preferem olhar para fora e não para dentro de si mesmo. Sem uma devida reforma interior pode ocorrer de o receptor "viciar-se" em receber energia Reiki, gerando uma dependência para a manutenção da saúde.

"Seja a cura, não a procure fora de si mesmo."
Johnny De' Carli

O tratamento com o Reiki

Pergunta: *Professor Johnny, quando uma pessoa enferma deve iniciar o seu tratamento com o Reiki?*

Resposta: Quanto mais cedo começar a aplicação regular de energia Reiki melhores e mais rápidos serão os resultados.

Pergunta: *Procede a informação de que o Sensei Mikao Usui, além do toque, o olhar e o sopro utilizava, também, carícias e leves batidas com as mãos?*

Resposta: Sim, no manual 'Reiki Ryoho Hikkei', na entrevista concedida o *Sensei* Usui disse o seguinte: *"Nunca utilizamos medicamentos nem aparelhos médicos. O tratamento é feito através de fixação do olhar, sopro,* **CARÍCIA, TOQUE E BATIDAS LEVES COM AS MÃOS"**. Disse ainda: *"Utilizamos a Energia Espiritual (Rei) que ultrapassa a ciência moderna. Assim, a técnica não está baseada na medicina. Simplesmente se faz o tratamento através da fixação do olhar, sopro,* **TOQUE E CARÍCIA COM A MÃO NA PARTE ENFERMA** *como, por exemplo, na cabeça, estômago ou olhos. Não há necessidade de tomar medicamentos desagradáveis nem de suportar dores, conseguindo a recuperação da saúde em pouco tempo, o que constitui a originalidade desta técnica que se utiliza da Energia Espiritual (Rei)"* (os grifos são nossos).

> *"Os melhores tratamentos são os preventivos.*
> *É sempre melhor prevenir do que depois querer corrigir."*
> Johnny De' Carli

Pergunta: *Pode um Reikiano prometer curas?*

Resposta: Não cabe ao Reikiano criar expectativas em relação aos resultados do tratamento. Nem todas as pessoas estão preparadas para recuperar a saúde de imediato, mesmo recorrendo a médicos famosos ou a Reikianos experientes.

Pergunta: *Pode acontecer de um Reikiano não conseguir recuperar a saúde de um receptor?*

Resposta: Sim, muitos problemas de saúde fazem parte do processo de aprendizagem da pessoa, e uma recuperação prematura seria uma agressão a esse processo. O ser humano é um aprendiz, a dor é seu mestre. Ninguém se conhece enquanto não sofre, logo, a dor é uma advertência. Muitas disfunções são disciplinadoras e se manifestam de forma teimosa e aparentemente insolúvel, somente ocorrendo a recuperação se a pessoa modificar sua conduta para melhor. Diante da mulher adúltera, o Mestre Jesus exclamou: *"Vá e não peques mais"* mostrando que a Lei de Deus corrige, mas não pune. A Lei é implacável, mas é justa, como quando prega que *"a cada um será dado conforme as suas obras"* e *"a semeadura é livre, mas a colheita é obrigatória"*.

Pergunta: *O que o Sensei Usui falava sobre as doenças incuráveis?*

Resposta: No manual *'Reiki Ryoho No Shiori'*, o *Sensei* Koshiro Fukuoka relatou que o *Sensei* Usui disse o seguinte: *"Na doença que não apresentar cura, mesmo com todo o esforço da Medicina, por favor, continue aplicando o Reiki"*. E falava com fé: *"Como não há uma doença que não seja recomendada o Reiki, sempre tenha uma alma pura e, com incentivos, dedique-se ao tratamento"*.

"Reiki não é milagre, Reiki é tratamento."
Johnny De' Carli

Pergunta: *O que Sensei Usui falava sobre a utilização do Reiki em doentes terminais?*

Resposta: No manual *'Reiki Ryoho No Shiori'* o *Sensei* Koshiro Fukuoka escreveu que o *Sensei* Usui dizia o seguinte: *"Aqui só há uma situação em que não se consegue a cura nem com o Reiki, nem com as orações do Xintoísmo e Budismo. Isso ocorre quando esgota o tempo de vida. Ou seja, a vida humana tem um limite, não havendo diferença se é adulto ou criança. Esta é a lei da natureza, refere-se individualmente a cada um; quanto a isso, não há nada a fazer. Mas, quando se descortina esse tempo de vida, devem-se realizar – ainda mais – todas as medidas necessárias e fazer o tratamento com bondade e seriedade até o final. Dessa forma, até mesmo as pessoas que sofrem muito com as doenças sem dúvida terão uma morte serena, uma passagem tranquila. Empenhe-se em realizá-las".*

"O tempo de vida física não para, está sempre em contagem decrescente até terminar."
Johnny De' Carli

A energia Reiki e os efeitos colaterais

Pergunta: *Professor Johnny, a energia Reiki pode causar algum tipo de dano ao receptor?*

Resposta: Não, jamais causa danos. O Reiki é um método não polarizado e, portanto, sempre seguro e inofensivo, sem efeitos colaterais ou contraindicações. Trata-se de um método sem consequências negativas. Não é como a eletricidade: não produz curto. Não destrói nervos ou tecidos mais frágeis, como os olhos, por exemplo.

Pergunta: *Há como um Reikiano transmitir uma 'overdose' de Reiki?*

Resposta: Não, a quantidade de energia Reiki não pode ser manipulada pelo emissor, que simplesmente impõe as mãos sobre o centro energético ou no local afetado e permite à energia fluir. Essa quantidade é determinada por quem recebe (o receptor) e não por quem aplica Reiki. Logo, não há como ocorrer um excesso numa aplicação. No momento em que a região se equilibra deixa de solicitar energia. Caso o Reikiano permaneça com as mãos no local estará perdendo seu tempo.

Pergunta: *Há como um Reikiano emitir uma energia com uma 'qualidade' incompatível ao receptor?*

Resposta: Não, pois quem determina a qualidade é a região em desarmonia do receptor. Cada região exige uma energia com ressonância diferente.

"Reiki é amor e com amor não é possível alguém ser prejudicado."
Johnny De' Carli

Pergunta: *Existe algum documento oficial que comprove que a energia Reiki não pode causar danos ao receptor?*

Resposta: Sim, pode-se confirmar essa informação no seguinte trecho do memorial construído pela *'Usui Reiki Ryoho Gakkai'*, onde o presidente *Sensei* Juzaburo Ushida escreveu o seguinte: *"A terapia Reiki **JAMAIS PROPORCIONA ÀS PESSOAS QUALQUER COISA QUE NÃO SEJA O BENEFÍCIO DA RECUPERAÇÃO DE PROBLEMAS DE SAÚDE** de longa duração, de problemas crônicos e maus hábitos"* (os grifos são nossos).

> *"Onde existe o Reiki, existirá Luz.*
> *A Luz é a ressonância do amor."*
> JOHNNY DE' CARLI

O Método Reiki, os animais e as plantas

Pergunta: *Professor Johnny, o Método Reiki é destinado exclusivamente para seres humanos?*

Resposta: Não, a energia Reiki beneficia todo ser vivo. Existem excelentes práticas terapêuticas que apresentariam certas limitações para serem aplicadas em outros seres vivos, por exemplo, no caso da acupuntura ou da massoterapia haveria alguma dificuldade ou impossibilidade se fôssemos tratar uma árvore frondosa, um peixe num aquário ou um animal feroz. A energia Reiki, por ser universal e podendo ser enviada à distância possibilita essas alternativas. Serve igualmente para o tratamento de quaisquer organismos vivos: animais e plantas.

Pergunta: *O senhor já aplicou Reiki em plantas?*

Resposta: Sim, é incrível observar como flores que acabaram de murchar, muitas vezes, recuperam a sua beleza em poucas horas com a aplicação da energia Reiki.

Pergunta: *O senhor já tratou animais? Qual foi o resultado?*

Resposta: Sim, tratei de alguns animais (cães, gatos, pássaros e um cavalo) com resultados muito positivos.

> "As flores são os sorrisos amorosos que a natureza nos oferece."
> Johnny De' Carli

Pergunta: *O senhor conheceu pessoalmente algum médico veterinário que aplicava Reiki em sua clínica?*

Resposta: Sim, que eu tenha conhecimento a pioneira foi a mestre de Reiki Dra. Odete Mendonça Carneiro Muchaluat em 1996. Ela é médica veterinária e professora catedrática da Universidade Federal Rural do Rio de Janeiro, e utilizava diariamente o Reiki em animais, e evitou, inclusive, o sacrifício de um cão pitbull modificando seu temperamento agressivo com as sessões de Reiki. Também trabalhando com os animais se destacou o médico veterinário e mestre de Reiki Ricardo Garé.

Pergunta: *Um animal pode ter poder terapêutico?*

Resposta: Sim, quando um animal lambe uma ferida está agindo com os mesmos instintos que o ser humano ao colocar as mãos onde dói.

Pergunta: *É possível Sintonizar plantas e animais no Reiki?*

Resposta: Sim, no manual *'Reiki Ryoho Hikkei'*, na entrevista concedida o *Sensei* Usui disse: "... ***TODOS OS SERES VIVOS POSSUEM A CAPACIDADE ESPIRITUAL DE SE RECUPERARAREM DE SEUS PROBLEMAS DE SAÚDE. SEJAM PLANTAS OU ANIMAIS, TODOS A POSSUEM.*** *Mas especialmente nos seres humanos tal capacidade se apresenta mais forte. Nosso 'Usui Reiki Ryoho' (técnica terapêutica Reiki Usui) é a concretização desta capacidade*" (os grifos são nossos).

Esteja receptivo para aprender a amar com os animais."
Johnny De' Carli

O Reiki e a ciência

Pergunta: *Professor Johnny, na época do Sensei Mikao Usui a ciência chegou a explicar o Reiki?*

Resposta: Não, no manual *'Reiki Ryoho Hikkei'* o *Sensei* Usui disse o seguinte: "Atualmente, cientistas e estudiosos estão pesquisando sobre o assunto embora, **NO MOMENTO, NÃO HAJA UMA DEFINIÇÃO CIENTÍFICA**. Virá, sem dúvida, o dia em que o assunto será esclarecido cientificamente" (o grifo é nosso).

Pergunta: *Por que o Método Reiki ainda segue sendo alvo de muito preconceito?*

Resposta: A cultura ocidental é baseada numa concepção newtoniana/cartesiana, ou seja, aposta no estudo das partes para chegar ao todo. Esquecem que essa concepção se encontra hoje em profundo questionamento.

Pergunta: *O Método Reiki é uma prática reconhecida oficialmente pela Organização Mundial da Saúde (OMS)?*

Resposta: Falou-se muito em reconhecimento oficial. A bem da verdade, quando ocorreu a 1ª Conferência Mundial de Saúde em Alma-Ata, na antiga União Soviética, o que realmente houve foi uma recomendação aos diversos países participantes no sentido de incentivar os mesmos a se abrirem mais à chamada medicina

"O estudo é o inimigo da superstição."
JOHNNY DE' CARLI

complementar, até porque é ou era mais fácil as populações terem acesso. Posteriormente em outras reuniões, também de caráter mundial, permaneceu o mesmo sentido de uma recomendação ao invés de reconhecimento. Com o passar do tempo e com o desenvolvimento do conceito de medicina vibracional, onde o Método Reiki se situa, passou-se a entender essa recomendação como algo aceito e reconhecido.

Pergunta: *É verdade que existe um aparelho que a NASA usou para medir o nível de estresse das pessoas, e que também mede a eficácia do Reiki por meio de eletrodos conectados à pessoa?*

Resposta: Sim, trata-se de um programa que mede o nível de estresse, denominado Freeze-Framer® 2.0, e foi desenvolvido pela HeartMath® (14700 West park Avenue Boulder Crrk, CA 95006 USA). Atualmente a referida empresa lançou um novo programa mais moderno denominado 'Emwave Desktop Stress Relief'. Ambos comprovam a eficácia da energia Reiki.

Pergunta: *No Brasil existe algum experimento científico ou tese que comprove a eficácia do Reiki?*

Resposta: Sim, já há. Na minha ótica o mais importante trabalho científico sobre o Reiki no Brasil até o presente momento é a tese de doutorado do Dr. Ricardo Monezi Julião De Oliveira, com o título "Efeitos da prática do Reiki sobre aspectos psicofisiológicos e de qualidade de vida de idosos com sintomas de estresse: estudo placebo e randomizado". Essa tese foi apresentada à Universidade Federal de São Paulo – Escola Paulista de Medicina para a obtenção do título de doutor em ciências, em junho de 2013.

> *"O Reiki, como toda a verdade, também passou por três etapas. Na primeira, foi ridicularizado. Na segunda, foi duramente questionado. Na terceira, passou a ser aceito como real no meio científico."*
> Johnny De' Carli

Pergunta: *No Brasil existe algum experimento científico ou tese que comprova a eficácia do Reiki em animais?*

Resposta: Sim, a experiência mais interessante e positiva com animais que acompanhei de perto foi a dissertação de mestrado do Prof. Dr. Ricardo Monezi Julião de Oliveira na área de concentração de Fisiopatologia Experimental, apresentada em 2003 na Faculdade de Medicina da Universidade de São Paulo (USP) para obtenção do título de mestre em ciências, sob a orientação da prof.ª Dra. Diana Helena de Benedetto Pozzi, com o título: "Avaliação de efeitos da prática de impostação de mãos sobre os sistemas hematológico e imunológico de camundongos machos".

Pergunta: *No Brasil, há algum trabalho científico desenvolvido por médicos veterinários?*

Resposta: Sim, a dissertação de mestrado do médico veterinário Prof. (MSc.) Ricardo Rodrigues Garé com o título *'Efeitos do Reiki na evolução do granuloma induzido através da inoculação do BCG em hamsters e do tumor ascítico de Ehrlich induzido em camundongos'*, apresentada na Universidade de São Paulo (USP) – Faculdade de Medicina Veterinária e Zootecnia, em São Paulo, para a obtenção do título de mestre em ciências no ano de 2008.

"No nosso mundo material,
tudo se encontra em constante movimentação."
Johnny De' Carli

O Reiki e a expansão da Consciência

Pergunta: *Professor Johnny, procede a informação que o Reiki promove a Evolução Espiritual (expansão da Consciência)?*

Resposta: Sim, no manual *'Reiki Ryoho Hikkei'* o *Sensei* Usui disse o seguinte: *"Com a energia do Método Reiki, o **CORAÇÃO SE TORNA SEMELHANTE A DEUS OU BUDA**, trazendo felicidade para si mesmo e para terceiros"* (o grifo é nosso).

Pergunta: *Há algum outro documento oficial que fale que o Método Reiki promove a Evolução Espiritual (expansão da Consciência)?*

Resposta: Sim, no memorial construído pela *'Usui Reiki Ryoho Gakkai'* o *Sensei* Juzaburo Ushida escreveu: *"Ele começou, de um modo novo, um **MÉTODO DE APERFEIÇOAR O CORPO E O ESPÍRITO** baseado na energia Reiki, do Universo"* (o grifo é nosso).

Pergunta: *Que benefícios pode nos trazer essa expansão da Consciência com o Reiki?*

Resposta: Muitos. A seguir, citarei são somente alguns dos benefícios da expansão da Consciência: redespertar nossa ligação espiritual com o Criador; alargar nossos horizontes; expandir a conexão com o nosso Eu Superior; aumentar a compreensão dos mistérios da vida; aumentar a sensibilidade; desenvolver o chacra cardíaco e fazer crescer

> *"A Consciência é uma espécie de janela que permite que você veja tudo."*
> JOHNNY DE' CARLI

a Consciência de amor e a capacidade de ajudar de forma incondicional. Essa expansão energética ampliará igualmente sua criatividade e intuição. O aumento da percepção com a ajuda da energia Reiki é um passo importante para seu desenvolvimento. A energia Reiki vai confrontar você com pessoas e situações que o ajudarão a descobrir e a prestar mais atenção em si. Você terá a oportunidade de discernir mais claramente os obstáculos que você mesmo criou na vida, poderá tornar-se mais Consciente criando a condição interior para ouvir verdades geralmente negadas, facilitando seu autoconhecimento. Reiki é luz que nos leva de volta à 'Grande Luz'.

Pergunta: *No dia a dia, como se pode perceber que tivemos uma expansão da Consciência?*

Resposta: Poderá ocorrer de você pensar em alguém e a pessoa lhe procurar ou telefonar. Concentrando-se num problema, a solução subitamente pode aparecer por intuição ou por intermédio de outra pessoa, de um livro, de um jornal etc.

Pergunta: *O Reiki é importante para o futuro da humanidade?*

Resposta: Sim, haverá época em que a humanidade se unirá, como já o fez em outras Eras, na medicina, na ciência e na religião. Sem dúvida, o Método Reiki terá grande importância para que a humanidade alcance sua plenitude. Disse Albert Einstein: *"A religião do futuro será cósmica e transcenderá um deus pessoal, evitando os dogmas e a Teologia"*.

Pergunta: *O que os membros da 'Usui Reiki Ryoho Gakkai' objetivam com os Cinco Princípios do Reiki?*

Resposta: A resposta a essa pergunta pode também ser encontrada no manual *'Reiki Ryoho No Shiori'*, onde *Sensei* Koshiro Fukuoka escreveu

"O Reiki é expansão da Consciência, com a cura como efeito colateral."
Johnny De' Carli

o seguinte: *"Os membros da Associação, ao cumprirem os Cinco Princípios, obtêm um **AVANÇO NO APERFEIÇOAMENTO ESPIRITUAL** tornando eficaz essa energia Reiki inata, congênita. Além disso, manifestam admiravelmente o seu efeito porque realizam as melhorias da mente e do corpo, as suas e as dos outros. Então, buscam continuar a elevar e melhorar a eles mesmos, acumulando treinamentos (experiências), tornando-se pessoas mais competentes, com maior capacidade espiritual a fim de serem capazes dessa realização, **ASSEMELHANDO-SE AOS DEUSES**"* (os grifos são nossos).

"*O Reiki é um Caminho seguro de Evolução Espiritual, funciona como um farol que nos leva de volta à Grande Luz.*"
JOHNNY DE' CARLI

Os Chacras

Pergunta: *Professor Johnny, o que são chacras?*

Resposta: Chacras são centros energéticos redondos. No Oriente, são vistos como redemoinhos de energia, pequenos cones (funis) de energia giratória. São amplos, brilhantes e translúcidos.

Pergunta: *Qual é o significado do termo chacra?*

Resposta: A palavra chacra é sânscrita e significa roda.

Pergunta: *É fácil encontrar literatura sobre o tema?*

Resposta: Sim, encontramos uma vasta literatura a respeito de teorias orientais sobre eles que são, na verdade, a base do trabalho científico de terapeutas e pesquisadores ocidentais.

Pergunta: *Qual é função dos chacras?*

Resposta: Eles são responsáveis pelo fluxo energético no corpo humano. Têm como função principal absorver o *prana* (energia proveniente do Sol), metabolizá-lo, alimentar nossa aura e finalmente emitir energia ao exterior. Funcionam como veículos de energia ou regiões de conexão energética que ligam o corpo físico ao sutil. Funcionam como uma espécie de aparelho de captação e expulsão cujos vórtices giratórios ficam em constante movimento. Cada um deles tem a sua função e significado e está ligado a determinados órgãos que, por sua vez, desempenham funções específicas no plano emocional, psíquico

"Equilibrando seus chacras você trará o seu corpo ao perfeito funcionamento."
JOHNNY DE' CARLI

e espiritual. É pelos chacras que perdemos energia quando estamos em sofrimento físico e emocional, pois eles são pontos coletores de determinadas áreas de conflito e desenvolvimento.

Pergunta: *Qual é o tamanho dos chacras?*

Resposta: No ser humano normal, têm um diâmetro de cinco a dez centímetros, atingindo 20 centímetros de diâmetro nas pessoas espiritualmente desenvolvidas. Seu tamanho depende do desenvolvimento espiritual e das vibrações que emitimos. Nas pessoas mais materialistas, de vibrações mais baixas ou primitivas, apresentam-se em cores mais escuras, opacas e com diâmetro reduzido. No primeiro caso, canalizam maior quantidade de energia facilitando o desenvolvimento das faculdades psíquicas. O perfeito funcionamento dos chacras é sinônimo de perfeita saúde, mas a abertura de todos eles, em todos os níveis, é sinônimo de Evolução. É o que os mestres chamam de Iluminação.

Pergunta: *Existem técnicas para desenvolvê-los?*

Resposta: Sim, existem inúmeras técnicas de abertura dos chacras. Entre elas, o Método Reiki tem a vantagem de ser uma técnica suave.

Pergunta: *Todos os chacras são iguais?*

Resposta: Não, cada um tem ressonância com uma cor que deriva da frequência de vibração do mesmo. Cada qual vibra com um som ou *mantra* que corresponde a uma nota musical e também se relaciona a um elemento natural (terra, água, fogo, ar e éter). Na representação oriental, cada um é visto com um número variável de pétalas como se fossem flores, em função das suas complexidades.

> *"Todos somos iguais diante de Deus,*
> *apesar de todas as aparentes diferenças."*
> Johnny De' Carli

Pergunta: *Procede que cada um dos principais chacras tem um nome?*

Resposta: Sim, no Oriente onde se conhecem os chacras desde a Antiguidade dão-lhes nomes exóticos. No Ocidente, referimo-nos a eles pela numeração ordinal (primeiro, segundo etc.) e pelo nome do seu centro físico de localização no corpo humano.

Pergunta: *Quantos chacras temos no corpo humano?*

Resposta: Os escritos antigos mencionam aproximadamente 88 mil chacras. Isso significa que no corpo humano não existe praticamente um único ponto que não seja sensível energeticamente. Mas a maior parte deles desempenha papéis secundários.

Pergunta: *Em qual região do corpo estão localizados?*

Resposta: Estabelecem-se nos canais energéticos, mais precisamente em intersecções dos fluxos energéticos conhecidos como meridianos.

Pergunta: *Os chacras têm relação com o campo áurico?*

Resposta: Sim, a aura humana está ligada aos sete principais chacras.

Pergunta: *É importante para um terapeuta Reiki entender sobre os chacras?*

Resposta: Sim, como a energia Reiki trabalha principalmente nos corpos sutis é muito importante conhecer esse assunto.

Pergunta: *Quantos chacras devem ser estudados pelo terapeuta Reiki?*

Resposta: Os chacras trabalhados no Método Reiki são os sete principais, que estão localizados da base da coluna ao topo da cabeça. Desses, dois são simples tendo apenas um vórtice (acesso): o primeiro e o sétimo. Os demais são duplos, apresentando vórtices anteriores e posteriores.

> "Que maravilhosa surpresa é entender algo que a gente havia decorado."
> JOHNNY DE' CARLI

Pergunta: *Numa aplicação de Reiki é possível avaliá-los?*

Resposta: Sim, se durante a aplicação você sente que flui muita energia em certa área, significa que o chacra relacionado a ela tem uma disfunção e precisa de atenção. Se você conhece as funções dos chacras pode compreender o estado do receptor e saber como ele lida com a vida. Sendo assim, é importante conhecer as características básicas dos sete chacras principais.

Primeiro Chacra ou Chacra Básico

Pergunta: *Prof. Johnny, o chacra básico recebe outras denominações?*

Resposta: Sim, principalmente é chamado de chacra raiz ou *muladhara chakra*.

Pergunta: *Onde fica localizado o chacra básico?*

Resposta: Situa-se na base da coluna vertebral, entre o ânus e os órgãos sexuais na linha da cintura pélvica. É aberto para baixo.

Pergunta: *Qual é a sua função?*

Resposta: Representa a ligação do ser humano com o planeta Terra, com o mundo material e físico, está vinculado à nossa existência terrena, nossa sobrevivência. Relaciona-se com o nível da Consciência que nos permite sobreviver no mundo, com tudo o que é material, sólido e corporal como também com nossa energia física e com nossos desejos de viver no mundo físico. Quanto mais aberto e vitalizado estiver, mais elevada será nossa energia física (disposição). Assim, estaremos bem enraizados e viveremos com determinação e constância. Por isso estão concentradas nele as qualidades e os temores associados às questões de sobrevivência como: o alimento, o ar, a água,

> *"Você está aqui por alguma razão,
> que não é em absoluto acumular bens materiais."*
> Johnny De' Carli

os recursos econômicos, o trabalho ou o emprego, a capacidade de luta, ganhar e gostar de dinheiro, lutar pela realização de seus ideais e desejos, ter rumo e orientação e não depender de outras pessoas, ou seja, tudo o que é necessário para a nossa existência. Se o Reikiano sente que o primeiro chacra de alguém precisa de muita energia, pode facilmente diagnosticar que o receptor tem dificuldades em uma ou mais das qualidades acima indicadas.

Pergunta: *Quais são as particularidades do chacra básico?*

Resposta: Seu elemento correspondente é a terra; seu som *(mantra)* é o *"lam"*; a nota musical é o "Dó"; as cores são o vermelho e o preto; tem 4 pétalas (pequenos vórtices) e vitaliza os corpos etérico e físico.

Pergunta: *As cores vermelha e preta ajudam esse chacra?*

Resposta: Sim, usando-as a energização deste chacra pode ser acelerada.

Pergunta: *Esse chacra vitaliza quais regiões do corpo físico?*

Resposta: Seu centro físico corresponde às glândulas suprarrenais, que produzem a adrenalina, tendo a função de prover a circulação, equilibrar a temperatura do corpo preparando-o para reações imediatas. Ele capta energia para manter em nosso corpo a coluna vertebral, os rins, os ossos, os dentes, o intestino grosso, o ânus e o reto.

Pergunta: *Que tipo de situações ou de emoções geram bloqueios nesse chacra?*

Resposta: Raiva, impaciência, apego, materialismo, culpa, vergonha, vícios, violência, dor do luto e dores físicas.

"Trate sempre preventivamente muito bem de seu corpo físico, é sua única garagem onde, temporariamente, você estaciona, nesta rápida passagem de vida terrena."

JOHNNY DE' CARLI

Pergunta: *O que ocorre quando o chacra básico não funciona bem?*

Resposta: Os bloqueios sujeitam a pessoa a produzir fisicamente anemia (deficiência de ferro), leucemia, problemas nos rins (insuficiência renal), coluna vertebral, ossos, dentes, intestino grosso, ânus, reto, próstata, excesso de peso, pressão baixa, fadiga, pouca tonicidade muscular, problemas de circulação, desequilíbrio na temperatura do corpo e tensão nervosa. Resultam também em sintomas e atitudes mentais, como pacifismo extremo *("eu não consigo fazer mal a uma barata!")*, medo existencial *("ninguém em sã consciência poderia ter filhos atualmente!")*, agressão excessiva *("agridam este flamenguista nojento!")*, medo da morte *("não quero correr nenhum risco!")*, problemas com planejamento do tempo *("não sei porque estou sempre atrasado!")*, impaciência *("por que esse idiota não sai da frente?")*, e dependência *("não consigo viver sem ele/ela!")*.

Segundo Chacra ou Chacra Umbilical

Pergunta: *Prof. Johnny, o chacra umbilical recebe outras denominações?*

Resposta: Sim, principalmente é chamado de chacra do umbigo, chacra sexual ou *svadhishthana chakra*.

Pergunta: *Onde fica localizado esse chacra?*

Resposta: Situa-se na região de mesmo nome, o umbigo; está aberto para frente e também tem um vórtice posterior.

Pergunta: *Quais são as particularidades do chacra umbilical?*

Resposta: Sua cor é laranja; seu elemento correspondente é a água; seu som é o *"vam"*; a nota musical é o "Ré"; tem 6 pétalas (pequenos vórtices) e vitaliza o corpo emocional.

> *"A serenidade da mente influencia mais na saúde do corpo físico do que a maioria possa acreditar."*
> Johnny De' Carli

Pergunta: *Qual é a função desse chacra?*

Resposta: É o chacra da propagação da espécie e, portanto, da reprodução. É fundamental para o ser humano, e sua correta atividade nos permite amar a vida fazendo com que seja mais prazerosa. Concentra as qualidades que têm a ver com a sexualidade, curiosidade, busca criativa do prazer material, gosto pelas coisas belas, pela arte, pelas emoções e relações com outros indivíduos, como: atração sexual, abertura para coisas novas, relações afetivas, amorosas e sexuais. É também a sede dos medos, dos fantasmas e fantasias negativas vinculadas à sexualidade e do comportamento frente ao outro sexo.

Pergunta: *Esse chacra vitaliza quais regiões do corpo físico?*

Resposta: No corpo, é direcionado para os órgãos reprodutivos; suas glândulas correspondentes são os ovários na mulher, e os testículos e próstata no homem.

Pergunta: *Que tipo de situações ou de emoções geram bloqueios nesse chacra?*

Resposta: Controle, sujeição ou desvio da sexualidade, rejeição, solidão, ressentimentos, vingança, ciúme, depressão e inveja.

Pergunta: *O que ocorre quando o chacra umbilical não funciona bem?*

Resposta: Pode transformar a vida num pequeno "inferno" pessoal, que termina se refletindo nas pessoas com quem vivemos e nos relacionamos. Bloqueios nesse chacra frequentemente resultam em sintomas físicos, como doenças relacionadas com os fluidos do corpo (laringe, linfa, saliva, bílis) ou com órgãos processadores desses líquidos (rins, bexiga, glândulas linfáticas). Observamos disfunções no sistema reprodutor, bexiga, quadris, pernas, pés, nervo ciático,

"O tempo dedicado às atividades que trazem alegria nunca é perdido."
Johnny De' Carli

espasmos musculares, cãibras, cólicas, desordens menstruais e desequilíbrios hormonais. A afirmação *"ele não tem alegria de viver"* resume a condição de um chacra sexual desequilibrado. Bloqueios nesse centro frequentemente resultam em sintomas mentais como medo da proximidade física *("não me toque!")*, repugnância pelo sexo *("sexo é para animais, os seres humanos nasceram para algo mais elevado!")*, mania de limpeza, incompreensão *("eu não entendo!")*, uma mente muito centrada na razão *("para que servem os sentimentos?")*, ênfase excessiva a sentimentos impulsivos *("para que refletir? Eu ajo por instinto!")*, desordens rítmicas *("não sei e não consigo dançar!"*, *"por que sempre tenho cólicas menstruais?"*, *"prefiro trabalhar à noite!")*, isolamento *("casamento e relacionamento não me servem!")*, frigidez, impotência, falta de apetite sexual *("não preciso de sexo; não vejo o que os outros obtêm com ele!")*, medo de cair *("eu nunca saltaria de um trampolim!")*. Esses temores podem prejudicar a experimentação do prazer material no sentido amplo e o gozo pleno da vida. Se os dois primeiros chacras (básico e umbilical) não estiverem abertos em todos os seus aspectos, os outros não serão capazes de abrir-se completamente e funcionarão de um modo muito restrito.

Terceiro Chacra ou Chacra do Plexo Solar

Pergunta: *O chacra do plexo solar recebe outras denominações?*
Resposta: Sim, principalmente é chamado de *manipura chakra*.

Pergunta: *Onde fica localizado esse chacra?*
Resposta: Localiza-se na região do diafragma, um pouco acima do estômago (na boca do estômago), ligeiramente à esquerda. Está aberto para frente e também tem um vórtice posterior.

"Não é no novo, mas nos costumes, que vamos encontrar as maiores alegrias."
Johnny De' Carli

Pergunta: *Quais são as particularidades desse chacra?*

Resposta: A cor é amarela; seu elemento é o fogo; seu som *(mantra)* é *"ram";* e a nota musical é o "Mi"; tem 10 pétalas (pequenos vórtices); e vitaliza o corpo áurico mental.

Pergunta: *Qual é a função desse chacra?*

Resposta: Representa a personalidade e ali estão concentradas as qualidades da mente racional e pessoal, da vitalidade, da vontade de saber e aprender, da ação do poder, do desejo de viver, de comunicar e participar. É o ponto de ligação com outras pessoas. Trata-se de um chacra poderoso que promove a autoaceitação (autoestima). É por sua abertura que vivemos com plenitude nossos atributos físicos e mentais (paz e harmonia), que nos movemos na sociedade com desenvoltura e equilíbrio. É o chacra que mais se relaciona com nosso ego e, por isso, absorve muita energia dos dois primeiros. Vontade e poder representam para nós, na sociedade atual, uma chave do êxito, mas pode acontecer que com o desejo do aumento de posses passemos a desrespeitar nossos semelhantes, impondo-nos sobre os demais com o objetivo de obter o que nos interessa.

Pergunta: *Esse chacra vitaliza quais regiões do corpo físico?*

Resposta: Seu centro físico corresponde ao pâncreas, cuja função é a transformação e digestão dos alimentos. Esse órgão produz o hormônio insulina, equilibrador do açúcar no sangue, e transforma os hidratos de carbono que, além de isolar as enzimas, são importantes para a assimilação de gorduras e proteínas. Comanda também o estômago, a musculatura abdominal, o fígado, a vesícula e o baço.

"Somos todos diferentes. Não há um ser igual ao outro em todo o Universo. Todos têm as suas características particulares, a sua personalidade e individualidade."

Johnny De' Carli

Pergunta: *Que tipo de comportamentos ou de emoções geram bloqueios nesse chacra?*

Resposta: Ansiedade, preocupação, indecisão, preconceito, desconfiança, negligência e a mentira (a preocupação posterior em mantê-la como verdade).

Pergunta: *O que ocorre quando o chacra plexo solar não funciona bem?*

Resposta: Observa-se disfunções no baço, estômago, fígado, vesícula, intestino delgado, parte inferior das costas, e sistema nervoso vegetativo. Diminuímos nossa proteção contra vibrações negativas. O egoísmo obstrui, desequilibrando ou desarmonizando os chacras superiores e, consequentemente, atrapalha nosso Processo Evolutivo. Seu desequilíbrio é responsável pelas secreções gástricas desordenadas e disfunções das glândulas salivares. Se estiver desarmonizado o sentimento de inferioridade poderá ser alimentado e as capacidades mentais, tais como a lógica e a razão, poderão diminuir gerando confusão e sentimento de insegurança. Em decorrência disso, a pessoa pode produzir patologias tais como diabetes, desordens no trato digestivo, alergias, sinusite, insônia, além da separação entre amor e sexo. Bloqueios nesse centro frequentemente resultam em sintomas e atitudes mentais, como pretensões ao poder e controle *("meu marido", "minha mulher", "meu filho", "meu dinheiro"),* ambição *("a vida não tem valor se eu não consigo: uma função mais elevada; um emprego melhor; um(a) amante; um carro novo todo ano"),* gasto compulsivo *("preciso desesperadamente de joias ou roupas novas!"),* ansiedade de status *("o que vou fazer se o meu patrão me despedir?", "se não passar no vestibular?", "se tiver que vender o carro novo!"),* e de inveja *("esse cara tem uma BMW nova!").*

> *"Se você controlar os pensamentos, controlará as suas emoções, pois estas se originam daqueles."*
> JOHNNY DE' CARLI

Quarto Chacra ou Chacra Cardíaco

Pergunta: *Prof. Johnny, o chacra cardíaco recebe outras denominações?*
Resposta: Sim, principalmente é chamado de *anahata chakra*.

Pergunta: *Onde fica localizado esse chacra?*
Resposta: O chacra cardíaco localiza-se na porção superior do peito, na região do coração, ligeiramente à esquerda. Está aberto para frente e também tem um vórtice posterior.

Pergunta: *Quais são as particularidades desse chacra?*
Resposta: Suas cores são o verde e o rosa; seu elemento é o ar; seu som *(mantra)* é o *"yam"*; a nota musical é o "Fá"; tem 12 pétalas (pequenos vórtices) e vitaliza o corpo áurico astral.

Pergunta: *Qual é a função desse chacra?*
Resposta: Representa o amor incondicional, que nos permite amar inteiramente e sem condições restritivas. Quando está ativo relacionamo-nos com tudo e com todos (união) aceitando tanto os aspectos positivos quanto negativos, sendo capaz de dar amor sem esperar nada em troca. Damos um sentido pleno à nossa existência se trabalhamos bem este chacra de amor e compaixão. É o que está no meio: uma ponte de transferência de energia dos chacras inferiores e superiores. É aquele por onde passa toda a energia que desejamos presentear aos outros.

Pergunta: *É por isso que chacra cardíaco é conhecido como a "fábrica do Reiki"?*
Resposta: Sim, somente se este chacra é aberto e vitalizado poderemos canalizar a energia Reiki. Por isso alguns Reikianos, logo após

"No coração está centrado o mais sagrado dos chacras."
Johnny De' Carli

a Sintonização, sentem a energia fluir com maior intensidade por estarem, de um modo geral, com esse centro mais harmonizado que o de outras pessoas.

Pergunta: *Esse chacra vitaliza quais regiões do corpo físico?*

Resposta: O centro físico corresponde ao timo, cuja função é regular o crescimento (nas crianças), dirigir o sistema linfático, estimular e fortalecer o sistema imunológico.

Pergunta: *Que tipo de situações ou de emoções geram bloqueios nesse chacra?*

Resposta: Desilusão, transição, pânico e depressão.

Pergunta: *O que ocorre quando o chacra cardíaco não funciona bem?*

Resposta: Quando em desequilíbrio e sem harmonia pode produzir patologias, tais como: problemas no sistema circulatório, nervo vago, sangue, pele, cãibras, acidose, palpitações, arritmia cardíaca, rubor, pressão alta, enfermidades dos pulmões, problema no nível do colesterol, intoxicação, tensão (parte superior das costas), câncer, síndrome de pânico, incapacidade de amar, pensamentos de que o próximo, o destino e Deus são incompatíveis conosco, tendências a desenvolver mecanismos violentos de resposta aos outros. Ao invés de solicitarmos ajuda, o lema passa a ser "eu contra todos" o que desarmoniza instantaneamente o terceiro chacra. Bloqueios nesse centro frequentemente resultam em sintomas e atitudes mentais, como a imposição de condições ao amor *("se você não fizer o que quero, irei me separar!")*, amor sufocante *("filho querido, eu só quero o melhor para você!")*, egoísmo *("você precisa estar aqui no caso de eu precisar de ajuda!")*.

> *"O chacra do coração, além de ser o mais sagrado de todos, é o mais significativo no processo dos tratamentos com o Método Reiki. Diríamos que o chacra cardíaco é a fábrica de Reiki."*
> JOHNNY DE' CARLI

Quinto Chacra ou Chacra Laríngeo

Pergunta: *Prof. Johnny, o chacra laríngeo recebe outras denominações?*
Resposta: Sim, é chamado também de *vishuddhi* ou *vishuddha chakra*.

Pergunta: *Onde fica localizado esse chacra?*
Resposta: Localiza-se no meio da garganta, próximo da região designada como "pomo de Adão". Está aberto para frente e também tem um vórtice posterior.

Pergunta: *Quais são as particularidades desse chacra?*
Resposta: Sua cor é o azul claro; seu elemento o éter; o som *(mantra)* é *"ham"*; a nota musical é o "Sol"; tem 16 pétalas (pequenos vórtices) e vitaliza o corpo áurico etérico padrão.

Pergunta: *Qual é a função desse chacra?*
Resposta: É o chacra da comunicação, da criatividade, do som e da vibração, da capacidade de receber e assimilar. Relaciona-se com os sentidos do paladar, audição e olfato. Governa a postura do corpo. É o centro psicológico da evolução da criatividade, responsabilidade, iniciativa, independência e autodisciplina. Quando está aberto e harmonizado somos conscientes da responsabilidade de nosso desenvolvimento em todos os sentidos, desde as nossas necessidades materiais até as espirituais. Passamos a saber qual é nosso papel na sociedade, no trabalho e nos preocupamos em conseguir o máximo de satisfação possível. Seu centro físico corresponde à tireoide, que desempenha um papel importante no crescimento do esqueleto e dos órgãos internos, regulando o metabolismo, o iodo e o cálcio no sangue e tecidos. Sua energia também é responsável pela parte inferior da

"As boas palavras são um verdadeiro bálsamo confortador para aqueles que sofrem."
Johnny De' Carli

face, nariz e aparelho respiratório, traqueia, esôfago, cordas vocais, laringe e sistema linfático.

Pergunta: *Por que esse chacra é importante na Meditação Gassho?*

Resposta: Ele é o chacra do início da comunicação interna (clariaudiência) e autoexpressão. É o portão para a alta Consciência e purificação e é pelo seu trabalho que podemos iniciar o Caminho espiritual, em consequência de nos colocarmos em comunicação com nossa Essência Superior.

Pergunta: *Que tipo de situações ou de emoções geram bloqueios nesse chacra?*

Resposta: Fracasso, apatia, desespero, limitação, medo, insegurança, autorreprovação, submissão.

Pergunta: *O que ocorre quando o chacra laríngeo não funciona bem?*

Resposta: Quando em desarmonia, aparece o medo da desaprovação de nossos semelhantes, do fracasso na vida social e de nos convertemos em seres potencialmente agressivos adotando uma atitude instintiva de defesa própria. Podemos ser levados a nos esconder no orgulho para suportar a carência de êxito. Seu desequilíbrio produz patologias como: suscetibilidades a infecções virais ou bacterianas (amigdalites, faringites), resfriados, herpes, dores musculares ou de cabeça na base do crânio (nuca), congestão linfática, problemas dentários e endurecimento dos maxilares (bruxismo). Quando há hiperatividade o indivíduo é rouco (cordas vocais), fala com voz aguda e estridente e pode transformar--se em um demagogo ou alguém que debate só por debater, gosta de discutir, quer mudar o mundo de acordo com suas ideias. O indivíduo nessas condições tende a manter a cabeça erguida com o "nariz para o ar". Bloqueios nesse centro frequentemente produzem sintomas físicos

> *"A palavra é um instrumento valioso, porém, nem sempre tem sido devidamente utilizada. As línguas têm geralmente muito veneno para verter."*
> JOHNNY DE' CARLI

como rouquidão *("não consigo falar muito tempo sem ficar rouco")*, dificuldade de se comunicar, gagueira, palavras embaralhadas, cabeça curvada para baixo, queixo inclinado na direção da laringe. Esse chacra também participa de qualquer desequilíbrio psicofísico.

Sexto Chacra ou Chacra Frontal

Pergunta: *Prof. Johnny, o chacra frontal recebe outras denominações?*
Resposta: Sim, principalmente é chamado de *ajna chakra* ou terceiro olho.

Pergunta: *Onde fica localizado esse chacra?*
Resposta: Localiza-se no meio da testa entre as sobrancelhas, logo acima do nível dos olhos. Está aberto para frente e também tem um vórtice posterior.

Pergunta: *Quais são as particularidades desse chacra?*
Resposta: Sua cor é o azul-índigo; está ligado ao corpo celestial da aura, não tem elemento correspondente no mundo físico; o seu som *(mantra)* é o *"om"*; a nota musical é o "Lá"; e tem 96 pétalas (pequenos vórtices).

Pergunta: *Qual é a função desse chacra?*
Resposta: É o chacra dos sentidos, responsável pela energia da parte superior da cabeça (acima do nariz), parte craniana, olhos e ouvidos. Representa a intuição, a vidência e a audiência no campo da paranormalidade. Percepção extrassensorial, raciocínio lógico, conhecimento e liderança são suas prerrogativas, que nos permitem entrar no mundo do aparentemente invisível. Através dele emitimos também nossa energia mental. Atua diretamente sobre a pituitária (hipófise) que, por sua vez, dirige a função das demais glândulas.

"A intuição é o ouvido da Consciência."
Johnny De' Carli

Pergunta: *Que tipo de comportamentos ou de emoções geram bloqueios nesse chacra?*

Resposta: A ganância, a arrogância, a tirania, a rigidez e a alienação.

Pergunta: *O que ocorre quando o chacra frontal não funciona bem?*

Resposta: Quando em desequilíbrio produz patologias, tais como: vícios em drogas, álcool, compulsões, doenças do sistema nervoso central, problemas nos olhos (cegueira, catarata, glaucoma), ouvido (surdez), nariz (rinite), além de ficarmos numa situação confusa, em que as ideias e os conceitos não têm uma correspondência com a realidade obstruindo nossas ideias criativas. Ficamos sem raciocínio lógico e sem capacidade de colocar em prática nossos desejos. Bloqueios nesse centro motivados pela sua hiperatividade causam sintomas como falta de objetivo, instabilidade de vida *("eu não sei porque vivo!")*, alienação do trabalho *("não importa o serviço desde que o salário seja bom!")*, medo de aparições, espíritos, fantasmas etc. Alguns outros sintomas típicos são desempregos permanentes pela instabilidade profissional, mudanças de residência constantes, troca contínua de parceiros amorosos, vestir-se de acordo com a tendência da última moda, adoração a ídolos, fanatismo, falta de opinião, ausência total de interesse por qualquer coisa e falta de iniciativa. A afirmação *"ele não acha o seu caminho"* resume a condição de um chacra frontal desarmonizado.

> *"Acalme o mundo exterior para que seu mundo interior possa proporcionar-lhe a importante intuição."*
> Johnny De' Carli

Sétimo Chacra ou Chacra Coronário

Pergunta: *Prof. Johnny, o chacra coronário recebe outras denominações?*
Resposta: Sim, principalmente é chamado de *sahasrara chakra*.

Pergunta: *Onde fica localizado esse chacra?*
Resposta: Está localizado no alto da cabeça, no topo. Está aberto para cima com um único vórtice.

Pergunta: *Quais são suas particularidades?*
Resposta: Tem forma diferente dos demais, com intensas radiações luminosas e translúcidas; suas cores são o branco, o dourado e o violeta. Em virtude de estar na condição de semelhante ao Universo, ao Todo, ao Cosmo, a Deus, não tem som correspondente no mundo físico; é feito de puro silêncio da formação dos mundos. Sua nota musical é o "Si"; tem 1.000 (972) pétalas (pequenos vórtices) e está ligado ao corpo causal da aura.

Pergunta: *Qual é a função desse chacra?*
Resposta: O sétimo chacra é Luz de Conhecimento e Consciência, visão global do Universo, nosso Caminho de Crescimento fazendo com que possamos alcançar a Serenidade Espiritual e a completa Consciência Universal. Representa a compreensão e a ligação com Energias Superiores. É o mais complexo, o elo entre a Mente Espiritual e o cérebro físico, relacionando-se com o nosso ser completo e com a Realidade Cósmica. Está associado à conexão da pessoa com sua Espiritualidade e à integração de todo o ser físico, emocional, mental e espiritual. Chegar à sua abertura e plena Consciência conduz à Perfeição do Ser (Plenitude), mas somente se chega a essa condição

"Todo o Universo flui como a água; para senti-lo, não o retenha, simplesmente abra as suas mãos."
JOHNNY DE' CARLI

depois da abertura e a Consciência de todos os outros chacras. Corresponde à glândula pineal, que atua no organismo como um todo. Quando em equilíbrio, permite-nos experiências muito pessoais. As sensações vão além do mundo físico criando no indivíduo um sentido de totalidade, de paz e fé dando um sentido próprio à existência.

Pergunta: *Que tipo de emoções geram desequilíbrios nesse chacra?*
Resposta: O orgulho e o egoísmo.

Pergunta: *O que ocorre quando o chacra coronário não funciona bem?*
Resposta: A falta de equilíbrio acarreta uma puberdade tardia, a não compreensão da parte Espiritual tanto própria quanto alheia e, por conseguinte, uma visão materialista da existência. A pessoa produz patologias, tais como: problemas no cérebro, insônia, enxaqueca, desordens no sistema nervoso, histeria, possessão, obsessão, fobias, neuroses, disfunções sensoriais, desorientação e irracionalidade.

"O egoísmo e o orgulho afastam as pessoas, a humildade une. Devemos nos manter humildes ao longo de toda a vida."
JOHNNY DE' CARLI

O uso das parábolas no ensino do Método Reiki

Pergunta: *Prof. Johnny, o que é uma parábola?*

Resposta: Uma parábola é uma pequena estória de um acontecimento, muitas vezes, imaginário, mas que conta uma grande verdade usando simbolismos ou metáforas para transmitir uma lição moral. Elas são muito comuns na literatura oriental e consistem em ferramentas que pretendem trazer algum ensinamento de vida.

Pergunta: *É válido fazer uso das parábolas no ensino do Método Reiki?*

Resposta: Sim, da mesma forma que o Mestre Jesus tornou o Caminho da evolução mais acessível a todos através das parábolas, podemos fazê-lo também no Método Reiki.

Pergunta: *Você faz uso delas no ensino do Método Reiki?*

Resposta: Sim. Em 1996, fazendo uso da intuição selecionei uma parábola para cada um dos Níveis de ensino do método Reiki. São elas:

a) Nível 1: Parábola do Camelo;
b) Nível 2: Parábola do Samurai;
c) Nível 3-A: Parábola do Guardião do Mosteiro;
d) Nível 3-B: Parábola do Sal.

"O ensinamento só termina quando cumpre o papel de ensinar."
Johnny De' Carli

Pergunta: *Qual é a "Parábola do Camelo", selecionada para o Nível 1?*
Resposta: Ela segue abaixo descrita:

Parábola do Camelo (Nível 1)

Um mestre estava viajando com um de seus discípulos. O discípulo estava encarregado de cuidar do camelo. Chegaram à noite cansados a uma pousada de caravanas. Era tarefa do discípulo amarrar o camelo, mas ele não se importou com isso e deixou-o solto do lado de fora. Simplesmente fez uma prece a Deus: "Cuide do camelo"; e adormeceu.

Pela manhã o camelo havia desaparecido, roubado ou desgarrado. O mestre perguntou: "Onde está o camelo?"

E o discípulo respondeu: "Eu não sei. Pergunte a Deus. Eu disse a Alá para tomar conta do camelo e eu estava tão cansado que não sei o que aconteceu. E tampouco sou responsável, porque disse a Alá, e bem claro! Você está sempre ensinando: confie em Alá, e eu confiei".

O mestre falou: "Confie em Alá, mas amarre seu camelo antes porque Alá não tem outras mãos além das suas".

Obs.: Caro Reikiano, ao trabalhar com o Método Reiki lembre-se de que suas mãos representam as Mãos de Deus!

"Precisamos entender que os poderes superiores se encontram dentro do próprio ser humano e não fora dele."
Johnny De' Carli

Pergunta: *Qual é a "Parábola do Samurai", selecionada para o Nível 2?*
Resposta: Ela segue abaixo descrita:

Parábola do Samurai (Nível 2)

Um samurai grande e forte, de índole violenta, foi procurar um pequenino monge.

– Monge, ensina-me sobre o Céu e o inferno! – disse, numa voz acostumada à obediência imediata.

O monge miudinho olhou para o terrível guerreiro e respondeu com o mais absoluto desprezo:

– Ensinar a você sobre o Céu e o inferno? Eu não poderia ensinar-lhe coisa alguma. Você está imundo! Seu fedor é insuportável! A lâmina da sua espada está enferrujada. Você é uma vergonha, uma humilhação para a classe dos samurais. Suma da minha vista! Não consigo suportar sua presença execrável.

O samurai enfureceu-se. Estremecendo de ódio, o sangue subiu-lhe ao rosto e ele mal conseguia balbuciar uma palavra de tanta raiva. Empunhou a espada, ergueu-a sobre a cabeça e se preparou para decapitar o monge.

– Isto é o inferno. – disse o monge mansamente.

O samurai ficou pasmo. A compaixão e a absoluta dedicação daquele pequeno homem oferecendo a própria vida para ensinar-lhe sobre o inferno! O guerreiro foi lentamente baixando a espada cheio de gratidão, subitamente pacificado.

– E isto é o Céu! – completou o monge com serenidade.

História Zen Budista

"Nós criamos a realidade que atraímos para a nossa vida a todo o instante."
Johnny De' Carli

Pergunta: *Qual é a "Parábola do Guardião do Mosteiro", selecionada para o Nível 3-A?*

Resposta: Ela segue abaixo descrita:

Parábola do Guardião do Mosteiro (Nível 3-A)

Certo dia, num mosteiro zen-budista, com a morte do guardião foi preciso encontrar um substituto. O grande mestre convocou, então, todos os discípulos para descobrir quem seria o novo sentinela.

O mestre, com muita tranquilidade, falou: "Assumirá o posto o monge que conseguir resolver primeiro o problema que eu vou apresentar". Então ele colocou uma mesinha magnífica no centro da enorme sala em que estavam reunidos e, em cima dela, pôs um vaso de porcelana muito raro com uma rosa amarela de extraordinária beleza a enfeitá-lo. E disse apenas: "Aqui está o problema".

Todos ficaram olhando a cena: o vaso belíssimo, de valor inestimável, com a maravilhosa flor ao centro. O que representaria? O que fazer? Qual o enigma?

Nesse instante, um dos discípulos sacou a espada; olhou o mestre, os companheiros e dirigiu-se ao centro da sala e destruiu tudo com um só golpe.

Tão logo o discípulo retornou a seu lugar o mestre disse: "Você é o novo Guardião. Não importa que o problema seja algo lindíssimo. Se for um problema, precisa ser eliminado. Um problema é um problema mesmo que se trate de uma mulher sensacional, um homem maravilhoso ou um grande amor que se acabou. Por mais maravilhoso que seja ou tenha sido, se não existir mais sentido em sua vida deve ser suprimido".

História Zen Budista

> *"Os maiores obstáculos são aqueles criados por nós mesmos."*
> Johnny De' Carli

Curso Oficial de Extensão Universitária em Terapia Reiki

• • • • • • • • • • • •

Pergunta: *Prof. Johnny, o que vem a ser um curso de extensão universitária?*

Resposta: Um curso de extensão universitária é aquele que não faz parte do currículo da graduação. Trata-se de uma atividade complementar e, claro, optativa. Ele permite que o profissional aprenda sobre temas que não foram abordados na graduação ou se aprofunde em temas que essa abordou, mas de maneira superficial. É, em geral, focado em um assunto específico.

Pergunta: *A FACHA (Faculdades Integradas Hélio Alonso) é credenciada pelo MEC (Ministério da Educação)? Onde fica localizada? Oferece credibilidade?*

Resposta: Sim, a FACHA é uma antiga e tradicional instituição privada de ensino superior do Brasil, fundada no dia 6 de dezembro de 1971 pelo professor Hélio Alonso, falecido aos 86 anos (no dia 26 de março de 2015). A faculdade tem seu campus na rua Muniz Barreto, 51, Botafogo, no município do Rio de Janeiro/RJ. Oferece cursos nos turnos da manhã, tarde e noite. Foi a primeira faculdade privada de Comunicação Social do Rio de Janeiro. Atualmente, oferece cursos de graduação de qualidade nas seguintes áreas: Jornalismo; Publicidade; Relações Públicas; Radialismo; Administração; Direito;

"Sua profissão é a preciosa semente do patrimônio. O trabalho honesto e profissional é a origem de toda a riqueza meritória."
Johnny De' Carli

Turismo; Cinema; Marketing; Comércio Exterior; Gestão de Recursos Humanos; e Gestão Desportiva e de Lazer. Oferece também cursos de pós-graduação em Direito; Gestão de Negócios; Comunicação e Marketing; e Arte e Cultura.

Pergunta: *Qual é o objetivo do 'Curso Oficial de Extensão Universitária em Terapia Reiki' oferecido pela FACHA?*

Resposta: O objetivo do curso é capacitar Reikianos que queiram atuar como terapeutas para o pleno exercício da profissão na assistência terapêutica.

Pergunta: *Legalmente, a atividade de terapeuta Reiki é considerada uma profissão?*

Resposta: Sim, o Reiki como profissão isolada foi enquadrado dentro das atividades de práticas integrativas e complementares em saúde humana. Recebeu o código 8690- 9/01 da CONCLA (Comissão Nacional de Classificação), órgão responsável pela classificação de profissões ligado ao Ministério do Trabalho e ao IBGE. A informação encontra-se no site oficial do IBGE (Instituto Brasileiro de Geografia e Estatística), no seguinte link: https://cnae.ibge.gov.br/?option=com_cnae&view=atividades&Itemid=6160&tipo=cnae&chave=reiki&versao_classe=7.0.0&versao_subclasse=. Lá encontra-se a seguinte informação: "Reiki; Serviços de"

Pergunta: *Existem hospitais brasileiros que ofereçam oficialmente tratamentos com o Método Reiki?*

Resposta: Sim, desde então, conhecidos hospitais públicos e privados brasileiros já vêm agregando o Reiki aos procedimentos convencionais. Dentre vários exemplos, podemos destacar o pioneiro que foi o renomado Hospital Sírio e Libanês de São Paulo/SP, conforme consta no

"Valorize sempre a sua profissão e o seu trabalho."
Johnny De' Carli

endereço eletrônico da instituição: https://www.hospitalsiriolibanes.org.br/hospital/especialidades/nucleo-cuidados-integrativos/Paginas/reiki.aspx.

Pergunta: *O Ministério da Saúde aceita oficialmente o uso do Método Reiki?*

Resposta: Sim, no dia 27 de março de 2017 uma Portaria (849/17) do Ministério da Saúde foi publicada no Diário Oficial da União incluindo o Reiki como uma prática integrativa na "Tabela de Procedimentos" oferecidos pelo Sistema Único de Saúde (SUS), na categoria de "ações de promoção e prevenção em saúde". A publicação oficial pode ser conferida no seguinte endereço: http://www.lex.com.br/legis_27357131_PORTARIA_N_849_DE_27_DE_MARCO_DE_2017.aspx.

Pergunta: *Legalmente, o Método Reiki se enquadra como curso de extensão universitária?*

Resposta: Sim, existem cursos de extensão universitária em todas as áreas profissionais.

Pergunta: *Quem pode oferecer legalmente cursos de extensão universitária?*

Resposta: Apenas as instituições de ensino superior devidamente credenciadas pelo MEC podem oferecer esse tipo curso.

Pergunta: *Quando foi criado o 'Curso Oficial de Extensão Universitária em Terapia Reiki' oferecido pela FACHA? Quem emite o certificado?*

Resposta: Em julho de 2006 a FACHA tornou-se a primeira instituição oficial de ensino credenciada pelo MEC a oferecer esse curso específico para Reikianos e os participantes são certificados oficialmente por esta instituição.

"*Seja um bom profissional, mantenha-se atualizado.*"
Johnny De' Carli

Pergunta: *Qual é a vantagem para um Reikiano realizar um 'Curso Oficial de Extensão Universitária em Terapia Reiki'?*

Resposta: Na prática, um curso de extensão universitária é sempre interessante porque garante o diploma com o nome da universidade e, assim, traz mais credibilidade. Ou seja, permite fortalecer o currículo e construir um diferencial para se destacar no mercado de trabalho. Um curso desses certamente pode contribuir com uma melhor colocação no mercado trabalho para quem esteja desempregado e queira exercer a atividade abordada.

Pergunta: *O 'Curso Oficial de Extensão Universitária em Terapia Reiki' oferecido pela FACHA equivale a qual Nível do Método de Reiki?*

Resposta: Esse curso não faz parte de um treinamento convencional de Reiki (módulos), mas nele faz-se uma Sintonização com os quatro símbolos sagrados do Reiki, similar ao Nível 3-A. Ou seja, se o aluno tiver somente o Nível 2 sairá com uma Iniciação de Nível 3-A.

Pergunta: *Qual é o conteúdo programático do Curso?*

Resposta: São abordados os seguintes temas:

01) Apresentação do 'Curso Oficial de Extensão Universitária em Terapia Reiki';
02) Como se tornar um professor credenciado do 'Curso Oficial de Extensão Universitária em Terapia Reiki' na FACHA;
03) O que é ser um bom terapeuta Reiki;
04) Quais as leis brasileiras que os Reikianos devem conhecer;
05) Como montar uma sala ideal para trabalhar com o Reiki;
06) Como promover a comodidade e o conforto para os clientes e para os Reikianos;

> *"Se você respeitar sua profissão,*
> *os outros a respeitarão e a você também."*
> JOHNNY DE' CARLI

07) Qual é a importância de trabalhar centrado;
08) Como realizar o centramento;
09) Qual é a importância da respiração para o centramento;
10) Como se preparar para uma sessão de Reiki;
11) Quando aplicar Reiki;
12) Como utilizar o Reiki nos primeiros socorros;
13) Quando não aplicar Reiki;
14) Que tipo de orientação e explicação prévia deve ser dada ao cliente;
15) Como estimular o cliente a falar antes da sessão;
16) Uma visão das possibilidades de nossas mãos;
17) Qual a importância de explorar previamente a aura do cliente;
18) Como aumentar a sensibilidade das mãos;
19) Como sentir a energia Reiki nas mãos;
20) Como dar início a uma sessão de Reiki;
21) Qual a importância da oração inicial e final;
22) Como conduzir, desenvolver e proceder ao longo de uma boa sessão de Reiki;
23) Como reduzir a crise radical (limpeza);
24) Como proceder a uma limpeza prévia do cliente;
25) Como utilizar cristais na limpeza;
26) Quais as posições convencionais de aplicação de energia Reiki;
27) Como finalizar bem uma sessão de Reiki;
28) Uma proposta de um roteiro ideal de atendimento;
29) O que pode sentir o Reikiano durante uma sessão de Reiki;
30) O que pode sentir o cliente durante uma sessão de Reiki;
31) Frequência e a duração ideal das sessões de Reiki;

"No Reiki, a parte do conhecimento que ignoramos será sempre muito maior do que tudo que já aprendemos."
Johnny De' Carli

32) Quantas sessões são necessárias para o sucesso de um tratamento com o Reiki;
33) Como se deve aplicar Reiki em grupo;
34) Qual é a importância do toque físico no Método Reiki;
35) "Efeitos colaterais" da energia Reiki?

Pergunta: *Os cursos de extensão universitária são demorados?*
Resposta: Não, esses cursos geralmente tem curta ou média duração.

Pergunta: *Qual é a carga horária do Curso?*
Resposta: O 'Curso Oficial de Extensão Universitária em Terapia Reiki', nas modalidades presencial ou *on-line*, não pode ser ministrado em menos de 16 horas de aula teórica. Recomenda-se um mínimo de 44 horas de práticas supervisionadas pelo professor adjunto, o que pode ser feito, muitas vezes, nas práticas dos cursos convencionais de Níveis 1, 2 e 3-A.

Pergunta: *Os cursos de extensão universitária são sempre presenciais?*
Resposta: Não, são oferecidos legalmente tanto na modalidade presencial quanto à distância.

Pergunta: *Para se matricular nesse curso qual deverá ser o nível de escolaridade do novo aluno?*
Resposta: A exigência do MEC é que os aspirantes aos cursos oficiais de extensão universitária tenham, pelo menos, o nível médio completo.

Pergunta: *Legalmente, somente quem esteja cursando uma graduação na mesma instituição de ensino poderá participar de um curso de extensão universitária?*

"*A saúde, o conhecimento e a sabedoria sempre serão pretendidos.*"
Johnny De' Carli

Resposta: Não, quem não frequenta a faculdade pode fazer um curso de extensão universitária. O processo de admissão é um ponto que torna esse tipo de curso vantajoso, já que não existe uma seleção tão apurada dos alunos. Na maioria dos casos, o único critério para autorizar a matrícula do estudante é o cumprimento dos pré-requisitos do curso desejado.

Pergunta: *Quais são os pré-requisitos para se realizar o 'Curso Oficial de Extensão Universitária em Terapia Reiki' pela FACHA?*

Resposta: De acordo com o projeto acadêmico aprovado junto à faculdade os aspirantes ao Curso deverão ter, pelo menos, o Nível 2 do Reiki feito em qualquer escola. Mas somente poderá se tornar um professor adjunto e receber a carteira de profissional credenciado aquele que comprovar já ser um mestre de Reiki em qualquer escola, ou seja, ter o Nível 3-B.

Pergunta: *Os cursos de extensão universitária exigem algum trabalho de conclusão, tipo um TCC?*

Resposta: Não, de maneira geral esses cursos não exigem trabalho de conclusão, dissertação ou tese para que o aluno possa se formar.

Pergunta: *O fato de uma instituição de ensino superior ser devidamente credenciada pelo MEC para oferecer um 'Curso Oficial de Extensão Universitária em Terapia Reiki' é suficiente para se escolher fazer o curso?*

Resposta: Não, é importante escolher uma instituição reconhecida e com boa reputação. Isso já atestará duas coisas: primeiro, que o Reikiano está preocupado e consciente sobre a escolha dos ambientes que integram sua formação profissional; segundo, que recebeu uma

"Quanto mais você estudar, menos você temerá."
Johnny De' Carli

formação de qualidade. Além dessas características cruciais, deve-se analisar quem é o mestre de Reiki/docente responsável; avaliar se tem um histórico acadêmico e profissional que faça dele a pessoa certa para ministrar o curso, pois é importante valorizar a oportunidade de aprender com pessoas que realmente dominam o assunto.

Pergunta: *Como deve ser encarado o preço de um curso desses?*

Resposta: O valor a ser pago é um critério que muitos Reikianos avaliam para a escolha entre fazer ou não um curso de extensão universitária. Porém, em vez de se pensar apenas no custo deve-se pensar também no investimento, ou seja, considerar o retorno que irá obter com essa formação. Com certeza, vale a pena investir em um curso de alta qualidade e que poderá abrir portas para oportunidades de trabalho no futuro.

"Estudar e aprender são os empreendimentos mais sensatos a se fazer nesta vida."
Johnny De' Carli

Como se tornar um professor credenciado do Curso Oficial de Extensão Universitária em Terapia Reiki na FACHA

. . . .

Pergunta: *Prof. Johnny, existe a possibilidade de um mestre de Reiki também se credenciar para ministrar o 'Curso Oficial de Extensão Universitária em Terapia Reiki' da FACHA? Gostaria de saber quais são as exigências para tal?*

Resposta: Sim, pode se credenciar para ministrar o Curso como professor adjunto não apenas os mestres de Reiki Iniciados diretamente por mim, mas também mestres Iniciados por qualquer mestre, desde que tenha realizado o 'Curso Oficial de Extensão Universitária em Terapia Reiki' ou através de qualquer professor adjunto já credenciado.

Pergunta: *A partir desse Curso, o novo professor adjunto e seus futuros alunos serão credenciados por quem para lecionar?*

Resposta: Serão credenciados pelo Instituto Brasileiro de Pesquisas e Difusão do Reiki e pela FACHA a ministrarem o mesmo Curso, desde que sejam mestres de Reiki. O MEC não credencia diretamente um professor, apenas tem as funções de disciplinar e credenciar as instituições de ensino.

> "Na prática e no ensino do Método Reiki, Deus nunca nos dá uma missão espiritual que nos seja impossível cumprir."
>
> JOHNNY DE' CARLI

Pergunta: *Um aluno que tenha realizado o Curso enquanto ainda não era mestre de Reiki, ao se tornar um poderá se qualificar como professor adjunto?*

Resposta: Sim, a qualquer tempo depois que tiver realizado o Nível 3-B com um mestre habilitado.

Pergunta: *Para lecionar no 'Curso Oficial de Extensão Universitária em Terapia Reiki' o novo mestre precisa ter curso superior?*

Resposta: Não precisa, mas deve ter pelo menos o nível médio. Outros documentos exigidos para lecionar são o certificado de Mestrado em Reiki e o diploma da FACHA que comprove que o novo professor tenha realizado o referido curso.

Pergunta: *Ao término desse Curso o mestre de Reiki já pode lecionar imediatamente?*

Resposta: Sim, basta querer e atender as condições solicitadas.

Pergunta: *Existe um material didático oficial e obrigatório para ministrar o 'Curso Oficial de Extensão Universitária de Terapia Reiki' certificado pela FACHA?*

Resposta: Sim, trata-se da nova edição do livro "Reiki, Amor, Saúde e Transformação" (publicado em 2017). O novo professor poderá agregar material didático complementar, desde que associado ao conteúdo do curso.

Pergunta: *Como faço para me credenciar para ministrar o 'Curso Oficial de Extensão Universitária em Terapia Reiki'?*

Resposta: Basta querer e atender as condições para lecionar. Seu nome será inserido na listagem de professores adjuntos, e tão logo adquira junto

"A pessoa que não aprendeu a dividir, não aprendeu a amar."
Johnny De' Carli

ao Instituto Brasileiro de Pesquisas e Difusão do Reiki no mínimo 10 exemplares da nova edição do livro "Reiki, Amor, Saúde e Transformação", material didático oficial e obrigatório do Curso, pode iniciar o curso.

Pergunta: *Como será feita a reposição do material didático?*

Resposta: A cada diploma enviado pela FACHA um novo exemplar desse livro é anexado sem custos adicionais, a fim de manter o estoque mínimo de 10 (dez) exemplares em poder do professor adjunto.

Pergunta: *Após comprar os livros já posso marcar minha primeira aula?*

Resposta: Sim, tão logo receba os livros no máximo em uma semana o seu nome será incluído na listagem de professores adjuntos e já estará habilitado a lecionar.

Pergunta: *O professor adjunto poderá fazer uso nas redes sociais das informações do site do Instituto Brasileiro de Pesquisas e Difusão do Reiki para criar seus próprios eventos?*

Resposta: Sim, pode utilizar as informações que julgar pertinentes.

Pergunta: *Os professores adjuntos inseridos na listagem oficial do Instituto de Reiki permanecerão por prazo indeterminado?*

Resposta: Não, em fevereiro de 2020 ocorreram algumas mudanças: com a anuência da FACHA serão mantidos na listagem somente os professores adjuntos que estiveram ativos nos dois anos anteriores.

Pergunta: *Caso o professor adjunto tenha sido removido da listagem oficial por inatividade, mas queira voltar a dar aulas, como deve proceder?*

Resposta: Poderá voltar a qualquer tempo, sem custos; basta voltar a lecionar para, pelo menos, um novo aluno por ano.

"Mais difícil que levar uma vida organizada é propô-la aos outros."
Johnny De' Carli

Pergunta: *Quanto o novo professor adjunto poderá cobrar por um 'Curso Oficial de Extensão Universitária em Terapia Reiki'?*

Resposta: A fim de propor harmonia entre os professores adjuntos o valor do investimento é determinado e tabelado, em comum acordo, pelas Faculdades Integradas Hélio Alonso – FACHA, no link: http://extensao.facha.edu.br/curso/reiki.

Em janeiro de 2019 o valor foi estabelecido em R$ 3.940,00 pagos em até 10 parcelas de R$ 394,00; ou R$ 3.400,00 à vista. Em 2021, em função da pandemia do COVID 19 o preço foi mantido.

Pergunta: *Como é o procedimento da emissão de certificados junto à FACHA?*

Resposta: A parte burocrática é toda intermediada pelo Instituto Brasileiro de Pesquisas e Difusão do Reiki: os certificados passam pelo Instituto a fim de serem também assinados pelo professor titular do projeto, Johnny De' Carli.

Pergunta: *Qual a documentação necessária para diplomar um novo aluno?*

Resposta: Para cada novo aluno do Curso, o professor adjunto deverá preencher um formulário padrão, enviar uma foto digitalizada recente do rosto e a cópia digitalizada da carteira de identidade ou similar do aluno.

Pergunta: *O diploma do novo aluno chega em quanto tempo?*

Resposta: Por envolver muita burocracia, os diplomas serão emitidos sempre em dezembro de cada ano, ao final do ano letivo, independente do mês que o aluno tenha realizado o Curso.

> *"Organize-se.*
> *A organização traz paz."*
> Johnny De' Carli

Pergunta: *Qual o custo para o professor adjunto diplomar um novo aluno?*

Resposta: Não é cobrado um percentual e sim uma taxa, que poderá ser reajustada sempre no início do ano letivo. Em 2021, juntamente com os documentos do novo aluno, o professor adjunto deverá recolher o valor de R$ 1.510,00 (não há como parcelar esse valor) em favor do Instituto Brasileiro de Pesquisas e Difusão do Reiki. Nesse valor está incluso: a reposição do material didático, o diploma emitido pela FACHA, as taxas dos correios e, exclusivamente para os mestres de Reiki, a primeira via da carteira de profissional credenciado. Essa taxa deverá ser recolhida até o final de novembro de cada ano.

"Não podemos relaxar, perder a motivação e o entusiasmo até a conclusão de um importante projeto iniciado."
JOHNNY DE' CARLI

Carteira de profissional credenciado

. . . .

Pergunta: *Prof. Johnny, todos os alunos que fazem o 'Curso Oficial de Extensão Universitária em Terapia Reiki' recebem a carteira de profissional credenciado?*

Resposta: Não, a carteira de profissional credenciado é uma prerrogativa para os professores adjuntos do curso. Ela é enviada ao novo aluno juntamente com o diploma da FACHA. A renovação dependerá se o professor estará ativo lecionando o referido Curso para, pelo menos, um novo aluno por ano.

Pergunta: *Será necessário renovar a carteira de profissional credenciado?*

Resposta: A renovação será opcional e anual.

Pergunta: *Como deverá proceder o professor adjunto para renovar a carteira de profissional credenciado?*

Resposta: Estando ativo, o professor adjunto deve enviar por e-mail uma foto digitalizada recente de rosto.

Pergunta: *Quanto custará a anuidade da carteirinha?*

Resposta: Não haverá anuidade para a renovação da carteira de profissional credenciado. A carteira atualizada chegará via correios sem custos, juntamente com o(s) diploma(s) solicitado(s) pelo professor adjunto.

> *"Esteja muito bem preparado, pois precisarás trilhar seu Caminho sozinho. Seu mestre somente poderá lhe apontar a direção correta."*
> Johnny De' Carli

Pergunta: *Gostaria de saber se a carteira de profissional credenciado terá validade a nível nacional ou será um registro somente estadual?*

Resposta: A FACHA (Faculdades Integradas Hélio Alonso) é credenciada pelo Ministério da Educação – MEC, logo, essa habilitação tem amparo em todo o território nacional.

"O trabalho em equipe reúne forças e experiência."
JOHNNY DE' CARLI

INSTITUTO BRASILEIRO DE PESQUISAS E DIFUSÃO DO REIKI

· · · · · · · · · · · ·

Pessoas interessadas em realizar seminários devem contatar:

Mestre Johnny De' Carli
Home page: reikiuniversal.com.br
E-mail: ritadecarli@gmail.com

Endereço em São Paulo:
Alameda Santos, 2223 – conjunto 52 | Cerqueira César
CEP: 01419-101 | São Paulo/SP
Telefones fixos: (11) 3062-9941 / (11) 3062-9647
Telefone móvel: (11) 99619-2769 (Whatsapp)

Endereço no Rio de Janeiro:
Rua Siqueira Campos, 43 – salas 633 e 634 | Copacabana
CEP: 22031-070 | Rio de Janeiro/RJ
Telefones fixos: (21) 2256-8267 / (21) 2235-3142

Todos estão convidados a conhecer nossas sedes.

"Procure trabalhar para o bem do próximo, você só tem a ganhar."
JOHNNY DE' CARLI

BIBLIOGRAFIA

DE' CARLI, Johnny. *Reiki Universal*. São Paulo: Butterfly Editora, 1998.

DE' CARLI, Johnny. *Reiki – A Terapia do 3º Milênio*. São Paulo: Madras Editora, 1999.

DE' CARLI, Johnny. *Reiki – Amor, Saúde e Transformação*. São Paulo: Editora Alfabeto, 2000.

DE' CARLI, Johnny. *Reiki – Sistema Tradicional Japonês*. São Paulo: Anubis Editora, 2003.

DE' CARLI, Johnny. *Reiki – Para Crianças*. São Paulo: Butterfly Editora, 2004.

DE' CARLI, Johnny. *Reiki – Os Poemas Recomendados por Mikao Usui*. São Paulo: Editora Nova Senda, 2005.

DE' CARLI, Johnny. *Reiki – Apostilas Oficiais*. São Paulo: Editora Isis, 2006.

DE' CARLI, Johnny. *Reiki – Como Filosofia de Vida*. São Paulo: Editora Isis, 2012.

DE' CARLI, Johnny. *Mil Reflexões de um Reiki Master*. Rio de Janeiro: Editora Coma Livros, 2017.

DE' CARLI, Johnny. *Reiki – As Respostas da Usui Reiki Ryoho Gakkai*. São Paulo: Anubis Editora, 2018.

"Busque no livro um tipo de alimento diário."
JOHNNY DE' CARLI